最卓越的管理准则

打造团队高效执行力的经典法则

墨 非 ◎ 编著

中国华侨出版社

图书在版编目（CIP）数据

最卓越的管理准则 / 墨非编著. —— 北京：中国华侨出版社，2015.11
ISBN 978-7-5113-5805-9

Ⅰ.①最… Ⅱ.①墨… Ⅲ.①管理学 Ⅳ.①C93

中国版本图书馆 CIP 数据核字（2015）第 286582 号

● 最卓越的管理准则

编　著 /	墨　非
责任编辑 /	嘉　嘉
责任校对 /	孙　丽
装帧设计 /	环球互动
经　销 /	新华书店
开　本 /	710 毫米×1000 毫米 1/16　印张 /19　字数 /254 千字
印　刷 /	北京柯蓝博泰印务有限公司
版　次 /	2016 年 2 月第 1 版　2016 年 2 月第 1 次印刷
书　号 /	ISBN 978-7-5113-5805-9
定　价 /	36.00 元

中国华侨出版社　北京市朝阳区静安里 26 号通成达大厦 3 层　邮编：100028
法律顾问　陈鹰律师事务所　　　　　编辑部：（010）64443056　　64443979
发行部：（010）64443051　　　　　　传　真：（010）64439708
网　址：www.oveaschin.com　　　　　E-mail：oveaschin@sina.com

前言

通用电话电子公司董事长查尔斯·李说:"最好的 CEO 是通过构建他们的团队来达成梦想,即便是迈克尔·乔丹也需要队友来一起打比赛。"的确,一场球赛的输赢固然和一些技能优秀的明星球员出彩表现有一定关系,但是没有队员们的密切配合,球队是不可能获得胜利的。一个队员的球技就算再出神入化,没有整个团队的配合,也会输掉整场比赛。

一个团队,在有了共同的目标之后,必须把任务分解给每一位参赛的成员,每个人都有自己的角色:前锋、后位、中锋各司其职。所有人发扬团队合作精神,把打赢比赛作为共同的奋斗目标,为了同一个梦想而贡献自己的汗水和力量,这个过程就是执行力实施的过程。

执行是把团队目标转化为结果的关键一环,执行的力度和成败固然和团队成员有关,但是决定这一切的却是团队的领导者。一个成功的领导者可以把一盘散沙似的团队聚合起来,将一支低效劣质的团队塑造成一支高效的精锐部队,而一个失败的领导者则会毁掉一个有潜力的团队,把一支发展势头正好的团队带向歧途。每个团队的带头人都希望把自己的团队打造成所向披靡的高绩效精英团队,但是他们也常常因为执行过程中出现的各种问题而感到困惑。

员工执行不力究竟是哪个环节出了问题?团队绩效长久不见起色的原因何在?有的领导者把所有的矛头都指向员工,将一切的问题都归咎于人性的劣根性,认为是员工的自私和散漫拖累了整个团队,殊不知,最大的问题可能在自己身上。我们并不否认每个人都是不完美的，但是人终归是环境的产物，好的环境可以使人产生积极上进、完善自我的欲望，糟糕的环境则会使人在不知不觉中走向堕落，领导者所要做的工作就是为员工创造一个健康和谐的环境，使团队成员不断地完善自己和超越自我，懂得分工协作的重要性，由此形成强大的向心力，并转化为企业的绩效，而不是任由他们停留在某个不长进的阶段。

　　领导者最重要的使命就是促使员工成功进化，如果没有催生他们进化的机制和环境，那么他们就会沦为没有任何战斗力的绵羊，执行力和绩效都得不到保证。一个企业想要超越竞争对手，有赖于强大的执行力，脱离了执行力，企业目标就会沦为美丽的肥皂泡，一触即破，根本不可能给人带来现实的益处。调查表明，成功的企业，20％依赖战略，60％依赖执行力，剩余的20％依赖机遇等其他因素，可见执行力是多么重要。决定团队执行力高下的因素，除了领导者的素质和能力，就是团队成员的工作水平。然而团队成员的工作绩效往往是由领导者决定的，高绩效的团队是领导者一手打造出来的，而低绩效的团队则是领导者失败的作品。

　　团队领导者应该怎样打造高绩效的精英团队呢？本书是针对团队管理中的各种难题，将为您提供一系列具体可实施的办法和方案，旨在帮助广大中高层管理者及创业者厘清思绪，掌握管理团队的实用方法。本书可行性和可操作性强，通过阅读本书，您将避免走出执行的误区，找到提升团队执行力的途径，驱策团队成员由原来的低效涣散状态蜕变成高效优秀的员工，并形成强大的向心力，促进企业目标的实现。希望本书能给您带来有益的启发！

目录

第一章 执行之队
——以人为本,建立高效能团队

准则1. 找到通往卓越的道路 /2

准则2. 怎样得到你的"V8引擎" /5

准则3. 凝聚合力,打造共同的团队目标 /7

准则4. 没有方向的人,走得越快离成功越远 /11

准则5. 耳聪者能听到心声,目明者能透视心灵 /14

准则6. 会为公司聚"财",不如会为团队聚"才" /19

准则7. 如何从沙砾中淘到金子 /24

准则8. 想找到千里马,先要让自己具备伯乐的眼光 /27

准则9. 求贤当若渴,不要用死标准苛责人才 /30

准则10. 想保住自家花园,请先为别人铺一条路 /33

准则11. 把"刺头"变成"虎将" /36

准则12. 团队领导要让自己的"权杖"挥洒自如 /38

准则13. 有一种领导叫"成全下属" /41

第二章 执行之魂
——态度决定成败,重塑员工黄金职业心态

准则 14. "差不多"就是"差很多" /48

准则 15. 错误面前找借口,不如问题面前找方法 /50

准则 16. 清除自己身上的"懒惰因子" /53

准则 17. 怎样让拖延症患者一针起效 /55

准则 18. 用嘴巴抱怨问题,不如用双手执行计划 /59

准则 19. 与其吼破嗓子,不如做出样子 /62

准则 20. 执行抓不住细节,团队干不出业绩 /65

准则 21. 二等员工等任务,一等员工找任务 /67

准则 22. 在问题面前,执行比辩解更有力 /70

准则 23. 计划在前,执行在后 /73

准则 24. 让自己成为活到 70 岁的鹰 /78

第三章 执行之力
——做好领头羊,提升团队综合战斗力

准则 25. 执行者应该多动脑、勤动手、少张口 /82

准则 26. 平庸者执行一时,卓越者执行一世 /84

准则 27. 力由心发,要有执行力,先有责任心 /88

准则 28. 把执行贯彻到每一个细节里 /91

准则 29. 告别急功近利 /94

准则 30. 平时不抓沙子,事后得不到金子 /96

准则 31. 变被动为主动 /99

准则 32. 机会只留给有准备的人　/101

准则 33. 量化时间，提高效率　/105

第四章　执行之思
——更新观念，将平庸队伍打造成王牌之师

准则 34. 低头拉车，还要抬头看路　/110

准则 35. 执行团队，不能没有一定的"匠人精神"　/112

准则 36. 二流团队发奖金，一流团队送关心　/115

准则 37. 执行者，会动手更要会动脑　/118

准则 38. 思想"大换血"，执行"大进步"　/121

准则 39. 先有"高效沟通"，后有"强力执行"　/125

准则 40. 别让自己的领导方式过时　/130

准则 41. 不能在祈祷时抽烟，可以在抽烟时祈祷　/133

准则 42. 要解放"执行力"，先要解放"思维力"　/136

准则 43. 找对人才能作对事　/138

准则 44. 不要忽略了那些不常开口的人　/142

第五章　执行之势
——赢在人心，在人性化管理中强化执行力

准则 45. 要向上生长，先向下扎根　/146

准则 46. 捆在一起，才能更好成长　/148

准则 47. 动起来才有力量　/149

准则 48. 让每个人都发挥出自己的光和热　/152

准则 49. 领导者自己先要有执行力　/154

准则 50. 理顺员工的情绪，才能理顺工作的头绪 /156

准则 51. 给松懈的员工打一针强心剂 /158

准则 52. 管不住心，留不住人 /161

准则 53. 学会换个角度思考问题 /164

准则 54. 细化目标，提高效率 /167

准则 55. 每天进步一点点 /168

第六章 执行之病
——工作落实不力，要向阻碍执行的"肿瘤"开刀

准则 56. 层级不清 /172

准则 57. 多头指挥：下面一根针，上面千条线 /174

准则 58. 缺乏凝聚力，一盘散沙 /176

准则 59. 执行力不等于蛮干 /178

准则 60. 利益不公 /181

准则 61. 管理制度混乱，朝令夕改 /183

准则 62. 缺乏监督检查机制 /186

准则 63. 领导不等于领导力 /188

准则 64. 屡次犯同样的错误 /192

准则 65. 不重视企业文化 /195

准则 66. 当考核无法带来执行力的时候 /199

准则 67. 只想到自己，对任何事情不积极主动 /201

准则 68. 缺乏危机意识 /204

第七章　执行之方
——与其满堂灌输，不如个别开药

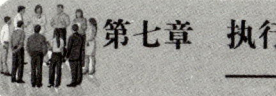

准则69. 了解你的企业和员工 /208

准则70. 出门看天气，管理看情绪 /211

准则71. 确立明确的目标和实现目标的先后顺序 /213

准则72. 管理员工，就是管理他们的时间 /216

准则73. 如何让自己成为有领导力的领导 /217

准则74. 考核出执行力 /220

准则75. 考核不是那么难，也不是那么简单 /223

准则76. 模仿加改良等于创新 /224

准则77. 经常与他人探讨 /226

准则78. 提升士气，增强团队向心力 /228

第八章　执行之序
——优化流程设计，成就卓越执行体系

准则79. 人员流程 /232

准则80. 企业在人员流程上的缺失 /234

准则81. 健全人员流程的途径 /237

准则82. 战略流程 /239

准则83. 绩效考核的五种应用 /243

准则84. 绩效考核模式 /246

准则85. 运营流程 /252

准则86. 运营流程的关键指标 /254

准则87. 运营流程要蕴含管理思想 /256

第九章 执行之道
——建立激励奖罚机制，激活员工潜能

准则88. 为员工搭建晋升的阶梯　/260

准则89. 物质激励是员工的第一生产力　/262

准则90. 满足下属的成就感　/266

准则91. 颁发荣誉勋章　/268

准则92. 不要吝惜赞美的话语，它是最好的精神褒奖　/272

准则93. 带领你的团队走向未来　/275

准则94. 多管齐下，奏响激励多重奏　/278

准则95. 建立合理的奖罚制度　/281

准则96. 理性惩处犯错误的员工　/285

准则97. 及时处理团队中的"烂苹果"　/288

执行之队
——以人为本，建立高效能团队

准则 1. 找到通往卓越的道路

在组建团队时，选择什么样的团队成员是至关重要的问题，因为只有选对了团队成员，才能让团队走上通往卓越的道路。比如观音菩萨在选择西天取经团队的时候，孙悟空的能力最强，但是个性也最突出，所以经常意气用事。这样的团队成员可以用来做事，但要加以管束，所以观音菩萨给他安上了紧箍咒。猪八戒的能力也不弱，曾经做过天蓬元帅的，可以说是整个团队中资历最高的一个，但是官僚气也最重。针对这种过于懒散的团队成员，应该把他与有干劲的人安排在一起，所以在悟空的督促下，八戒的性格也改观了不少。沙和尚的性格温和，能力有限，做事中规中矩，所以最适合后勤管理工作。而唐僧肉体凡胎，既不会腾云驾雾，也不能降妖捉怪，却是整个西天取经团队的核心所在。因为所有团队成员中，只有他对于取经的态度是忠贞不贰的，只有他在各种磨难面前从未动摇过。由此可见，在组建自己的团队时，管理者应该更注重成员的态度，而不光是他们的能力。因为，决定一个人能力的往往是他的态度。

在克里米亚战争之后，斯特拉特福子爵专门为军官们举办了一场隆重的晚宴。宴会上，斯特拉特福子爵和军官们做了一个游戏，他发给在场的军官们每人一张纸片，并要求他们在自己的纸片上写下一个印象最深刻的名字。也就是说，这个名字的主人很可能因为这场战争而流芳百世。结果是意料之外，却又在情理之中：每一个人的纸片上都写着同一个名字，但是这个名字并不是任何一位军官，也不是任何一个士兵，而是一个照顾伤员的护士——南丁格尔。

在克里米亚战争打响之后，南丁格尔带着护士小分队来到了战地医院，一会儿工夫，成百上千的伤员就从前线上被运了回来，而南丁格尔的任务就是要在这个充满了呻吟和鲜血的环境中把事情处理得井井有条。正

第一章·执行之队

在大家手忙脚乱的时候，更多的伤员被运了回来，而战地医院中许多事情都没有准备好，一切都需要从头安排。于是南丁格尔开始着手安排每一件事，从每个人的分工，到床位的安排，南丁格尔丝毫不敢松懈。当各种事务都步入正轨的时候，她又在处理更危险、更严重的事情了。在南丁格尔负责战地医院的第一个星期里，她经常要连续站立二十多个小时来分派任务。但是她从来没有松懈过，因而赢得了大家的一致好评。一位和她一起工作过的外科医生说："南丁格尔的感觉系统非常敏锐，我曾经和她一起做过很多非常重大的手术，她可以在做事的过程中把事情做到非常准确的程度。特别是救护一个垂死的重伤员，我们常常可以看见她穿着制服出现在那个伤员面前，俯下身子凝视着他，用尽她全部的力量，使用各种方法来减轻他的疼痛。"一个被照顾过的士兵说："她和一个又一个的伤员说话，向更多的伤员点头微笑，我们每个人都可以看着她落在地面上那亲切的影子，然后满意地将自己的脑袋放回到枕头上安睡。"一个战地医院的护士说："在她到来之前，这里总是乱糟糟的，但在她来过之后，这里圣洁得如同一座教堂！"

在克里米亚战争之前，南丁格尔是一个普通不过的人，正是由于她在工作中一丝不苟地执行，让她成为了那场战争中赢得最高名声的妇女，同时也成为了带来光明的天使。1860年6月24日，英国各界人士为表彰南丁格尔的功勋而捐赠了一笔巨款，她毫不犹豫地用这笔钱成立了"南丁格尔基金"，用于表彰那些做出突出贡献的护士。从此，"南丁格尔奖"成为了护士行业的最高荣誉。如今，全世界都将5月12日作为护士节以纪念她，将她称作现代护理工作的创始人。

南丁格尔的故事告诉我们，如果一个人能够始终坚持自己应该做的事情，那么他就终究有一天会受到世人的尊敬。如果一个人能够始终用一丝不苟的态度去对待自己的工作，那么全世界就会记住他的名字。所以，我们在组建自己的团队时，首先要找那些生活有态度的人，这些人往往具有责任感，他们在工作中能够成为有力的执行者。而那些上班无聊就抛硬币：正面就上网聊天，反面就趴着瞌睡，硬币能竖立起来就工作，硬币能倾斜竖起不倒就努力工作，硬币摔碎了就申请加班，硬币如果能变出两枚，那就天天抛硬币的人，他们最终抛出的也正是自己的一生，团队领导者又怎么敢把他们请来呢？

如何让自己的团队成员找到通往卓越的道路：

意大利哲学家马志尼说过这样的话："我们必须找到一项比任何理论都优越的教育原则，用它指导人们向美好的方向发展，教育他们树立坚贞不渝的自我牺牲精神，这个原则就是态度，这种态度是他们终生的责任！"由此可见，态度是一个人品格和能力的承载，是一个人走向成功必不可少的素养。所以，成功的团队领导者应该想办法激发出团队，都有一个共同的品质——用一丝不苟的态度坚持执行。聪明、才智、学识、经历都能够影响一个人的能力，但缺乏了态度，缺失了执行，我们的团队仍然有可能会与成功失之交臂。

一、你还没有目标，还没有找到前进的方向，你可以给自己定一个目标。比如你一天要拜访十个客户，无论如何你都要坚持下去，慢慢地养成习惯就好了。

二、你对你所做的业务缺少兴趣，无论任何行业，只要你对它没有感情，你永远都不可能和它在一起。

三、你缺少前进的动力，你现在只是一个业务员，有没有想过哪一天当业务主管，哪一天当业务经理，哪一天当区域经理。给自己一个明确的方向，朝着那个方向去努力，你一定可以实现目标的。

四、你缺少压力，你们那里跑业务没有任务量吗？就算没有也要给自己创造一个业务量，那是你前进的目标。

五、注重结果和效率，不是出勤时间。当你管理知识型员工时，你不应该用硬性的打卡上班、下班时间，除非涉及客户服务的时间覆盖问题。相反，你应设立明确目标，让员工每周用40小时完成工作。要求他们准时参加重要的会议并且在团队共同工作时间内随叫随到。

如果有必要，为他们提供可以远程工作的工具。然后，让他们自己管理自己的时间。这样做的结果就是告诉你的员工：你信任他们。如果你不能信任为你工作的人，那就是另外一件事了。严加管理直到你信任他们为止，或者告诉他们寻找其他的机会。

六、让团队成员施己之长，确保团队成员都在各自擅长的岗位上。如果你接管了一个已经粗具规模的团队，这点尤为重要。评估所有团队成员，并改组团队，以求更好的成功机会。不要仅仅因为某个人在某个岗位上已经工作了很长时间，就不去改变他的职能。只要你认为他能够在其他的职位上做出更多的贡献，就应该认真考虑进行调整。员工可能不愿意这样的变动，所以你还需要花较多的时间说服他们，让他们明白这样的变动是为了使他们个人和公司同时实现最佳利益。

准则2. 怎样得到你的"V8引擎"

亨利·福特是福特汽车的创始人，当他从一个农场主之子成为一名汽车制造商时，他并没有结束自己对于汽车历史的挑战，而是决定制造一款拥有V8汽缸引擎的汽车。V8汽缸引擎是一种拥有八个汽缸的引擎。在福特的指导下，福特的设计团队完成了把八个汽缸放在一起的纸上作业。但是他的工程师团队却无法接受这个设计，他们异口同声地跟福特说："要在现实中实现把八个汽缸全放在一起，这个引擎根本不可能工作。"但是亨利·福特并没有放弃，而是选择了坚持执行。最终，他如愿以偿地得到了自己梦寐以求的V8引擎。

由此可见，当我们面对质疑时，只有坚持执行，才能让我们如愿以偿地得到自己梦寐以求的东西。当人类历史上第一个人首次试图使用火时，其他同伴在一旁嘲笑他痴人说梦，但是他没有停止自己钻木的双手，于是人造火给人类带来了新的文明。当莱特兄弟试图用自己制造的飞行工具征服蓝天时，其他村民都对两兄弟的异想天开冷眼旁观。直到他们驾驶着自制的飞机飞行了36米之后，人类才第一次实现了翱翔蓝天的梦想。由此看来，人类或者为了生存，或者为了自由，或者为了解放，总要有魄力将自己的想法执行下去，最终才能创造一段新的历史。换句话说，开创历史新纪元的人不仅需要出众的能力，更要有将想法执行到底的魄力。

在质疑面前，福特展现了自己的魄力，他说："只管去执行。"没过多久，工程师们又找到福特抱怨说："你要的V8引擎是不可能工作的。"对于这些声音，福特再次下令说："只管去执行。不论花多少时间，做到交差为止！"于是工程师们只得着手去做，因为，如果他们还想待在福特的公司里的话，就再也不能找借口了。

时间过了半年，工程师们每天都在执行福特的命令，但是V8引擎依然连个影子也没有。又过了半年，制造工作一样没有半点进展。工程师们几乎试过了所有自己能想出来的方法去执行福特的命令，结果他们给福特的答案仍然是"不可能"。

这时，大家都劝福特放弃自己的固执，但是福特依然只是要求工程师们去执行。时间很快又过了一年，福特的工程师们还是没有什么大的进展，来自外界的压力再次向福特涌来。但是福特内心很清楚，要想成功就必须有自己的判断，将信念执行到底。所以他督促着工程师们继续努力，同时毫不间断对V8引擎的各方面投入，然后关于V8引擎的研制工作忽然如有神助，各方面都取得了突破性进展，一个让世人震惊的最新发动机出笼了。它的出现再一次革新了人类的制造史，福特的魄力帮他打赢了这场硬仗。

这个故事的叙述也许不够详尽，但是故事的内容却都是毫无虚构的。由此我们可以知道，一个拥有执行力的团队一定拥有一个有魄力的领导者。在所有人都觉得不可能的时候，团队中必须有人肯坚持，不放弃。只有做到这一点，我们才能在众多的同行中出类拔萃。

如何在怀疑声中坚定地执行：

你的朋友对你的支持程度，往往和你的投入程度与决心有关系，假设一件事情你只是"试试看"而已，那么别人或许连试都不愿意给你试，但如果从你脸上看到的是"一定要"，那么他们就会重新考虑。有时候无须花言巧语，单凭你的热情和肯定的眼神、认真的态度就能打动一个人。

一件新鲜事物在刚出现时总是遭人质疑，像麦当劳这种伟大的商业模式——特许经营，在20世纪出现的初期一度被美国人视为欺诈，遭遇到大多数人的质疑，现在却屡见不鲜了。当你开始经营一个事业时，第一个月时毫无疑问很多人会给你最多的反对，他们以为你是在开玩笑，三个月后他们意识到你是说真的，玩真的了，半年后觉得你是有备而来，一年后很多人会重新评估，三年后很多人会对你竖起大拇指。

大多数人都是以结果论英雄的，只要你成功了就能获得他们大片的赞誉，仿佛他们当初不曾明里暗里怀疑过你一样。所以他们现在怎么看一点都不重要，完全不必在意他们目前的想法，重要的是你要证明它，首先要尽最大努力去争取你能影响的那部分人。正所谓，"一不做，二不休"。

准则3. 凝聚合力，打造共同的团队目标

由同样学历、能力的成员组成的团队，有的在领导者的带领下众志成城，有的却被领导者带成了一盘散沙。这就像金刚石和木炭都是由碳分子组成的，但是木炭很容易碎掉，金刚石却无坚不摧。是什么造成了它们之间如此大的差异呢？化学家说是因为碳元素的组织结构不同，而管理学家却认为是因为彼此的目标各异。高效率的团队和低效率的团队都是由人组成的，其中每个团队成员的能力、智商并没有太大的差异，但是人心的差异造成了执行力的不同。目标一致的团队就能够形成合力，像金刚石一样无坚不摧；而貌合神离的团队难免分崩离析，像木炭一样不堪一击。

英国科学家做过一个有趣的实验，他们首先把一盘点燃的蚊香放进一个装有很多蚊子的容器里。结果蚊子们马上陷入了慌乱，大家横冲直撞，为了逃命而不顾彼此。结果没过多久，所有的蚊子都头重脚轻，成为了这次实验的牺牲品。接下来，科学家们又把这盘蚊香放到了一个蚁巢里。蚊香的火光与烟雾使惊恐的蚂蚁乱作一团，但片刻之后，蚁群开始变得镇定起来了，开始有蚂蚁向火光冲去，并向燃烧的蚊香喷出蚁酸。随即，越来越多的蚂蚁找到了自己的目标，毅然冲向火光，把蚁酸喷向蚊香。一只小小的蚂蚁喷出的蚁酸是有限的，因此，许多冲锋的"勇士"葬身在了火光中。但更多的蚂蚁踏着死去蚂蚁的尸身冲向了火光。过了不到一分钟的时间，蚊香的火被扑灭了。在这场灾难中存活下来的蚂蚁们立即将献身火海的"战友"的尸体转运到附近的空地摆放好，在上面盖上一层薄土，以示安葬和哀悼。

过了一个月，科学家又将一支点燃的蜡烛放进了上次实验的那个蚁巢里。面对更大的火情，蚁群并没有慌乱，而是在以自己的方式迅速传递信息之后，每只蚂蚁都知道蚁群的共同目标是如何化解这次更大的危机。于是整个蚁群开始有条不紊地调兵遣将，大家协同作战，不到一分钟烛火即被扑灭，而蚂蚁们几乎无一死亡。之后，科学家对弱小的蚂蚁面临灭顶之灾所创造出的奇迹惊叹不已，并得出结论说：对于蚂蚁这样一个弱小的物种来说，任何一个个体面对类似的灾难都是无能为力的。甚至是一个数量很大的蚂蚁群体，在无目标、无秩序的情况下来应对这样的灾难，其结果也只能是全军覆灭。可蚂蚁恰恰是一种目标性、秩序性很强的物种，它们依据自己的规则和方式，组成一个战斗力极强的群体，以应对生存过程中的一切事务。能够在第一时间找到团队的共同目标正是蚂蚁这个弱小的物种之所以能在时时存在着各种天灾人祸的环境中得以存在和繁衍的关键。

其实，蚊子的失败就在于没有找到共同的团队目标，而蚂蚁的成功也是来自于它们的团队精神。有组织、有秩序的群体才是团队，而组织和秩序的来源就是团队的目标。人也是一种社会性的动物，人的一切活动都与其他同类有着密切的关系。要想把一个个互不相干的人放在一起，组成一个战必胜、攻必取的执行团队，那么首先就要让团队成员明确整个团队的目标，否则执行力永远是零。试想，如果在一个企业中，每个部门都各自为战，部门经理们都只关心自己部门的利益而搞"诸侯割据"。那么人事经理面对财务经理的协作邀请就会不闻不问，或者口头支持，行为上不落实到位，财务经理尴尬。但是"山不转水转"，人事经理总有要求财务经理协作配合的时候，一旦财务经理"以其人之道，还治其人之身"，人事经理又作何感想呢？最终只能是两败俱伤，把团队的执行力拖入深谷。

怎样让自己的团队拥有共同目标：

一、知道你正在与谁打交道

你可能认为大家都在同一个团队里，所以他们的目标是一致的。如果真是这样，那么很好，但是情况几乎从来都不是这样。当然，他们可能会说他们的目标是一致的，但是每个人都有他们自己的目的。这并不像听起来那么穷凶极恶。毕竟，保护你自己的领域是很自然的事情。

因为你可能只是一位顾问而且集团可能不向你汇报，所以你要单独地了解他们并努力确认他们在手头这件事情上的利益关系。理想的情况下，你要确切地知道在一开始的时候你会面临什么情况。

二、把所有事情展示出来

你可能认为保持对事情的控制对推动进展至关重要。事实上，这是事实，但是达到这一点的方法并不是做到有权威。滥用职权是不得已的解决办法，因为它会惹怒人们，让他们反对你，并且会创造出能够破坏进程的消极对抗行为。

相反，通过与他们真正地分享你计划做什么，征求反馈并解释为什么以这样的方法做事以及其中的意义，让他们感觉到这是他们的流程。这是对你的第一个测试。如果你不能让他们在流程问题上达成一致，那么你会需要很多时间让他们同意一个决定。

三、弄清真相

不管怎样，在你沿着那条路走太远之前你必须了解有关眼前情况的全部事实。这通常意味着自信地与人们进行一对一的会议，而不是在他们的同事面前拷问他们。如果你问正确的问题并且表现出真正地对他们的故事感兴趣，你会对人们在一对一会议中告诉你的事情感到惊奇。

一旦你对正在发生的事情有了清晰的了解，你就应该至少在你想看到事情怎样发展下去这个问题上得出自己的结论。如果你知道你想要人们得出的结论是什么，你就能更容易策划过程让人们达成一致。这不是必须要做的事情，但是它非常非常有帮助。

四、让极端的人说出他们的想法

让极端的人——处在方程式两边的非常自以为是的人——在你说出你的论点之前说出他们的看法是一个好主意。理由是双重的。

如果你早点让他们把话讲出来，让人们说出他们内心的声音可以缓解紧张的局势和激烈竞争的情况。一旦棘手的问题摆到了桌面上，每个人都会松一口气。

同样，如果你怀疑会有一些难以对付的人，那么你可以考虑做一些幕后工作。这就意味着你要有几个支持你的盟友，这样当争议发生的时候，局外人会站出来。当其他人都说同样的事情的时候，你很难坚持自己的立场。同侪压力可是非常强大，甚至对高管们来说也是如此。

五、使之符合逻辑

在推动达成共识的过程中有两种类型的论据会起作用。第一种就是逻辑或者定量的论据，这种论据将会吸引所谓的左脑思考者。确保你已经做了必要的准备工作、研究以及诸如此类的事情，并把这些东西直接给他们。人们很难驳斥硬性数据。

在心中记住一件事情。如果你要选择你要展示的东西以及展示的方式，那么你要知道你可能会做出呼吁。你最好对你为什么展示 A 而省略 B 有一个非常好的理由。记住这就是应该会吸引有逻辑的人的论据。所以它最好是非常有逻辑的。

六、使其私人化

当然，第二种类型的论据是情感或者定性的论据。但是我用来完成这一论据的方法并不那么明显。如果可能的话，我喜欢用具体的轶事或者张口就可以说出的可信的个人来真正地支持我的观点并击中要害。当然，关键是要选择最生动、最有力的故事或者引述。

例如，如果你正努力让一个管理团队通过一项战略计划流程，而且你想让这个公司朝一个特定的方向发展，这就是要适当地引用一些重要的分析数据、专家、员工和客户的时候。即使来源是匿名的，当人们听到他们认为是专家或者利益相关者的人有什么话要说的时候也会产生强有力的影响，它可以左右人们的观点。

七、达成协议书

显然在整个过程中都会有争议存在，但是大多数争议在你完成定量和定性分析之后都会得到解决。到那时，人们或多或少地会同意相同的方向。

到那时确保你通过宣布你有一个计划记录来达成协议。确保每个人都知道这是他们的计划，而不是你自己的计划。记录计划内容。故事结束。

准则 4. 没有方向的人，走得越快离成功越远

对于想要让团队拥有高效执行力的领导者来说，确定统一的团队目标是非常重要的。因为团队目标就是一个团队的方向。对于一个没有目标和方向的团队来说，走得越快只会让自己离成功越远。可惜，现实中我们却发现很多领导者自己都不知道目标是什么。试想，在一艘没有方向的船上工作，水手们又怎么可能有干劲呢？

洛克菲勒在谈起自己年轻时的经历说，那时候他的学习条件很差，自己的人生目标也不明确，有时闲得无聊，就到处瞎逛。一次，他漫无目的

地乘大巴来到犹他州,第二天,又踏上回纽约州的旅程。他沿路徒步走着,期待着一辆可搭乘的车出现,终于一个农民让洛克菲勒上了他的车。洛克菲勒感到一辈子从未有过的知足和得意,他觉得他与这个世界是如此的和谐。

车在马路上飞快地行驶着,一个突如其来的问题打断了他的思索,开车的农民问道:"年轻人,你想去哪儿?"这个问题着实让洛克菲勒犯了难,但是他很快用惠特曼的诗来回答说:"我将去我喜欢去的地方,这漫长的道路将带领我去我向往的地方……"正当他背着《通达大路之歌》里的诗句自鸣得意的时候,那个农民却惊讶地看着他,面带愠怒地说:"你的意思是,你上了我的车,却没有一个目的地?""我当然有目的地,"洛克菲勒回答说,"只是它在不断地变化着,几乎每天都在变化。"正当洛克菲勒想要重新开始自己的慷慨陈词时,那个农民突然把车停在了路边,用命令的口吻把他赶了下去。"你这个游手好闲之徒,"农民责备地说,"去找一份正当的职业吧。让自己落下脚,然后好好挣钱过日子。"说完农民就把车开走了,留下他独自一人站在土路上。洛克菲勒茫然地站在那里,发现这条路的两端都长得看不到头。他试着想寻回两分钟前还感到的得意扬扬之感,而此时笼罩他全身的却是前所未有的失落。

钢铁大王也曾经失落过,因为他在年轻时没有找到自己的人生目标。后来,在一望无际的道路上,洛克菲勒终于知道了自己应该向着一个目标不断迈出脚步,最终他走到了成功的门前。目标对于人生来说如此重要,对于团队来说更是关键。如果一个团队没有目标,不论每个成员多么优秀,也注定只能是一盘散沙。而共同的目标就像在泥沙中加入了水,让大家能够凝聚在一切,成为一道坚固的城墙。

所以,要想让团队中每个成员都能向同一个方向使劲,管理者必须让每一个成员都有共同的目标。当碳原子能够以共同的目标结合时,就能够成为无坚不摧的金刚石;当团队成员能够以共同的目标团结时,就能够大大提高团队的执行力。

团队领导者应该如何科学地设定团队目标：

一、目标管理的参与原则

目标管理是一种参与式、民主式并自我控制的管理制度，也是一种把个人需求与团队目标结合起来的管理制度。目标管理强调以团队目标为基础，以个人为中心，通过自寻问题、自我定位、自定目标、自我管理实现自我价值与团队价值。目标管理强调由管理者和下属共同确定目标和建立目标体系，目标是上、下级人员共同协商研究的结晶，下属不再只是被动地服从与执行，在平等、尊重、信赖和支持的关系下，团队成员对目标做出自觉自愿的承诺，这不仅能使团队目标更符合实际、更具有可行性，而且能激发团队成员努力实现目标的积极性和创造性，能使员工发现工作的兴趣和价值，享受工作的满足感和成就感。

二、制定目标的六个步骤

目标制定是目标绩效管理的第一步，也是至关重要的环节。因此，目标制定过程中应遵循以下六个步骤：

1. 理解并向下属传达公司的整体愿景、规划和目标；

2. 在上下沟通协商的基础上，寻找问题，制定符合大众意愿的部门与个人目标；

3. 审核个人、团队与公司目标之间是否一致；

4. 评估目标实施过程中可能存在的问题并制定相应对策；

5. 明确实现目标所需要的资源、技能和权力，并就此确认；

6. 制订实现目标的具体计划。目标管理并不是将决定付诸实施的程序，而是有体系地使问题明确，并深思和决定。它是确认问题、防止问题的方法和手段，并不是在规定表格内填上答案，所谓目标管理就是成果本身。

三、让每个员工都应该拥有一份个性化的关键绩效目标

目标绩效管理是服务于公司战略的。所以，管理者必须和员工共同分享公司的目标，然后将公司的目标分解到部门，在充分沟通和协商的基础

上确立员工的绩效目标。具体地讲，可从公司的战略目标、岗位职责说明书、平衡计分卡、工作观察与问题出现等方面获得。

1. 个人主要目标和完成目标的主要行动计划。为了抓住重点、切实可行，个人目标最多为五个指标。员工首先对下一期目标提出自己的意见和计划，然后，部门主管与员工沟通公司和部门对员工的期望，以及下一步工作的重点和改进方向。最后，在上下充分讨论沟通、员工认可的基础上达成一致并形成绩效承诺记录。这个过程被称为"了解情况，统一认识，灌输公司战略意识"。

2. 员工业绩评价。每半年对员工的绩效目标完成情况进行一次评估。

3. 员工技能评估。在业绩评价的同时，对员工的知识、技能、态度现状进行评估，并找出与绩效完成所需能力、理想期望能力之间的差距。

4. 员工个人发展计划。根据前三个方面的资料和观察，与员工一起讨论职业生涯规划与近期的个人发展计划，制订诸如培训、教练、轮岗等改善措施计划，并明确员工个人发展中员工与主管、公司各自应负的责任。

准则 5. 耳聪者能听到心声，目明者能透视心灵

现在我们已经明白了，组建一个团队就像找一群人拉车，如果有的人往东用力，有的人往西用力，那么团队内部就自己先乱掉了。所以团队的领导者应该首先让团队中所有人都明确自己的目标。但是，每个人都有自己的个性和人生愿景，我们如何把形形色色的人整合在一起呢？这就要求团队领导者能够做到耳聪目明：耳聪者能听到心声，目明者能透视心灵。如此，领导者才能发挥水泥的作用，把自己团队中优秀的人才黏合起来，使他们为了一个更长远的目标而努力，让他们把自己的力气都往一个方向使。

我们说，一个聪明的队长绝对不是管理者，而是一个领导者。二者的

区别在哪里呢？管理者总是站在自己的角度管着别人，而领导者则会站在对方的角度去领着对方。懂得领导队员的队长在建设执行力团队时会觉得很容易，只要能够了解队员们的心意，把话说进别人心里，那么，无论做什么事情都可以水到渠成，信手擒来了。

在《战国策》上，记载了一个《触龙说赵太后》的故事。事情大约发生在赵孝成王元年。当时的孝成王年纪尚幼，所以由太后执政，也就是历史上赫赫有名的赵威太后。此时的赵国正处于新旧交替之际，国内动荡不安，势力大不如前。于是，秦国趁机挥兵东下，攻占了赵国的三座城池。赵国只好向当时的另一个强国：齐国求援。齐国虽答应出兵，但提出了一个条件：要求赵太后把她的幼子长安君送到齐国做人质。

赵太后因为心疼自己的孩子，所以拒绝了齐国的要求。大臣们纷纷劝谏，也被赵太后挡回，并明白地告诉身边的人说："如果再有人来劝说我把长安君送到齐国去做人质，就别怪我不客气了。"原话是："有复言令长安君为质者，老妇必唾其面。"

这下可急坏了赵国的群臣，只好请当时的左师公触龙先生出马。为了挽回亡国的局面，触龙老先生只好重出江湖，亲自求见太后。太后知道触龙是替大臣们来做说客，于是就气势汹汹地等着见他。

谁知触龙老先生半天才来到太后面前，并道歉说："我现在老了，腿脚也不利索了，所以有日子没来看望您了。但是又担心太后的贵体有什么不舒服，所以特意来看看您。"

太后看看老态龙钟的触龙，觉得大家都一把年纪了，就说："我腿脚也不方便了，平时全靠坐车走动。"

触龙老先生就接着问："您现在的饮食怎么样啊？"

太后回答说："每天吃点稀粥罢了。"

于是，触龙就对太后说："到了我们这个年纪，难免没有胃口。我每天都要坚持锻炼，快步走上三四里，慢慢地也还能吃下些东西。"

太后感慨说："这个办法虽然好，可是我却做不到啊。"说罢，脸上也就没有了刚才的严肃神情,像是两个拉家常的老人一样神情放松了。

这时,左师触龙突然说道:"我其实有一件心事想求您帮帮忙。我现在老了,唯一放心不下的就是我的小儿子舒祺,他不成才,我希望在您这儿走个后门,把他安排在保卫皇宫的卫兵里头吧,我也就了了一桩心愿。"

赵太后听他这么说,便答应了,又问道:"男子汉大丈夫也会偏心疼爱自己的小儿子吗?"

触龙说道:"您不知道啊,男人疼起小儿子来,比妇女还厉害呢。"

太后听了笑着说:"怎么可能,妇女才更厉害呢。"

触龙故意做出一脸惊讶的样子说:"是这样吗?我怎么觉得您疼爱您的女儿燕后远远胜于疼爱您的儿子长安君呢?"

太后说:"那你可是看错了。我疼所有的孩子都不像疼爱长安君那样厉害。"

触龙还故意装傻,问道:"父母越心痛自己的儿女,就应该越为他们做长远的打算。当年您送自己的女儿出嫁到燕国的时候,拉着她的脚后跟为她哭泣。可是,等她出嫁以后,您虽然十分想念她,但还是经常祷告说:千万不要让她回来啊。您这样做,难道不是希望她生育的子孙,代代相传地做燕国的国君吗?"

古代女子出嫁,除非被休,不然是不能回娘家的。所以赵太后祈祷女儿不要回国,是希望她永远留在燕国做皇后。于是太后承认说:"是这样啊。"

触龙见时机差不多了,就进一步问道:"从这一辈往上数,三代以前赵国那些被封侯的王孙公子们,他们的子孙还有能继承爵位的吗?"

赵太后回答说:"没有了。"

触龙又问:"那么,除了赵国以外,其他诸侯国被封侯的王孙公子还有人能够继承祖上的爵位吗?"

赵太后想了想,说:"我不太清楚,但是没听说还有能够继承的。"

这时,公触龙才说:"这些国君的子孙就一定不好吗?为什么他们一个个不是被杀就是失掉了爵位呢？其实都是因为他们地位尊贵却没有功勋，俸禄丰厚却没有功劳造成的啊！您现在疼爱自己的小儿子，把长安君的地位提得很高，又封给他肥沃的土地，给他很多珍宝，可是一旦您有个三长两短，难道他将来就能够不走别人的老路吗？现在有机会让长安君为国立功，您却阻止，将来的长安君又凭什么在赵国站住脚呢？依我看来，您不为长安君做长远打算，所以我觉得您疼爱他远远不如疼爱燕后呢。"

赵太后听了触龙的话，恍然大悟，只好说："您说得有道理啊，我就把长安君交给您了，您任意派遣他吧。"

于是，赵国就答应了齐国的要求，把长安君送去做人质。齐国马上派出了救兵，解决了赵国的燃眉之急。

在如此强硬的赵太后面前，选择管理的大臣们都被拒绝了，而选择领导的触龙却能够说服她把自己最疼爱的儿子送去做人质。大臣们一心只想着国家的利益，而赵太后则最心疼自己的儿子，所以两方面的目标无法达成一致，最终导致送长安君去齐国做人质的事情得不到执行。而触龙却能够看到矛盾中存在的一致性，同意了整个赵国宫廷内部的声音，最终完成了救国救民的使命。

执行锦囊

所以，团队的领导者在说话的时候，一定要先分析队员的心理，然后对症下药，把话说到对方的心坎上。高超的领导者真正的角色，是能够将不同的人和不同的要素结合在一起。他们就像高超的厨师能够根据不同人的不同口味严格地掌握调料的多少，火候的大小，出锅的时间；同时也是整个团队的掌控者，他们不只是演员，还是编剧，他们用自己的方式改造了团队的环境，整合了团队的目标，让大家心往一处想，劲往一处使。

当你领导一个来自不同部门的团队，乃至一个由你的同龄人组成的团队时，人们对你唯命是从是不太可能的。其实，你并不需要同事和下属的言听计从——你需要的是他们能出谋划策、自愿合作、共同参与。

如何才能赢得这种神奇的组合效果？结果来之不易，而其中的固有挑战也许能解释培训公司 ESI 国际一项调查的结果。这项调查发现，83％的受访公司存在项目经理短缺的现象。或者它也能解释戴尔·卡耐基 2012 年的一份研究，该研究发现 26％的员工在工作中完全置身事外，45％只是在一定程度上参与其中。

"没人在乎你的截止期限，他们关心的是目标，"高管教练及《新官上任》一书的作者乔治·布拉特说。"必须与他们联手创造一个共同目标，同时向这个目标推进。但学校是不会教你这个的。"

一、改变思考角度

别再去制订计划，然后让人们照你的意思办事了。你要明白，他们的想法可能跟你的一样有价值。你对项目的目标和背景固然了如指掌，但将更大层面上的使命传达给他们，让他们了解自己那部分任务在整体项目中所扮演的角色，这是你的职责。"要想在这一点上不出错，必须真心诚意地相信，你托付的人能比你自己做得更好，"布拉特说，"你必须给他们指出很明确的方向，给他们提供资源、培训，然后放手让他们去干。"这意味着在项目初期就要开始倾听他人的意见和建议，还要把这种做法贯穿始终。他说："它不能一蹴而就，而是一系列叠代性质的对话，必须坚持下去。"

首席执行官与领导团队顾问彼得·布雷格曼说，他曾与一名领导 5 亿美元业务线的高管合作，这位高管苦于无法从公司的市场营销负责人处获得自己所需要的东西。原来，那位营销负责人感觉自己没有受到尊重，想法也未得到重视。这种僵持对个人和公司整体业务都造成了损害。"再怎么故作姿态也无法让他按他的意愿行事，"布雷格曼说，"既不能动用权力，又不能直接跟他一争高下。"

二、建立一对一的关系

如果你了解团队成员，而且已经与他们建立了密切的关系，那你对团队的领导将会更加成功。准备一个清单，上面列出你的工作所在地或全公司很可能与你分派到一起的五人或十人。然后着手去了解他们。

布雷格曼说:"最重要的是在你用不上别人的时候就与他们培养起紧密的关系,关系是做成任何事情的最大杠杆。"关心别人的生活,分享自己的点滴,主动提供帮助,做人厚道点。至于那些跟你有过节的人,现在是重修旧好的时机,你们未来很可能会被扔到一起。如果你被指派进入领导角色,而又不了解整个团队,那就花时间一对一地了解每一个人,知晓他们各自的轻重缓急,同时对他们有一个亲身的了解。如果你没法面对面,可以退而求其次,选择视频会议的方式。"没有人愿意在你的齿轮上充当一个小齿条,"布雷格曼说,"你的目标是将他们从你待办事项清单中的某一项任务转变成一种真正的关系,营造一种两个人共同合作的氛围。"那个因公司营销负责人而困扰的高管最后花了点时间,与他出去共进晚餐,不久之后,两人就开始了良好的合作。

三、确保整个团队的参与

当你是负责人的时候,你可能会觉得自己应该掌握所有的想法和答案。事实上,你的工作是给团队的集体思维力套上缰绳,使之为公司的利益服务,这意味着寻求建议。人们喜欢提供意见,这让他们感觉受到重视。布雷格曼说:"一个人听取别人的意见时,不仅得到了很好的想法,而且还建立了关系。"

四、事后务必跟进。如果你采纳了谁的意见,请务必让他们知道结果。如果你决定采用别的策略,那就解释个中缘由,同时说明他的意见对你产生了什么影响。不要只是抛诸脑后,指望对方不会注意到。项目推进过程中,要将核心任务置于首要位置。还是那一点,核心任务不应该完全由你一个人拍脑袋确定,而应从整个团队的讨论中产生。"这不是设身处地的问题,"布拉特说,"而是把你自己植入他们的心中。"

准则6. 会为公司聚"财",不如会为团队聚"才"

有些团队领导者喜欢克扣员工,以为这样可以为自己的公司聚财。这样的结果可想而知，团队成员会想：既然公司不拿我们当自己人，我们干吗把公司当自己家。于是团队成员自然是能少干就少干，能多拿就多拿。结果导致整个团队没有干劲，大家一天到晚混吃等死。所以，聪明的领导者不仅会为公司聚"财"，更懂得为团队聚"才"，毕竟团队的人才是公司财富的根本所在。

某集团是一家生产发动机的大型民营企业。2000年，公司成立了一个项目部，开始了舷外机的仿制开发。当时，国内市场的舷外机主要靠进口，而这一产品在民用和军工市场有着巨大的潜力，而且利润空间比通用发动机大得多。为了加快进度，抢占市场空间，集团主管领导对舷外机研发组许下承诺：如果在规定的时间内开发出达到满足特定技术指标的产品，集团将给予研发组10万元的奖励。

在两位老专家的指导下，研发组的年轻工程师们开始了紧张的工作。为了抢进度，主管领导放弃了一种更稳妥的方案，而选择了一种短平快的方案。经过大家的不懈努力，最后产品在规定期限内开发出来，并达到了特定的技术指标。与此同时，公司开始为产品上市做各种准备活动。然而，由于此前国内开发舷外机的鲜有成功范例，市场对公司的推介活动反应平平，潜在客户们多数处于观望之中。

市场的反应浇灭了公司管理层的热情，公司放出话来："研发没有达到预期效果，市场没订单别提奖励的事。"长时间负重冲刺的研发人员感到心灰意冷。在不到半年的时间内，大多数研发人员各奔前程。五年之后，当市场的热度再起，这家公司重启舷外机项目的时候，当年的研发人员仅仅剩下一人。

这就是上面的领导与下面的员工争利的后果。扭亏高手劳伦斯·温白克曾说过："一家企业要想成功，关键是一定要坚守信义，并帮助自己的员工，否则他们就不会帮助企业。"一些团队的领导者说，有些团队成员就是让人看不惯，他们一天到晚游手好闲，破坏规矩。对于这种人我们怎么可能不给他们一点颜色看看？我倒是想反问一下持这种看法的领导者，你给他们一点颜色之后又会怎么样呢？在批评和愤恨之余，你有没有替这些不守规矩的团队成员想过呢？

团队越大领导起来就越难，执行力也就越差。因为大了的团队就像大了的林子，里面什么鸟都有。你这边尽管三令五申，他那边依然我行我素。为什么会出现这种情况呢？很重要的一个原因就是大家没有归属感，而没有归属感的症结所在就是怕吃亏。举个例子，市场部门觉得，客户都是我们谈来的，公司赚的钱理应我们拿大头；生产部门觉得，没有我们生产的产品公司拿什么去占领市场啊，所以生产部门才最重要；研发部门觉得，我们虽然在幕后工作却是核心所在，如果再不提高我们的待遇，那么你也休息让我们提高自己的水平。公司领导者觉得，你们说来说去还不是给我打工的，我给你们多少都得我心里高兴，发到你们手里的每一分钱都是我牙缝里挤出来的。

为团队聚拢人才的五大法宝：

一、利用个人魅力提升影响力

个人魅力和领袖气质最大的优点是它们能提高影响别人的能力。当人们认为你这个人很有魅力时，他们更有可能采取你所建议的行动步骤。领导者的领导力不是天生的，领导如何做好"无冕之王"，调动一个团队的最大潜能，取决于如何学习和拥有领导魅力。有时候通过单独行动来影响某个个人或团体是有难度的。所以你就有必要与别人组成联盟以产生力量。作为一种施加影响的策略，联盟的形成是行之有效的，因为就如一句老话所说，人多力量大。

如同其他施加影响的策略一样，一个主要的因素是个人魅力。它使得施加影响的策略产生更大的力量。假如你以你个人魅力和领袖气质影响他人，他们更有可能加入你的联盟。一个简单而有效的影响别人的方法是以身作则地领导。你通过以身作则来领导或者影响他人。作为领导，你可以通过你自身的行动来传播价值观以及传达各种期望。显示忠诚、作出自我牺牲以及承担额外工作的行为特别要以身作则。

二、明察秋毫，养勤养廉

领导要做通人的工作，这是展示魅力中聚拢人才、人气必修的课程。这就要求领导深入实际，洞察人心，明辨是非曲直。细心倾听人才的呼声，对人才情绪和下面的意见要了如指掌。然后，说话处事解决问题才会有的放矢，才能对各种思想症结药到病除。

同时，领导者处事对人必须出于公心，公生明，廉生威。是非明确，赏罚分明，让优劣各得其所而上下有序。只有做到这样，才能使受赏者知荣而进，再接再厉，尽心竭智；使受罚者知悔思过，口服心服，这就是调动广大人才积极性的基本方略。领导本身硬，属下就少次品，这是单位工作必不可少的基础条件，否则，认为权力万能而不修德政，人才就会像敬鬼神一样敬而远之。并且，单位感恩文化建设是提高人才忠诚度最重要、最有效的途径。单位与人才之间的感恩文化一旦建立，人才对单位的忠诚度将会达到最高点，这个时候的忠诚度的稳定性也是最强、最长久的。

三、情感投入，聚拢人心

成功的领导者，都懂得以理寓情，以情感人的领导艺术。在工作中，切不可小看感情投资，尤其是在以人为本的单位经营战略中，感情投资对人才的发挥和人心的归向常起到意想不到的作用。常常能形成一种无坚不摧的强大力量。领导把真情倾注在人才身上，人才才会把热情奉献给事业。高明的领导人，绝不会忽略用爱的情丝去联结众心的。只有会尊重人，会关心人，会理解人，才会赢得人心，才会最大限度地调动起各方面人的积极性。

而且，因为贤能志士都有怀才求诚的共性。有所作为，大展身于才是他们的第一需要，至于钱财之求，常在其次。不论是哪个台阶上的领导人，不具有宽宏的性格、雄厚的学识和纵横捭阖的指挥才略，都难得到贤俊之士折服，因而也就达不到招引人才的效果。没有吸引人才魅力的领导人，不是不学无术之辈，必是浅薄无德之徒。欲知其人，先察其友，庸才当权，在他的周围，会出现一帮能吃会玩，胸无点墨，乞巧乖张的奴才。

雄才引来贤才，庸才爱用奴才，这也是一种"桃李不言"效应。

四、慧眼识才，优势互补

在理念、乐趣、能力和潜力上，我们会发现每一个目标人才都是有差别的，会有较差、一般、良好和优异的区分。所以，领导者在聚才的时候不仅要有伯乐相马的慧眼，还要有千金买马骨的智举。领导慧眼识才在先，任才以专和专职相宜在后，还要做好各种人才的配合与协同工作，事业才会兴旺发达。那么对于领导者来说，社会上不是没有合适的人才，而是缺少发现的眼光。发现人才才能最终做出选择。

事物是变化发展的，每个人的"长"和"短"不是一成不变的。企业领导者要用发展的眼光看人，要赏识具备发展潜力的人才。在企业的发展过程中，只有激发人才潜能，使其拉长短腿，变短为长，方能为企业的发展提供长盛不衰的力量源泉。所以，有成长潜力的人才，能够与企业共发展的人才才是单位梦之队的目标人才。对企业而言，人才是一个单位最重要的资源，具有互补的能力，扬长避短，共同努力才能够出色地完成任务。我们打造一支团队不是看重明星人才的多与否，更注重的是团队成员互补的能力，完美的团队一定是善于整合资源的团队。

五、尊重人才创造环境

企业领导聚拢人才、让人才真诚留下，就不要把企业搞得像个铁皮箱子，而创造出一个像"沙发"一样的工作环境。让人才得到精神上的满足，尊重人才的精神生活。对人才视为家人，要帮助他们确实地解决基本的困难，对人才不能以人盯人的管理，而是正确的疏导和关心。你的一言一行，你的一个小小的问候和鼓励，你的一个小小的祝福和奖励，都会对员工产生重要的影响。事实上大多数人都是不愿意跳来跳去的，跳槽是因为实在待不下去了：不开心，难以维持生计，企业不长久，行业不景气，家庭因素，公平，等等。那么企业领导就应该从这些方面提高企业的长久经营的能力。

不要动不动开口就骂，动手就摔，搞得人才在企业里无法面对同事，回家无法面对家人。这样的情况给再高的工资也没有人愿意待在企业里。特别现在80后、90后年轻人，都是很有个性的。在企业尽量去做到公平，一个良性的企业应该给众人的机会是均等的，但是一旦失去公平，很多人才就很难平静了。不能让人才在精神上满足，恶语相加，真正的感情不和，结果自然只有离开。而为人才营造"沙发一样稳定舒适"的工作环境，稳定一辈子最好。

准则7. 如何从沙砾中淘到金子

如果把人力和人才做比较的话，人力就好比平庸粗糙的沙粒，没有什么特色，人才则好比沙粒中的金子，具有无可估量的潜质，堪称价值连城。然而他们掩藏于沙粒中时并不能散发出夺目的光芒，所以没有一定的慧眼想要发现他们还是有一定的难度的。

人才是企业的宝贵资源，是团队的支柱，一个团队能不能发展壮大关键在于领导者会不会用人。市场竞争归根结底是人才的竞争，人才会给企业带来高效益，他们是企业的软实力，没有人才，各方面硬件再好，企业也难以得到长足的发展。自古以来，凡成就大业的领导者皆善识人才、善用人才，齐桓公重用能臣管仲，成为春秋五霸；刘邦任用张良、韩信，成为了西汉的开国之君；刘备三顾茅庐请诸葛亮出山辅佐，而得"三分天下"势……在当代社会，人才同样是企业最有决定意义的资本，成功的领导者都非常重视挖掘和培养人才。然而所谓"三军易得，良将难求"，招聘重要岗位的员工是一件具有风险的事，能否从沙粒中淘到金子对于领导者来说是一项很大的挑战。

领导者能够在打造团队方面获得成功，其重要原因是他们能够找到拥有执行力的人才，而有的领导者带领的团队整体水平较差，主要是因为整个团队只有沙粒没有金子，因此想要发光几乎是不可能的事。

大名鼎鼎的福特公司把人才视为公司最大的资产,福特为了招揽贤才一向不惜血本。有一天,公司里的一台马达坏了,故障难以排除,过了很长时间都没有人能把它修好。后来一个叫斯坦曼的人前来维修,他查看了一下机器,立即发现了问题所在,便指着电机的某处说:"这儿的线圈多了16圈。"他把16个多余的线圈去掉后,电机马上就能正常运作了。福特觉得他是个难得的奇才,就想让他到自己的公司工作。而斯坦曼婉言谢绝了福特,说原来的公司待自己不薄,他不能离开。福特说:"我把你就职的公司买下来,你就可以为我工作了。"

想要让人才为自己所用,必须愿意花费一定的成本,除此之外,还要具备发现人才的长远眼光。有的人才表现欲强,能够在众多的应试者中脱颖而出,而有的人才则是潜力股,可能在面试的环节或者工作初期显露出过人的才华,但是从长远来看,这样的人才很可能给团队和企业创造出意想不到的巨大价值,所以作为优秀的领导者,在观察人才和评定人才时,必须从长远利益而非短期利益出发,不要错过厚积薄发型的人才。

一天,柯达公司创始人伊士曼在坦勒公司经理家做客时碰到了两个很有想法的年轻人,两个人提出了革新彩色摄影技术的构想,他们经过多次研究实验,发现原西德科学家配制的乳剂分为三层,每层都对红绿蓝三种光有感光作用。深入研究下去,需要花费不少经费,于是两人希望坦勒公司能为该研究注入资金。

坦勒公司对他们的研究没有一点兴趣,立即拒绝了他们的请求。伊士曼却很赏识年轻人的点子,觉得他们如果能研发出新型产品,从长远看,在市场上会卖上很高的价位。因为在当时彩色摄影技术并不完善,不仅工艺复杂,设备价格过高,而且出片效果也不理想。假如这两个年轻人真能给摄影技术领域带来新的变革,那么其研制的产品无疑能成为紧俏货。

伊士曼看到了两个年轻人的潜能,当即就和他们签了约。三年过后,两个年轻人研发出了两色冲晒过程的感光彩色底片。没过多久,五色感光彩色底片也诞生了,并成为市场上最畅销的底片产品,还远销到国外,柯达公司也因此成为彩色底片市场的领军企业。

柯达公司的故事告诉我们衡量人才绝不能用短视的标准，而应该从长远的角度出发，在坦勒公司经理眼里那两个想要研发新型底片的年轻人或许并没有什么出彩之处，不过是空有一腔热血和大胆想法的愣头青，他看不到他们的价值，也不认为他们是什么不可多得的人才，所以断然拒绝了他们。而伊士曼却看到了两个人身上的潜能，愿意在他们身上投资，结果使自己的企业获得了超值回报。所以鉴别人才时，不能过于草率，无论一个领导者多么睿智，也总有看走眼的时候，评价一个人是否是人才不能只看眼前，而要看他未来能给团队和企业带来多大的收益。有不少领导者由于目光短浅，错把人才当成了庸才，将其拒之于门外，这就好比把金子当作沙粒扔掉，这是多么可惜呀。

团队领导者如何从一群应试者中找到自己需要的人才：

高潜质人才对公司效益有巨大影响，因此几乎每家公司都有自己的人才培养计划，虽然管理者衡量高潜质人才的标准存在一定的差异，但是被选拔出来的人才几乎皆具备四个特征：

一、具有战略眼光。一般而言，具有战略眼光的人能高屋建瓴地审视全局，能够做到一切从大局出发，自觉把企业利益摆在部门利益和个人利益之前，并善于采纳有建设性的建议，能与同事友好地分工协作。

二、拥有一颗好奇心。这类人喜欢求新求变，思维比较开阔，遇到一些难题或者突发事件，能迅速地随机应变，探索出新的出路，从而把团队带出困境。这类人才的另一个特点是好学不倦，愿意如饥似渴地学习新知识和新方法。

三、懂得换位思考。这样的人能站在同事和领导的立场上考虑问题，设身处地为他人着想，这种素养是极其难得的。具备这种素质的人才懂得欣赏别人，也乐于倾听和采纳别人的观点，并能全身心地投入具有一定挑战性的工作。

四、性格稳健成熟。阅历和经验能让人变得更加稳健和成熟，成熟的人就像陈年佳酿，沉淀的时间越久，越有味道，在工作中这类人能从容不迫地解决各类问题，可以游刃有余地处理各种棘手的事情。

这四个特征看起来并没有什么特别，然而能真正具备这些优点的人才并不多见。很多管理者在选拔人才的时候常常会陷入误区，据统计，一些精挑细选出来的人才在组织内部岗位发生变动后，近40%的人不能胜任新岗位。其主要原因是管理者把高绩效和高潜质等同起来，然而事实上70%的高绩效员工不具备胜任未来岗位的关键素质。绩效仅仅是衡量人才的一个基础，而不是全部，管理者在评估人才时还应全方位地考虑其他因素，比如明确的职业目标、丰富的专业知识和优秀技能、强大的执行力、强烈的责任感、积极的学习意识、良好的沟通协调能力、社会适应能力和创新意识等。每一个因素都是非常重要的，缺少任何一个因素，都有可能导致对新工作和新岗位的不胜任，因此管理者在选拔人才时一定要注意这一点。

准则8. 想找到千里马，先要让自己具备伯乐的眼光

一名优秀的管理者，不但要善于从外部为企业吸纳人才，为自己的团队注入新鲜血液，还要在团队内部发掘人才，使其发挥最大的潜能。古人说，千里马常有，而伯乐不常有。有的管理者不仅难以从外部招聘到合格的人才，在团队内部也找不到人才，其实并不是因为当今时代人才稀缺，而是因为他不具备伯乐的眼光。领导者缺乏慧眼，就会把千里马当作常马使用，策之不能以其道，食之不能尽其材，千里马当然不可能日行千里，慨叹天下无千里马的人往往是因为眼拙，能够慧眼识英才的人从来不缺能够使用的人才。

管理者管理工作的成败，一定程度上体现在对待人才的态度上，出色的管理者善于发现人才，并能惜才、爱才，喜欢提拔和培养人才，让人才

在团队中发出自己最大的光和热，给整个团队带来蓬勃发展的朝气，而失败的管理者总是骄傲地认为自己是世上最了不起的人才，其他人一律皆是下品，想要找到人才比在沙漠里淘金还难。

无论是从团队内部选才还是从外部聘用人才，管理者都要对他们的工作能力、个人品格、学识资历等做一定的评估和考察。就外聘而言，偌大的世界你不可能找不到人才，就内部提拔而言，一个规模较大的团队不可能每个成员都是碌碌无为之辈，人皆各有所长，人才更有专长，不能让人才在整个团队中起到更大的作用只能说明你管理无方。当管理者面对一群员工时，要想判断出谁是庸才谁是人才，必须摒弃自身的主观好恶，要依据客观事实来甄别。在任何组织当中，人才都是最应该引起领导重视的无形资产，因为他们几乎是难以估价的，常言道："选准一个人，救活一个厂；选准一批人，兴旺一大片。"管理者如果能选对人才，就能为企业和团队带来新生。

从20世纪70年代开始，CBS（美国哥伦比亚广播公司）发展就出现了危机，利润不断缩水，到1979年年末，公司财政出现了重大问题，因为累积亏损，公司面临破产。CBS的创始人兼董事长威廉·帕利特为了挽救自己的企业，打算重用一个叫托马斯·怀曼的人。

怀曼曾供职于雀巢公司，为人勤奋，做事踏实，由公司的总经理助理荣升为公司总裁；之后，怀曼又在波拉罗伊德公司表现不俗，坐上了公司的第二把交椅，成为公司国际部的副总裁和总经理，他还被《时代》杂志评为美国200位未来企业巨头之一。1975年，怀曼接受整顿经济效益每况愈下的嘉英特公司，当时嘉英特公司的处境和CBS现在极为类似，可是怀曼凭借卓越的个人才能把整个公司带出了困境，还使公司的业务范围由单一的罐头拓展到了高级速冻蔬菜和其他食品。

威廉·帕利特想怀曼具有近30年的管理经验，表现一直可圈可点，如能聘请他来公司工作，或许能使公司起死回生。于是威廉·帕利特高薪聘用怀曼担任公司的总经理，全权负责公司事务，年薪为80万，并连续三年向其发放奖金，倘若经营卓有成效，公司额外支付数百万元的红利。

怀曼果然没有辜负威廉·帕利特的期望，CBS从1983年开始就已经扭亏为盈，1984年便赚取了高达数亿美元的巨额利润，威廉·帕利特盛赞怀曼"管理有方，能谋善断的难得人才"，怀曼固然是CBS的福音，但是，如果没有威廉·帕利特慧眼识人才的举措，CBS的奇迹根本就不会发生。

人才固然是一块美玉，但是如果管理者没有识玉的眼光，他们就没有机会施展自己的才华。千里马固然能奔跑千里，如果没有伯乐的赏识，便只能被埋没在马群当中。管理者一旦发现了人才，应学会善加利用，为其提供尽情施展才能的平台，令其为团队和企业做出应有的贡献。根据专家调查，组织中判断失策，其中40%源于管理者在判断问题时不够客观。管理者在选用人才时要以大局为重，不要凭借自己的主观想象和个人成见而埋没人才，只有这样才能最大限度地降低选人用人中的失误，也唯有如此，方能为团队和企业找到最适合某一岗位的人才。

威廉·帕利特在重用托马斯·怀曼对其背景和工作履历做过详细的调查，他对托马斯·怀曼的评估源于客观事实，而非自己的主观臆断，所以他才没有看错人，为企业谋到了合适的人才。如果把人才比喻为赛马场中的好马，在让他们参加比赛之前，是很难仅凭肉眼就能看清其内在潜质的。

管理者如何识别人才：

管理者看人不能仅看表象，而应该透过现象看到本质，以客观事实来作为衡量人才的标准。要想发现好马，必须先创造一个赛马场，每匹马能跑多快便可一目了然。首先要有赛道，赛道指的是与人才匹配的岗位，让他们在工作上充分发挥自己的能力。

二、管理者要为人才划分好跑道，引领他们进行有序的竞争，这样每个人的才干才能清晰地呈现在自己面前。

三、要制定比赛规则，为其配备老师，并为其提供有挑战性的工作。竞争必须是公平、公正的，管理者需要建立科学的绩效考核体系来评估人才的工作，同时对其加以训练和培养，使其在接受有挑战性工作时充分展现自身的能力。

准则 9. 求贤当若渴，不要用死标准苛责人才

北动物村里最受人尊敬的劳动者是黄牛，它干活肯卖力气，工作作风踏实，而且不怕脏、不怕累，每天比任何动物干得都多，对于工作却没有半点怨言。村长非常欣赏黄牛吃苦耐劳的精神，号召大家向黄牛学习。后来，猴子来到了北动物村定居，它有些好逸恶劳，但喜欢搞发明创造，发明了不少省时省力的机器，还想出了许多提高劳动效率的好方法，结果工作效率超过了任劳任怨的黄牛。

村长认为猴子虽是本村劳动效率最高的动物，但是工作态度不端正，如果别的动物认可了它的工作方式，都会变得懒散，于是严肃地找猴子交谈，要求它务必要向黄牛学习。猴子在体力上比不上黄牛，而且没有耐性，循规蹈矩地工作了一段时间，工作效率越来越低，它觉得北动物村不适合自己发展，没过多久就离开了那里。

猴子来到了南动物村，村长让动物们根据自己的特长和习性来选择工作方式，并没有强制大家一定要向某个劳动模范看齐。运输工骆驼没有白马跑得快，村长也不要求它去赶超白马的速度，而是抓住它负重能力强的特点，让它以自己的方式驮运货物；村长还允许猫头鹰白天睡觉，晚上出来上夜班；不擅长体力劳动但是有着聪明头脑的猴子当上了工程师。南动物村的动物过上了现代化的生活，而北动物村经济一直落后，劳动生产率不高，黄牛是村里唯一的劳动模范。

这个寓言小故事呈现出的是企业管理中一个较为普遍的问题，黄牛代表踏实苦干的员工，而猴子则代表智慧型人才。市场从不缺乏体力型劳动者，而智慧型的劳动人才却并不多见，即使企业吸纳了这样的人才，也极

有可能因为受到传统观念的影响，用管理体力劳动者的方式来约束这类人才，把"猴子"当成"黄牛"来管，结果人才因为失去了适合自身发展的平台，只能离开企业另谋高就。

彼得·德鲁克曾经说过："让劳力工作者富有生产力是上一个世纪要解决的管理问题，要让知识工作者具有生产力，则是本世纪要思考的管理问题。"在团队建设中，人才的位置越来越重要，卓越的人才是不可替代的资源，他们能给团队和企业创造出无可估量的价值，郭士纳力挽狂澜使亏损上百亿美元的IBM走出困境，杰克·韦尔奇一手打造了通用帝国，足见优秀人才的巨大价值。有不少管理者认识不到自己在管理工作中存在的问题，一味强调传统的价值观念，强迫人才以标准的僵化模式来开展工作，完全不在乎他们的特质，结果反而促成了他们工作效率的降低和工作质量的下降，造成人力资源的浪费，更为遗憾的是，不少人才因为不能施展才华，大有怀才不遇之感，于是纷纷跳槽离开。

管理者如何管理智慧型人才：

一、满足他们的价值需求

高薪和奖金是留住人才的物质基础，但是只有这些显然是不够的，因为其他企业同样可以提供丰厚的薪水和可观的奖金。当今社会，人们的需求变得更加多元化，人才对价值的理解也早已向多元化方向发展，除了薪酬和令其满意的职位外，不同的人才对于企业有不同的要求，有的人才最在乎的是自己是否受到重视，有的人才最在意的是自己工作的心情是否愉快，而有的人才最在乎的是企业是否能为自己提供一个可以施展能力的舞台。管理者应该满足不同人才的不同需求，只有这样才能让他们更好地为企业工作。

二、管理方式由传统的监督约束改为激励和信赖

400年前，有人提出了一个惊人的观点——金字塔的建造者并非是奴隶而是一批自由人，提出这个观点的是瑞士的一名叫作塔·布克的钟表匠，当时人们普遍质疑这种说法，因为根据史料和历史文献的记载，金字

塔是由几十万名奴隶共同建造起来的，就算忽略史料的记录，这种耗时数十年的巨大工程，怎么可能有那么多人自愿参与建造呢？但是后来塔·布克的说法得到了证实，考古学家对吉萨附近六百处墓葬展开了挖掘工作，考证之后得出的结论是金字塔的建造者为农民和手工业者，而不是奴隶。

塔·布克是怎么发现这个秘密的呢？原来他曾经有过一段铁窗生涯，入狱期间他和其他的囚犯一起负责制作钟表，在那种恶劣的环境中，无论监狱方使用什么高压手段逼迫他们，都不能迫使他们做出日误差低于 1/10 秒的钟表，而入狱之前这些钟表匠几乎都能做出误差低于 1/100 秒的钟表，影响他们工作精密度的因素并不是环境本身，而是工作时的心情。

在严格监管的环境工作的人根本创造不出优秀的东西，一个钟表匠要想在心情愤懑时制作出误差极小的精密钟表简直比登天还难，一批没有自由之身的奴隶根本不可能建造出金字塔这样浩大而又精细的工程，要知道金字塔的巨石之间结合得非常紧密，甚至连一根刀片都插不进去，只有怀着虔诚之心的自由人才能创造出这样的奇迹。

人才只有在身心和谐的情况下才能发挥出自己的最佳水平，很多管理者过分强调各种规矩的制约，而忽视了人的情感因素，一度认为严格的监督、强有力的约束或是强制人才超时超量工作就是提高其工作效率的最佳方法，却没有考虑到这一系列的做法是对其创造性的抹杀。

美国戈尔公司采用的完全是新型管理的模式，公司赋予员工充分的自由，员工可根据自身的特质来自行决定工作量、工作方式和完成时间，但每个人的工作都是和绩效挂钩的。员工得到了充分信赖，可以自主安排工作以后，工作积极性大增，工作效率也大为提高。戈尔公司的例子说明如果管理者能够赋予员工更多的工作自由和权利，其效果一定比管理者严格监督、时时督促要好得多。

三、促成智慧型人才之间的团结协作

苹果公司在业界具有举足轻重的地位，公司人才济济，曾有人说过，全世界 80% 的电脑精英都云集在苹果公司里了。然而技术实力超强的苹果公司却曾在激烈的竞争中,输给了微软公司。乔布斯认为苹果公司失利的最根本的原因是公司里的技术人才个个都很骄傲,认为自己才是独一无二的精英,瞧不起同事,也不愿意和别人合作。在总结了失败的原因以后,乔布斯开始引导技术型人才密切合作,团队向心力增强,技术更加精良,研发出的新产品也更具竞争力。

一些管理者只在乎人才是否团结在自己周围,是否愿意配合自己的工作,却往往忽略了人才之间的团队合作。虽然人才管理有别于一般的人力管理,但是团队合作精神仍是不可忽视的。一加一大于二的理念已经在管理学中风靡了很多年,但是能把这种理念完美落实到工作中的管理者并不多,美国《财星》杂志曾对100家著名企业的CEO做过采访,几乎所有的CEO都认为员工之间团结协作不但能提高整体工作效率,而且有助于提升企业的竞争力,丰田公司认为企业的竞争力源自员工之间紧密的协作。因此,管理者一定要学会引导智慧型员工团结协作,不能任由他们成为孤立的个体,团队就像一个大家庭,每一位成员都应该在集体中发挥自己的作用,而不是仅在个人的平台上发挥作用。在人才队伍中落实一加一大于二的理念,有赖于管理者做更多的疏通和引导工作。

准则10. 想保住自家花园,请先为别人铺一条路

团队中的每个人都希望自己的利益能够最大化,于是很容易忽略了其他人的利益。但是,团队之所以是一个整体是因为团队中的成员能够彼此着想,形成合力。而有合力的团队才会有执行力。所以,对于领导者来说,要想让团队具有言必行、行必果的执行力,领导者首先应该学会替自己的团队成员思考。

洛克菲勒年轻时曾经一无所有,过着流浪的生活。不过,洛克菲勒是带着一个伟大的梦想在四处流浪。为了实现这个梦想,洛克菲勒首先来到

一个离自己家很远的偏僻小镇。

在这个小镇上，洛克菲勒结识了镇长杰克逊先生。杰克逊先生在这个小镇上生活了很多年，虽然这个小镇谈不上繁华，但却能够给他亲切感。他担任这个小镇的镇长已经很多年了，镇上的人们也从没提起过要选举新的镇长。他们觉得杰克逊是担任镇长的最佳人选。因为他和蔼可亲、心地善良。无论是当地人还是来到这个小镇上的人，只要与杰克逊有过一定接触的，都会深切地感受到杰克逊的热情和善良。

那时候，洛克菲勒住的小旅馆离杰克逊家不远。每天清晨，当洛克菲勒站在旅馆旁的大门前向远方遥望时，都会看到杰克逊家门口那片长满各色鲜花的花圃。每次遇到洛克菲勒时，杰克逊都会停下脚步问这个独在异乡的年轻人有什么需要帮忙的地方，还时不时让家人送来一些日常用品和好吃的点心。

在小镇上住了一段日子，洛克菲勒感到一无所获，于是决定离开这个小镇。离开小镇之前，他要去感谢镇长这段日子给予他的关照。就在他准备向镇长告别的前几天，小镇迎来了连续几天的阴雨天气，使洛克菲勒不得不在这儿多留几天。

这一天，天还下着雨，当洛克菲勒走出旅馆大门时，看到镇上来来往往的人们把镇长家门前的那个花圃践踏得不成样子。洛克菲勒为此感到气愤不已，于是站在那里指责那些路人的行为。

可是第二天，路人依旧踩踏镇长家门前的那片花圃。洛克菲勒更没有心情继续在这儿待下去了，他受不了这些路人的举动，于是想冒着雨离开这里。

到了第三天，洛克菲勒拎着行李准备出发时，却在半路碰到了镇长，只见镇长一手拿着一袋煤渣，一手扛着一把铁锹，来到那段泥泞的道路上。他首先用铁锹把袋子里的煤渣一点点地铺到路上。

洛克菲勒对镇长的行为感到很不解，于是他走上前去问镇长："您这是在做什么呢？"镇长笑了笑，说："我想用这煤渣铺好路，这样的话，那些路人就再也不用踩着我家花圃走过泥泞的道路了。要想让别人替你着想，你先应替他们着想啊！"洛克菲勒终于有点明白了。

"要想让别人替你着想，你先应替他们着想"，这是镇长送给洛克菲勒先生最有价值的礼物。要想让团队成员不偷奸耍滑，把注意力集中在执行上，那么团队领导者首先要不藏私利，愿意把成果与整个团队共享。每个人心里都有一杆秤，他们会先称一称你给了他们怎样的分量，然后再决定自己以什么样的分量作为回敬。如果领导者为了节省成本而与员工争利，那么员工就会为了找回公平而藏奸。这样的结果就是团队失去了大部分执行力，上下之间失去了彼此的信任感。这种恶性循环恐怕要等到团队解散那一天才能够停止下来。

避免成为让下属讨厌的领导：

一、不勤奋的主管让人讨厌。作为一名主管，一定是带领大家完成任务的主心骨，一名主管，你可以不是业务能力最强的，但你在员工眼里一定是最勤奋的。因为每个员工都在看你，看你的表现来学习。一名主管首先是一位榜样，员工学习的榜样，作为一名榜样首先是会营造一种积极的氛围，给员工提供一个标杆。我们到一个市场一定首先是看市场、找问题，而不是坐在办公室里发号施令，对于主管而言，勤奋是被员工接受的首要因素。

二、不懂得谋划的主管让人讨厌。作为一名新员工，首先考虑的是我跟着你能学到啥？你是否有做市场的一系列策略、方法、步骤。你是否能看到哪里需要行动，哪里是机会？哪里又是需要解决的问题？你是否能清楚地指出市场问题所在？你是否能找到解决问题的办法？你是否能制定出本区域的产品策略、渠道策略、终端策略、经销商管理策略，你是否能给员工指出行动的方向和具体的操作方法，你是否能通过谋划给你的员工树立信心。这都是一名主管必须要做的。

三、不懂得激励员工的主管让人讨厌。有的主管很悲观，老是抱怨市场问题，公司政策。这是大忌，你想过没有，如果作为主管都对市场没有信心，没有勇气去解决市场中的问题，员工又怎么会有信心，我们要去激励员工，首先作为主管就是要有乐观的心态，不允许自己有悲观的想法和心态，要有解决问题的勇气和方法。然后我们要调动大家的积极的情绪，我们要给员工分析市场的机会，我们要从战略上藐视问题，战术上重视问题，给大家一种必胜的信念。我们要善于去表扬员工的进步，我们又要善于去指出员工存在的问题。

四、没有好的个人品质的主管让人讨厌。信心、决心、耐心，这是一个人做事的优秀品质，在做市场决策的时候，当我们对事情认定的时候，我们要有信心能做好，我们要能下定决心，即使遇到多大的问题，我们都会坚持去做。在事情执行过程中，我们不管遇到多大的挫折，我们都会很有耐心一步一步地把事情改变，做好。我们要有乐观的情绪，我们不仅要自己乐观，我们还要感染每个员工，使每个人都乐观，每个人都非常有信心。还有什么事情做不好呢？

五、不懂得尊重员工和关心员工的主管让人讨厌。作为主管，不仅仅是做事情，还要给员工以安全感、成就感。我们要善于表扬员工，我们要善于激发员工的情绪，并且我们还要关心员工，生活上力所能及地解决员工遇到的各种问题，情感的、社交的、家庭的，我们要善于和员工交心。世界上最远的距离是心与心的距离，但是最近的距离也是心与心的距离。

改变客观世界，我们首先要改变主观世界。改变员工对我们的看法，我们就要提高自己的认知水平，善于管理自己的情绪和意志。我们又要善于观察员工的心态、员工的需求，我们要满足他们我们可以做到的事情。

准则11. 把"刺头"变成"虎将"

在每一个组织里都会有那么几个不太合群的"刺头"，每个团队中都有几个特别难管理的员工，他们在遇到不喜欢的工作时会尽量推脱；当领导者要实施重大变革时,他们喜欢和领导唱反调。那么,对于这样的刺头员工除了简单教育或辞退,是否还有其他管理办法呢?

有一次,唐太宗问大臣房玄龄和萧瑀:"隋文帝是怎样的一个君主呢?"他们回答说:"隋文帝十分勤政。他每次上朝,总是用不少的时间。有时过了中午,还召官员来座谈,午饭就传进来吃。他很辛苦,也很想把国家治好。"

唐太宗听完淡淡一笑说:"两位只知其一,不知其二啊!隋文帝不太精明,但要求人又很细,很苛刻。不精明所以了解得就不通达;要求太苛刻所以就对人不放心,凡事都亲自作决定,不放手让人去干。然而,一天要处理无数的政务,尽管用心用力,哪能一一合理,事事妥当呢?而群臣见皇上这样,就不会去思考,只是一味地接受、迎合罢了。明明有错,也不去劝谏,所以隋朝是个短命的王朝啊!"说到这儿,唐太宗感叹道:"我选择天下贤能之人担任官职,让他们思考天下之事,通过宰相再向我汇报。有功赏,有罪罚,谁能不尽心尽职呢,何必忧虑天下得不到治理呢!"

"刺头"不受欢迎,"虎将"备受青睐。"刺头"与"虎将"都有丰富的经验、较强的工作能力和影响力。如果团队领导者善加引导,那么"刺头"在工作态度上做积极转变,假以时日就会变为团队中不可多得的"虎将"。因为,刺头员工的确让人头痛,他们大多是有本事、有能力的老员工,既像孙悟空一样可恨,又像孙悟空一样可爱。对待这样的员工要结合公司文化、岗位特点进行引导,使其向正面转变。这就要求管理者有耐心、包容心并使用适当的技巧和方法,激发其积极性。对于团队领导者而言,能管好"刺头"正显示出你非凡的管理才能。

如何区分"刺头"和"虎将":

让我们看看刺头员工都具有哪些共同点:

1. 有资历。刺头员工大多是老员工,加入团队的时间相对较长,有一定的工作能力和经验。对企业的管理问题也有一定的认识,尤其是一些历史遗留问题,清楚其产生原因和背景。

2. 有影响。刺头员工倚赖老资历和长久以来积累的人脉，在团队中形成自己的影响范围，掌握着部分话语权。

3. 爱出头。这是刺头员工最为突出的特点，不甘于平凡，爱与领导公开叫板。而这种行为的出发点大多是为了张扬自我、率性为之，不考虑后果、不以解决问题为目的。

"虎将"是每个团队都渴望拥有的人才，为管理者所欣赏。他们具备三个突出特点：

1. 能力突出。有丰富的工作经验和耐心，善于解决难题，推进工作。

2. 积极主动。"虎将"的工作态度积极乐观，为实现自我价值和团队价值而努力，遇到问题能充分发挥主动性。

3. 有主见。不会人云亦云是"虎将"们具有的共同点，其性情直爽，会在公开场合表达自己的不同意见。与"刺头"不同的是，他们通常会将个人观点与团队利益结合起来，若两者有冲突也懂得以大局为重。

刺头员工的存在从某个角度上看，可以形成对管理的群众监督，但如果任由"刺头"肆意而为，势必影响团队管理，削弱管理层的领导力和执行力。管理者希望团队成员有极强的工作能力与团队带动作用，这样的人才被称为"虎将"。只有领导者管理得法，调教有方，那么让人头疼的"刺头"同样可以变为堪当大任的"虎将"。

准则12. 团队领导要让自己的"权杖"挥洒自如

作为一名团队领导者，如果有一名下属认为你能力不行，或许是因为他个人对你有偏见，但如果你的下属大部分都觉得你不行，那么问题就一定出在你身上。少数人认为你不善于运用"权杖"，离开公司另谋高就，那只是企业正常的人员流动，但团队经常大换血，人员流动频繁，这就非常不正常了，管理者应当深思导致员工大量流失的原因在哪里。

在掌管"权杖"方面,很多管理者都存在问题。有的管理者不能给员工更多的发展空间,用人方面更是随心所欲,放权时只把权力交给和自己亲近的人,而不是更有能力的人,这就引起了公司内部人员的不满,能力更强的精英更是无法容忍这种不公平的晋升制度,于是纷纷愤而辞职。

管理者对"权杖"的管理归根结底是对人的管理,人是团队的核心因素,通用汽车公司前总经理艾尔弗雷德·斯隆曾说过:"把我的资产拿去——但请把我的公司的人留给我,五年后,我将使你拿去的一切失之复得。"可见,人比公司中任何资产都要宝贵。如果管理者不善用自己的"权杖",人事任免只依据自己的个人意愿和私人感情,当然不能服众。

管理者如果不能做到唯才是用,任意授权和分权,任人唯亲,就会导致团队成员的离去,人力资源损失严重。一名优秀的管理者,必然是理性的,在用人方面向来以企业利益为重,而不是根据下属和自己关系的亲疏。

创建日本研工业公司的田宗一郎并没有让自己的儿子来继承衣钵管理企业,他的信条是"家庭归家庭,事业归事业"。松下幸之助也是一名能把事业和家庭完整分开的企业家,他起用山下俊彦便是一个例证。山下俊彦最初只是名普通的员工,但是工作十分出色,比较有才能,他对公司管理存在的问题看得非常透彻,认为革新势在必行。

松下幸之助很赏识他的才干,认为他的能力远远超过自己的家族成员,于是便任命他为总经理。山下俊彦就任后,锐意改革,经营模式由原来的"守势"转为积极的"攻势",他上任六年之后松下公司的利润总额几乎增加了一倍。

杰出的管理者从来不会滥用"权杖",而是只把权力交给最适合的人,发授"权杖"后,又能充分信赖自己的下属。如果你把权力给了别人,又忍不住对日常事务横加干涉,总是疑神疑鬼、指手画脚,当然会让人感到气愤。没有人喜欢一些空头名衔,表面上放权,实际上却不放心属下按照自己的意志行事,权力还是牢牢集中在自己手上,而被任用的人处于被遥控的状态，这样做当然不可能留住人心，别人想离开公司也是正常的。

神谷正太郎最初供职于美国通用汽车公司，待遇非常丰厚，日本丰田汽车的创始人丰田喜一郎认为他是难得的销售奇才，盛邀他到自己的公司里担任重要职务，神谷正太郎被丰田喜一郎的诚意所打动，尽管薪水远比不上美国通用公司，他毅然来到丰田为丰田喜一郎效力。丰田喜一郎在重用神谷正太郎之后，对其非常信任，神谷正太郎才干在公司得以充分施展，在汽车销售领域干得风生水起。

管理者如果能做到知人善任，并能充分信赖自己任用的下属，下属也会以无比的敬业精神和出色的工作业绩作为回报，根本不可能萌生辞职的想法。神谷正太郎之所以能够全身心地投身于汽车销售事业，和丰田喜一郎对他的信任是分不开的。管理者如何用人、管人、授权体现的是挥洒"权杖"的能力，其管理水平的高下一眼便可看穿。

团队领导如何让自己的"权杖"挥洒自如：

一、支付合理薪酬，激发员工的工作热情。一个良好的公司，员工的工资一般较高。给企业员工支付高工资是经营者的职责，也就是说，让员工们生活得更幸福是稳定员工的基础。成功的公司付的酬金，在其所在的产业部门中往往属于最高水平，这并非由于经营上的成功而使他们有能力支付高薪，而是因为他们认识到提供最高的报酬是吸引员工的一种有效的方法。

二、建立晋升机制，使员工看到希望。企业薪资制度的不合理是造成员工"调动"的原因之一，但并不是一定要全员加薪才有诱惑力。有许多员工都因为看不到晋升机会才离开的，于是细分晋升等级、晋升架构就显得尤为迫切重要，这样做的最大好处就是他们不必等着有管理位置的空缺就可以升职。

三、为员工营销宽松的工作环境。一个适宜、安全、和谐、愉快的工作环境，是每个人都梦寐以求的，也是促使员工积极工作的条件之一。

汉高公司是一个化工企业，为了提高员工的工作环境质量，专门为员工提供经过空调的清新空气，还有淋浴室，并且每天中午还为全体员工供应一顿丰富的午餐；为了让员工有安全感，建立了一大批高度保证安全的标准设施，专职部门负责，如医务部、工厂警卫等，公司还经常检查各种安全设施，日夜测量环境污染、水质问题、噪声等，每年免费为员工检查一次身体，所有的这些措施，都为公司的稳定发展起到了侧面推动作用。

四、为员工提供充分的发展空间和表现机会。不论薪金还是职位都有封顶的时候，一位总经理如果干得不错，企业没有合适的更高的职务再晋升他的时候，企业应该为他提供发展的空间和展示其才能的机会，比如鼓励其下海，为他提供资金、技术及其他扶持，或是实行股份制，用股份的诱惑吸引员工，留住员工。

有不少企业领导者能力较强，一个人可以做几个人的工作。企业领导要部下担当一定的职责，就要授予他相应的权力，敢不敢放权，是衡量一个领导用人艺术高低的重要标志。如果领导者事必躬亲，不放权或放权之后又常常横加干预，指手画脚，必然会造成管理混乱，另一方面，部下因未获得必要的信任，工作会失去积极性。

准则13. 有一种领导叫"成全下属"

古往今来，那些成功的领导者都是有着像大海一样胸怀宽广的人。人们常说他们是"宰相肚里能撑船"，他们不仅能够包容别人的缺点，甚至愿意让自己成为别人爬得更高的梯子。

懂得了这个道理就可以让我们的工作态度更加豁达，再也不会因自己一直想得到的东西没得到而耿耿于怀；也不会因芝麻大点小事而自寻烦恼。因为在这个世界上，是自己的终归是自己的，不是自己的，抢也抢不来。所以，在他们心中敢容纳比自己强的人，北宋的欧阳修便是这一信条的实践者。

嘉祐二年，欧阳修以翰林学士身份担任这一年礼部省试的主考官，他一直提倡平实的文风。当他阅到《刑赏忠厚论》这篇文章时，顿时感觉眼前一亮，觉得这篇文章无论从文采还是观点来看，都可以把它列为第一。当时，欧阳修的"入室弟子"曾巩也参加了这场考试，由于考卷上考生的名字都是封住的，欧阳修以为这篇文章就是他的学生曾巩所写，他又担心把自己的弟子列为第一会遭人闲话，于是只取为第二名进士。

复试时，欧阳修又见到一篇《春秋对义》，赞叹之余，便毫不犹豫地将其列为第一名。后来，欧阳修才知道，《刑赏忠厚论》不是他的弟子曾巩写的，而是初出茅庐的苏轼所写。复试时的那篇《春秋对义》也是苏轼所写，欧阳修从心里觉得很对不住苏轼，竟让他屈居第二。从那以后，他看到苏轼送来的文章更是赞不绝口。

于是，欧阳修便写信给当时名望颇高的梅尧臣说："苏轼的文章实在是好，老夫当避路，让他出一头地。"于是，苏轼在得到欧阳修等众多成功人士的指示和点评后，文章写得越来越好，后来成为了当时的文坛领袖。

曾经有人提醒欧阳修说："苏轼才学极富，若公识拔此人，只怕十年之后，天下人只知苏轼而不知有公。"欧阳修听后，只是一笑了之，他以宽容的胸怀，由衷地希望别人进步、成长。欧阳修如此旷达的心境，不仅扶植了苏轼、曾巩、苏辙等人，也为北宋文坛的繁荣奠定了坚实的基础。

这就是愿为人梯的欧阳修，他"先天下之忧而忧，后天下之乐而乐"，视名利淡如水，把荣辱化烟云，遇挫折不灰心。这种胸怀宽广的人，自然会受到人们的爱戴。

在管理中，要真正做到成人之美，就要学会去关心他人、帮助他人，给予别人极大的支持，使之功成名就。这种帮助可以说是成人之美，而成人之美的君子行为，都是得人心、受欢迎的。因为学会成人之美，不仅成就了别人，同时也成就了自己。

1969年，美国有两位太空人登陆月球，除了大家所熟知的阿姆斯特朗外，还有一位是奥德伦。但现在一般人只知道有阿姆斯特朗，却极少有人知道奥德伦。只因为在登陆月球的那一刻，阿姆斯特朗说了一句话："我个人的一小步，是全人类的一大步。"从此，这句话便成了全世界家喻户晓的名言，而奥德伦的名字却相对地被埋没了。

在庆祝登陆月球成功的记者会中，有一位记者突然访问了奥德伦，并问了他一个很特别的问题："阿姆斯特朗先出太空舱，成为登上月球的第一人，你会不会觉得有点遗憾呢？"在全场有点尴尬的注目下，奥德伦很有风度地说："大家可千万别忘了，当回到地球时，我可是最先出太空舱的，所以我是由别的星球来到地球的第一个人。"奥德伦有趣的回答惹得周围的人们捧腹大笑，在笑声中人们都给予了他最热烈的掌声。

这则故事给我们的启示就是：成功不分你和我，一个团队的成功才是每个人的成功。可见，成人之美不但是一个人的修养，更是一种美德。人没有好坏之分，只有美恶之别，我们每个人都有可能办好事和办坏事。孔子不是一直号召：成全人的有德之举，不助他人的无德之事嘛！

如何成为受上司信赖、下属欢迎的领导者：

在实际生活中，人是和人之间而不是和"德"发生关系，那些看得见、摸得着的是一些活生生的人，那些求人又时常扮笑脸的人，就很难避免急他人之所急。因此，在无形之中，成人之美也就变成成人之恶了。

人们常说，"不看人待己，只看人待人"。可见，判断一个人的品行是厚是薄，并非要亲自领教一番，只需要观察他对待周围人的态度，就可以有个大致了解。鬼谷子说："与智者言，依于博；与博者言，依于辨；与辨者言，依于要；与贵者言，依于势；与富者言，依于高；与贫者言，依于利；与贱者言，依于谦；与勇者言，依于敢；与愚者言，依于锐；此其术也，而人常反之。"

有些人，你很难从他的口中听到他称赞别人，或是说别人的好话，更难见其帮助人、提携人，即使是举手之劳的事情，他都不会放在眼里。这样的人，就是为人刻薄。即使他以后拥有多大的成就，爬上多高的位置，在孔子看来他就是一个小人。相反地，有些人，善于发现也乐于称赞别人的优点，乐于提携和举荐别人，看到别人的成就会真心地为之贺喜；看到别人的过失也会诚恳地为之惋惜，这就是孔子所说的成人之美之人。所以，不管他以后发达还是落魄，在孔子看来他就是一个正人君子。

所以说，"君子成人之美，不成人之恶"理应成为我们的座右铭。因为与人为善永远是人与人之间和谐相处的宝贵法典，所以我们要尽可能地向他人提供便利，尽可能地给予他人帮助，这才永远是一个人道德水准较高的表现。

在那些既受上司信赖，又受下属欢迎的领导者身上，往往有四个特征，而它们也都是打造团队执行力时非常关键的因素。

一、真诚。为什么真诚排在第一位呢？很简单，一个人如果没有自知之明，并对自己有强烈的自信，那他恐怕难以做出强有力的决策、出任不受欢迎的职位，或者坚持自己的主见。我所指的真诚是有关自信和信念的品质，它们能使一个领导者变得勇敢而果断，这在那些需要采取快速行动的时刻是必不可少的。

同样重要的是，真诚可以使领导者显得和蔼可亲。他们的"真"体现在同别人的交流过程中，体现在他们的感情里。他们的话语令别人感动，他们传达的信息能够触动人们内心深处的某种东西。

有一些非常成功的高级团队领导者，可是他们到达一定层次之后便很难被提升到更高的职位。起初，我们也对此感到迷惑。这些团队领导者表现出了正确的价值观，拿出来的报告也无可挑剔，但是手下的人却常常与他们缺乏交流，是哪里不对呢？最终，我们发现这些团队领导者的行为总是带有一定的虚伪成分。他们装出不符合自己本色的模样与他们的实际水平相比，他们表现得更有控制力、更乐观向上、更机智聪明。他们不愿意让别人看见自己冒汗，不愿意声张。他们扮演着自己虚构的角色，内心里有种局促不安。

领导者不能够有一丝一毫的伪装，他们必须清楚自己的本色，从而能直面众人，激励自己的追随者，以真诚带来的威信去开展领导工作。

二、对变化来临的敏感性。每个领导者都得有远大目标以及预知未来的能力，不过优秀的领导者还必须有一种预见意外变化的特殊才能。在商业生活中，那些最出色的领导者在残酷的竞争环境中对市场变化有第六感，也能感知现有的竞争者和后来者的动向。

比如通用的副董事长保罗·福雷斯科先生是一位天才的国际象棋手。30多年来，他把自己的棋技娴熟地运用到自己经手的每一项全球性业务中。不知为何，凭借自己的直觉和机智，他总能让自己从对手的角度去思考，这让他在每次谈判过程中都占尽了先机。令人惊异的是，保罗总能够看到下一步会发生的事情。没有人能比他做得更出色，因为他知道自己的"敌人"在思考什么，甚至比对手自己都要先想到。

三、爱才。这是一种强烈的倾向，领导者希望周围的人能够比自己更优秀、更聪明。每当公司遇到危机的时刻，领导者都会迅速召集一群最精明、最勇敢的人。领导者从公司内部的各层次发掘他们，甚至有时从公司外面去请，然后充分利用他们的知识和建议。领导者要确定，房间里的每个人都会从一个不同的角度来看待需要解决的问题，接着，大家会了解所有的相关信息，并就解决方案展开热烈讨论。这样的会议几乎总是争执不休，提出的意见都很有说服力，又各不相同。可正是从这些争论中，可以找到最好的决策。争论可以使有意义的问题浮出水面，迫使我们去向原来的假设挑战。在经历了这样的辩论之后，大家都长了见识，等下一次危机来临的时候，我们的准备就更加充分了。

一位优秀的领导者就要有这样的勇气，他敢于把最优秀的人集中到自己的团队里，而不怕把自己变成会议室里看上去最傻的人！我知道这听上去有点违背常理。人们都希望自己的领导是会议室里表现最出色的人，但如果他真的是那样表现的话，他就不能得到做出最佳决策所需要的员工的支持。

四、坚韧的弹性。每一位领导都会犯错误，都会跌倒、摔跤。对于高层领导者而言，一个重要的问题是，他能从自己的错误中得到教训吗？他能否重新振作起来，以全新的速度、理想和自信心继续前进？

我们把这种特征称之为弹性，它非常重要。作为一个领导者你必须学会把它贯彻到自己的工作当中，否则，到危机来临的时候再去领会就太迟了。也正是出于这样的考虑，在任命新的领导者时，我们应该去找那些有过一次或两次挫折经历的候选人，懂得欣赏那些曾经被完全击倒，却又能站起来，并且在下一个回合里能以更强的姿态出现的人。今天，全球化的商业形势已经是如此严峻，每个企业领导者都有可能不止一次地滚鞍落马。但他必须知道，自己怎样才能重新骑上去。

执行之魂
—— 态度决定成败,重塑员工黄金职业心态

准则 14. "差不多"就是"差很多"

胡适先生曾经写过一个十分有趣的故事,叫作《差不多先生传》。在预言的开头,胡适写道:"差不多先生的相貌和你和我都差不多。他有一双眼睛,但看得不很清楚;有两只耳朵,但听得不很分明;有鼻子和嘴,但他对于气味和口味都不很讲究。他的脑子也不小,但他的记性却不很精明,他的思想也不很细密。他常常说,凡事只要差不多,就好了。何必太精明呢?"

在接下来的故事里,这位差不多先生不仅工作时算错了账,生活中误了火车,最后甚至因为请错了医生而送掉了性命。当我们强调差不多就是差很多这个理念时,大部分人都会出现一种不忿,比如我和某某都差不多,凭什么升他不升我?再比如,我们的产品和某某公司的产品都差不多,为什么买他们不买我们?在这些事情背后,其实都隐藏着一个关于执行力的道理,那就是:差不多就是有差距,有差距就是差很多。所以,一个具有执行力的团队绝不会放弃任何可以提高的细节。

20世纪70年代,格茨·维尔纳白手起家创建了属于自己的DM连锁店。在经营中,他发现要想提高团队的执行力,那么就必须让团队注重细节。所以,有时他会为了提醒团队注重细节而做出一些特别"古怪"的行为。

有一次,当维尔纳像往常一样走进一家DM分店时,他马上发现了一些问题,并要求分店经理拿扫帚来。这家分店的经理感到非常疑惑,但是又不敢拒绝。于是他一边把扫帚递给维尔纳,一边说:"维尔纳先生,我不明白您要它做什么?"维尔纳微笑着指了指地下的灯光对经理说:"你看,店里灯光的亮点现在刚好聚在地上,这样白白浪费了我们的能源。"于是,维尔纳用扫帚柄拨了一下上面的照明灯,让灯光的亮点刚好照在了货架上。

曾经有人对于维尔纳的做法表示质疑，他们说，如果在团队管理中，这样的小事也要由大老板过问，并且亲自动手，岂不要把他活活累死？可是我们却发现这种激励团队精益求精的做法不但没有把维尔纳累死，反而让他成为了拥有1370家连锁店、两万名员工的大老板。早在2002年，DM连锁店的销售额就已经高达26亿欧元。维尔纳也成为了同行业中最富有的人，2003年年初时他的个人财产就已经达到了9.5亿欧元。维尔纳在解释自己提高团队执行力的心得时说："这样做给人留下的印象远比下达批示深刻得多。当然，我不可能每天到所有的分店跑一圈，每一个细节都不放过，但是，'商业教皇'布鲁诺·蒂茨说得对：'一个企业家要有明确的经营理念和对细节无限的爱。'"

维尔纳对于团队的管理告诉我们：不平凡与平凡之间，往往差的就是那么一点超越。而正是这一点点造成了成就上的巨大分野。比如在田径赛的短跑项目上，百米十秒的成绩和九秒的成绩，就差一秒，但是这就是业余水平和世界冠军的差别。再比如在世界吉尼斯纪录上，榜上有名与否就取决于一个、一分钟、一米甚至一毫米的差距，但这就是世界之最和默默无闻之间的差别。所以，一个团队要想拥有高效的执行力，那么团队成员必须达成"差不多"就是"差很多"的共识。这样的团队才可能一丝不苟执行领导者的命令，并自发地将手中的工作做到无可挑剔。

如何激发团队成员追求完美的潜能：

一、让成员投身于其热衷的项目。让成员处于正确岗位的另外一种方法是，找到成员的真正爱好所在，并看他们是否能把其热情投入到岗位中。这有时候会把某些成员调到其经验不多的岗位。如果根据他们以前的工作表现，你确信他们能胜任岗位，那样做是非常值得的，因为他们的热情将是学习和成长的强烈渴望。一旦他们全力以赴，其热情将是创新和成长的强大动力。

二、在最佳时机使用最佳人选。当你有很好机会推动公司发展时，你要退一步思考，谁是领头羊的最佳人选。除了寻找有能力胜任岗位的人选或对岗位有热情的人选之外，你还需要关注那些有成功记录的人选。有时候良机只有一次，他们或许会错失。所以，即便要把某些成员调离某些重要岗位，你都应该在最佳时机使用最佳人选。

三、平衡挑战性目标和现实目标。通过设定积极目标和督促员工定期汇报工作进度，来建立绩效文化。但是，目标不能太高，否则员工很快就跟不上，并且认为自己永远无法达成目标。这就意味着你必须定期重新评估目标的可实行性（至少一个季度一次），从而决定他们是否需要减少或者增加工作任务。

准则15. 错误面前找借口，不如问题面前找方法

在工作中，执行力再强的团队都难免犯错。所不同的是，有的人一旦发现自己的错误后，会勇于承认，并从错误中汲取教训。而有的人不但不会认错改过，还为自己的错误编织各种理由。这样的做法就如同掩耳盗铃，之后越描越黑。在错误面前不找任何借口的人，往往能够把错误变成一个帮助自己成长的机会。而在错误面前一味推脱责任的人，就如同被毒蛇咬了，不但遮掩自己的伤口，还试图追上前去抓蛇，结果使毒性扩散得更快。所以聪明的人应从错误中走出来，而不要在错误中沉沦下去。

杰森·基德是一位美国职业篮球（NBA）运动员，在1994～1995赛季中，他成为了最佳新秀。在谈到自己成功的历程时，基德说道："我小时候，父亲常常带我去打保龄球。我打得不好，总是找借口解释为什么打不好，而不是去找原因。父亲就对我说：'别再找借口了，这些不是理由，你保龄球打得不好是因为你不练习。'他说得对，现在我一发现自己的缺点便努力改正，绝不找借口搪塞。"达拉斯小牛队每次练完球人们总是看到有个球员在球场内奔跑不辍一小时，一再练习投篮，那就是杰森·基

德，因为他是一个为自己寻找原因的人。

可是，人最容易陷入的观念误区就是只承认成功经验而否定失败经验，事实上失败经验也是能力，不能否定这些经验的价值。有错误勇于承认，年轻允许失败，年轻还有未来，关键是从失败中汲取教训，不要让自己的棱角阻碍自己的进步。

方教授工作的学校对他的教学工作颇有微词。一位和他相识的教授曾说了一些对他轻蔑的话，这些话传到他耳里，他只好忍气吞声。后来有一天他接到那位教授的来信。那时方教授已离开了学校，调到某新闻部门从事编辑工作。那位教授来信说，以前错估了他，希望得到原谅。此时，方教授的各种敌意便立刻烟消云散了，并极其感动，马上回信并表示敬意。从此，他们便成了好朋友。

这件事使我们了解到承认自己的错误不但可以弥补破裂的关系，而且可以增进感情。但要有勇气承认自己的错误也不是一件容易的事情。有位名人曾经说过："人们敢于在大众面前坚持真理，但往往缺乏勇气在大众面前承认错误。"有些人一旦犯了错误，总是列出一万个理由来掩盖自己的错误，这无非是"面子"在作怪，他们以为一旦承认了自己的错误，就伤了自尊，丢了个人面子。这种想法，无异于在制造更多的错误来保护第一个错误，真可谓错上加错。

我们身边的每个人都有自己的自尊心和荣誉感，如果我们在交际中敢于主动承认自己的错误，这不仅仅可以满足对方强烈的自尊心，而且也会为自己品格的高尚而感到快乐。就如同故事中方教授的同事，不但没有因为以往的错误与方教授结怨，还成了很好的朋友。

所以，初涉交际深水区的人一定要切记，承认自己的错误不是耻辱，而是真挚和诚恳的表现。其实，你又不等于你的错误，承认你的错误，更显示出你人格的伟大。凡是伟大的人都有认错的时候。认错时一定要出于真诚，不要虚情假意。

如何让团队成员只找方法，不找借口：

人非圣贤，孰能无过。早在2000年前古希腊的哲学家留基伯与德谟克利特，就从自己错与别人错的比较中，明确地指出："承认自己的过错比谴责别人的过错好。"最笨的人才会找借口掩饰自己的错误。所以，假如我们发现了自己的错误，就应尽快地承认并改正自己的过错，这不仅丝毫不会有损于你的尊严，反而会让自己在交际中赢得对方的尊重，也让自己的成功之路可以走得更远。那些实现了自己的目标取得成功的人，并非有超凡的能力，而是有超凡的心态，那就是不找借口找方法。他们能积极抓住机遇，创造机遇，而不是一遭遇困境就退避三舍，寻找借口。

一、信任你的员工，并且让他们切实了解到知识型员工岗位的典型特色是：提供创造性的解决方案和决策，他们需要保持敏锐的思维以实现最佳绩效。管理层的责任就是营造一种培养和鼓励那种创造力的氛围。你能做的最好的事情之一就是，让员工知道你信任他们，知道你相信他们有能力做好工作、解决问题和如期完成工作。如果你不信任他们，你要么好好管理，要么开除掉。

二、避免责备团队成员。任何一个企业（或组织）都会有跌倒的时候，都会有不尽如人意的事。失败之后，做一次分析（即便是非正式的），发现哪里出错了，从中汲取教训。如果是个人造成的严重错误，则私下处理他们。如有必要，让他们知道下次再遇到类似事件，你希望他们该怎么处理。不要在公开场合批评他们，无论是直接或者是间接地，比如在开会或者群发邮件。如果你那样做了，你将面临如下危险：因害怕犯错和避免问题（或者逃避创新），成员不会花充足的时间去做那些创造性的工作。

三、正确终结项目来培养创新。培养创新的另一个重要的组成部分是要了解如何有效且得体地终止项目。有时候，失败会暴露某些员工的弱点，但也有时候，即便有优秀的员工参与项目，也会失败。搞清楚这两种情况之间的区别，是优秀经理的能力之一。如果一位优秀员工负责一个糟糕的项目，项目失败并不能说明管理项目的人能力差，因为那个项目可能根本无法实现。

所以，你不要过分紧张，要把这个项目当作学习机会，给项目管理人重新分派任务。否则，你会让你的员工过度规避风险，他们也就不再愿意投入到下一个大项目中，或者不再愿意在管理项目时有大胆举措，这种氛围会很快扼杀进步。

准则16. 清除自己身上的"懒惰因子"

懒惰属于人性中的一部分，人在天性上喜欢追求轻松愉悦的感觉，对压力和辛劳存在些许排斥，尤其体现在对待工作的态度上。懒惰的员工把劳动当成苦役和负担，总是想方设法地减轻自己的劳动量，逃避自己的职责，他们不能专心投入工作，也不可能从工作中得到任何精神满足，在物质方面所得也十分有限。所谓"一分耕耘，一分收获"，懒于耕耘的人当然不可能有什么收获，没有人会把高额的薪水支付给在工作上经常偷懒的人。这正从反面印证了马克·吐温的一句话："一个人在工作中得到的享受越多，从中获得的报酬也就越多。"不懂得享受工作乐趣的人，被"懒惰因子"完全操控的人获得的报酬当然少之又少。

懒惰的人在问题面前，总是急于得出结论，从不愿耗费一点精力来思考自己的结论是否正确。他们惯于依赖以往的经验和直觉判断，不想花费时间去做任何实地考察，艰苦的工作能推就推，毫无进取之心和探索精神，结果往往会走错路，不但让自己走向失败，还会给企业带来麻烦。

肯德基炸鸡打入中国市场之前，公司派一位执行董事来中国考察市场。他来到北京街头，看到川流不息的人流，穿着都不怎么讲究，就报告说：炸鸡在中国有消费者，但无大利可图，因为中国消费水平低，想吃的多，但掏钱买的少。由于他没有具体进行相关信息的收集整理，仅凭直观感觉、经验做出预测，被总公司以不称职为由降职处分；接着公司又派了另一位执行董事前来考察。这位先生在北京的几个街道上用秒表测出行人流量，然后请500位不同年龄、职业的人品尝炸鸡的样品，并详细询问他们对炸鸡的味道、价格、店堂设计等方面的意见。不仅如此，他还对北京的鸡源、油、面、盐、菜及北京的鸡饲料行业进行了详细的调查，并经过总体分析，得出结论：肯德基打入北京市场，每只鸡虽然是微利，但消费群巨大，仍能赢大利。果然，北京的第一家肯德基店开张不到300天，就赢利高达250多万元。

第一位执行董事得出结论时非常草率，他在没有做过任何考察时就认定炸鸡在中国市场打不开销路，而第二位执行董事则做了许多工作，显然收集了不少更有说服力的证据，两位执行董事也许在能力上并无太大差距，只不过前者过于懒惰，而后者更加勤奋和有责任心罢了。

懒惰会导致人失职，如果管理者不能清除团队成员身上的懒惰因子，那么他们的工作则极有可能被懒惰所毁，所谓"一勤天下无难事，一懒世间万事休"，懒惰之人从来就不会自己主动思考问题，也不可能积极主动地做事，遇到难题要么绕路走，要么就推给别人。懒惰就像病毒，如果一小部分人身上携带了懒惰因子，而管理者没有及时干预和控制，那么这种懒惰病毒就会在团队中迅速蔓延，直至毁掉整个团队的健康运转，因此管理者一定要把这种有害的病毒从团队中清除出去。

如何让员工清除自己身上的"懒惰因子"：

只有你团队的成员成功了，你才能算是成功的领导者。本文介绍一些基本领导技巧，以助你团队达到巅峰状态。这些技巧是针对那些IT行业管理知识型员工和项目经理的领导者。如果你是其他行业的领导者，虽然大多数技巧可以使用，但不能完全照搬。

一、平衡挑战性目标和现实目标。通过设定积极目标和督促员工定期汇报工作进度，来建立绩效文化。但是目标不能太高，否则员工很快就跟不上，并且认为自己永远无法达成目标。这就意味着你必须定期重新评估目标的可实行性（至少一个季度一次），从而决定他们是否需要减少或者增加工作任务。

二、不要给出所有的答案，培养你的员工独立思考。你是管理者，你是领导。但这并不说你必须要包揽所有的好想法。如果没有先征求你的意见，你的员工犹豫不决无法作决定，那说明你没有合理地赋予他们权力。

如果你的员工不能自己作决定，那你应当改变策略。当他们就某一问题给你相关信息，并询问该怎么做，你应该反问他们："你们是怎么想的？"一开始，他们也许会很惊讶，但经过多次之后，他们自己会先思考，充分讨论并提出建议，然后再来找你。让员工知道"为什么"，从而达成共识。

三、跟员工沟通新的进展和策略转换。而你做的最糟糕的事情是，你的员工已经有成形的想法做某事，结果你提出一个全新的方式，这会严重影响他们的日常工作。当你突然告诉他们新方式时，他们会自然地抵触和怀疑。无论何时，只要有可能，事先告诉他们有变化，让他们知道相关原因，他们会很高兴。如果他们不同意你说明的原因，他们可以表达自己的不同见解。他们甚至可以在最终方案敲定之前提出警告和问题。

当你还在制订计划或更改策略时，还有一个更好的方法，就是让团队成员集思广益献计献策，然后你就可以汇聚他们的点子和反馈。有时候，你也许不得不在团队中搞突然袭击，但你必须尽量别这样做。即便不得不那样做了，你也有找时间告诉他们决策背后的原因。

准则17. 怎样让拖延症患者一针起效

明明任务就摆在眼前，已经看得见头儿"催债"的嘴脸；明明只要轻轻抬手拨个电话、鼠标一点发封邮件，"再等等，就一下下"的心情依然支配了所有的行动。于是，天亮了又黑，"死期"将近，在渐渐沮丧的心情中，潜能的"小宇宙"却逼近爆发的边缘——一名拖延症患者诞生了。

一、"拖延症"特点：

1. 对抗压力。因为每天压力很大，所以要做的事情一直被拖下来。

2. 没有自信。因为每次完成任务都达不到自己最高的能力，对自我能力的评估会越来越低。

3. 操控别人。他们着急也没用，一切都要等我到了才能开始。

4. 受害者心态。我也知道自己怎么会这样，别人能做的自己做不到。

5. 我太忙。我一直拖着没做因为我一直很忙。

6. 顽固。你催我也没有用，我准备好了自然会开始做。

二、拖延症的研究及其危害：

"拖延症"这个毛病，很古老也很新。"明日复明日，明日何其多。我生待明日，万事成蹉跎"，早在清代，就有诗人以诗句的方式提出了"拖延症"这个话题；不过"拖延症"正式成为病症，国外的研究不过才一二十年，在金发碧眼的国度，它被称为Pro－crastination。

对于"拖延症"的成因，那些科学家们认为远不止懒惰那么简单。它可以归结到完美主义，因为要求完美，所以非得谋篇布局，等万事俱备才"开场"；它也可以归结到抵制和敌意，任务太难了，我不喜欢这个头儿，所以我懒得做；它还可以归结到对自己没有信心，我能做好吗？我能让大家满意吗？在这样的纠结中时间也一分一秒过去了。

杰森就职于一家颇有声望的律师事务所，他刚涉足律师行业不久，所以感到不是很适应。虽然攻读法律专业的他具有相当丰富的理论知识，对于接手的案件也能进行较为专业的分析和思考，但是他总是把主要工作向后拖延，比如必要的背景调查、约见客户和拟写案件小结，等等。

每次临近庭审日期时，他都在紧张地赶写案件小结，由于过于匆忙，他的工作经常完成得差强人意，他总是找借口说："如果能多给我一个星期时间，我做得一定会比现在好多了。"杰森为自己开脱的理由无疑具有自欺欺人的性质，真正使他在工作上表现不尽如人意的根本原因不在于时间不足，而在于他事事追求完美，因此习惯做事拖延。尽管在大学期间，他学习成绩十分优异，但是真正投身于律师行业，他对自己的能力产生了怀疑，不相信自己能把工作做到十全十美，他一而再、再而三地拖延工作，结果使自己陷入了僵局。拖拖拉拉的坏习惯使他输掉了很多场官司，这使他感到分外懊丧。

其实对日常生活来说，拖延未必等于误事。拖延症这个毛病，有时候看起来还真没什么大不了的——把该干的活留到最后期限，加班加点赶工也能完成；有时候甚至因为在压力下"小宇宙"爆发，在赶活那刻分外觉得自己思维敏捷、文思泉涌，工作反而比平时完成得更好。然而，"拖延症"并不总能带来好结果，一次"豁边"可能就彻底改变了你的人生轨迹。通常情况下工作拖延以后，压力更大，仓促完成之后工作质量更是难以保证，有时拖延还会错过很多改变命运的良机，有因为拖延错过大单生意的，有因为拖延错过保研的，还有学生仅仅是因为玩网上游戏，拖着拖着就错过了出国的机会。

和拖延症战斗，已经有了不少关于拖延的研究，提供了很多可借鉴的办法，比如记录自己的拖延、制订合理的计划、奖励自己的不拖延、说服自己开始工作，哪怕只工作五分钟等。专家认为，要解决拖延，最重要的或许是不要一开始就指望根除它，而要把拖延作为自己的一部分从心理上接纳，不至于气馁下来半途而废。要与拖延战斗，耐心、宽容和坚持，三者都非常重要。

治疗团队成员"拖延症"的步骤：

一、对目标任务完成时间进行全盘反思，必要时作出合理调整。作为团队的领导者，如果团队的部分员工工作进度滞后，你需要扮演催人者的角色，在催促拖延症员工推进工作时，你应当对目标完成时间有如下反思：下达命令时你是否讲明了工作任务完成的明确时间？任务截止的时间节点安排得是否合理？任务负责人与任务目标是否匹配？任务截止日期是否应当做出适度变更？

在交代任务时最好不要对下属说越早完成越好，因为这样做就等于没有明确说清任务应该完成的确切时间。任务截止日期一定要精确到年月日，要让团队成员明白在规定的时间内必须完成规定的工作量，不给他们提供拖延的温床。

团队成员不能如期完成工作，是由很多主观和客观的原因造成的，在员工身上分析各种原因之前，团队领导者也应对自身做出的决策反思一番，自己制定任务时时间节点安排得真的合理吗？如果在一般情况下处理一项任务需要3个工作日，而你只给员工留了2天时间，这种时间安排显然是不合理的，表面看来员工没有达成目标，是在拖延工作，而实际上是你加大了他们的工作量，对其抱有不切实际的期望，那么失望便在所难免了。

团队之中，人与人之间的能力和专长是有差异的，当任务负责人和任务目标完美匹配时，工作效率自然会非常高，反之，任务负责人并不适合做分配的工作，当然工作效率低下。作为团队的领头羊，你必须了解团队成员的特质，使其与任务目标一一匹配，如此每个人才能及时完成规定的工作任务。

假如遇到了不可抗力，同事生病请假、合作方项目出现了变更等情况，任务截止日期就应当做出合理的调整。此外，如果认识到自己制定的任务完成期限并非合理，而且是不可实现的，也应该调整任务截止日期。

二、让团队中的每一位成员认识到他们对于项目整体目标的重要性。大部分工作都是枯燥乏味的，员工在一定时期内会对工作产生厌倦情绪，以致把手头必须马上完成的工作一拖再拖。许多员工认为自己只是个微不足道的角色，在项目的整个环节中无足轻重，因为缺少动力，做事的节奏始终不疾不徐，你必须让他们明白团队中的每个人都是非常重要的，他们的工作对于整体目标具有重大意义，在肯定他们的价值的同时，激发他们的主人翁责任感，为团队整体目标做出最大的努力和贡献。

三、分解目标任务。如果完成目标任务所花费的时间过长，为了不拖进度，不妨先提交部分结果，让其他部门先用起来，然后陆续提交其他成果,确保在整体目标任务截止日期内配合其他部门达成企业的整体目标。这种分批量提交工作的方法可以有效推进项目的进行,同时能很好地分散压力,避免员工在高温高压的环境中产生抵触情绪,不失为一种克服团队拖延症弊病的有效方法。

准则 18. 用嘴巴抱怨问题,不如用双手执行计划

每当看见别人的成功,便无形中产生忌妒,并且在这种忌妒之余,还常常妄自菲薄,总以为别人的工作才是最好的。而对自己呢,却总是不抱什么希望,只知道抱怨。殊不知,一味地抱怨只会让自己的情绪恶化,甚至于让自己陷入一种自己制造出来的消极情绪当中。看下面这个历史故事:

孟尝君是中国战国四公子之一,齐国宗室大臣。当时,他受到齐王的百般宠爱,所以各地有才能的人都纷纷来投奔他。他总是来者不拒,以礼相待。最后,他门下的食客达到好几千人。

可是好景不长,孟尝君因受一些人毁谤,被齐王罢免了官职。无奈之下,他只好离开国都,回到自己的封地去。让他怎么也没想到的是,在他门下的那几千个口口声声仰慕他、忠于他的食客,一下子就走得没影了,最后只有一个名叫冯谖的人继续追随着他。

后来,在冯谖的帮助下,齐王召回并恢复了孟尝君的官位,他的尊荣更胜从前。而当年那些弃他而去的食客,又想回来找饭碗。孟尝君听说此事后,狠狠地对冯谖说:"他们当初弃我而去,没有一个顾念我的,现在还有什么脸面再见我呢?谁好意思走到我面前,我一定唾他的脸,狠狠地羞辱他一番。"

冯谖听后,不以为然地说:"任何事物都有它必然的规律,任何事情都有它本来的道理,您又何必为此事耿耿于怀呢?难道您没见过集市的场

景吗？每到早上，人们都争先恐后地挤进去，是因为那里有他们需要的东西；可是到了傍晚，人们都迈着大步跨过去，根本不会去多看一眼，是因为那里已经没有他们所需要的东西了。如此看来，这是一件很正常的事情。以前，那些人争先恐后地来投奔您，是因为您这儿有他们需要的东西；后来，他们义无反顾地离开您，是因为您这儿已经没有他们需要的东西了，这有什么可抱怨的呢？"

孟尝君听完冯谖的这一番话，顿时恍然大悟，心里的怨艾也顿消。后来，他的那些食客都陆续回来了。他还是一如既往地接待，没有任何芥蒂。几年后，他门下的食客又达到几千人，他的仁义之名也从此传遍天下。

可见，经常抱怨有时候会变成一种习惯，如果我们每次遇到压力或不如意之事，便开始抱怨一番，这是最可怕的事。因为一味地抱怨，不仅会影响其他人的情绪，也会让一些不明真相的人心理产生波动，从而破坏了生活或工作气氛。

执行锦囊

领导关键点的领导艺术，不限于巡视厂房或指导部属做简报，你还要真诚地与人沟通，认真地考虑各种可能性，推动工作进行，改进工作绩效。领导者如果不能把本职工作做好，不要总是发牢骚抱怨，而应认真分析原因，并采取积极的行动。毕竟嘴巴抱怨不能改变任何事情，只有着手计划并付诸行动才能变不利为有利，提高自己的领导水平。

实行领导关键点有四大诀窍值得注意：敏感体察、创造选择、真诚和调整弹性。

钢琴家理查德·古德在主持大师班时，便具体展现了这四大特点，所以，上他的课获益良多。古德毫不压抑对音乐的热爱（真诚）。每次上课一开始，都会请学生弹一首练习过的曲子，例如，莫扎特的钢琴奏鸣曲。他则全神贯注地聆听学生弹出的每一个音符（敏感体察）。弹完后，他会向学生微笑，并表示很欣赏其琴艺及诠释。

古德讲评完这个学生弹得不错的地方后，会举出某些他可能采取不同表现法的段落，并说明原因，也会点出这曲子中不好处理的地方，以及他会如何解决（创造选择）。为使学生更易明白，他不但讲解，还会哼唱、打拍子和示范一小段，再请学生试弹（调整弹性）。古德实在太有诚意，所以每个学生都给予热烈回应，他们当场就会有明显的进步。

试想，如果你每天至少针对好几个领导关键点，采用这种方式，成效将多么可观。以下详细地分析这四个诀窍，读者不妨想想自己可以怎么做。

一、敏感体察。敏感体察是指培养对情况的敏感度。理查德·古德不但留心学生的弹奏，也很注意对方当着一群听众接受指导，有多不容易。领导人也应该灵敏到很快就能掌握重点。只要专心一致，你可以看得出对方逻辑思考中的漏洞，或发现点点滴滴可提供线索的信息。

二、创造选择。只要创造选择空间，就能够改变匮乏、受限的心态。例如：如果"达成本季的目标，或建立长期的产能，我只能两者取其一"，你可以改变思考，设法"把当前工作做好，也为未来做准备"。不要认为"我只能有严格的标准，或柔软的心地"，你可以转变思考为"对标准严格，但也对人热忱"。

三、真诚。真诚意指领导不只是你的工作，更是你的热情所在。假使你热爱领导，就会花很多时间去研究、练习、精进，然后你会对领导工作更加上瘾。别人也会因为你对领导的热爱，而想要加入你的行列。不过，真诚也包含维持一定程度的威信，你必须遵行一套非常清楚的规范，使每个领导关键点都有基本的清晰度和一贯性。

四、调整弹性。增强调整弹性能力的秘诀在于，培养广泛的技能，以便在领导关键点视需要而调整因应。当下情况是要你做指示比如领导者可以命令下属"照我的话去做"，或者向他们提供意见，问他们"这样处理你觉得怎么样"。当然，有些领导者会选择鼓舞激励，他会对自己的下属说"我们正在改变世界"。总之，一个领导者应该明白自己此时的最佳做法：是督促部属，还是保持耐心；应该展现强势，还是暴露弱点；应该向前冲刺，还是后退一步。不论怎么做，领导者都要有自己的技巧。

准则 19. 与其吼破嗓子，不如做出样子

很多团队领导者都注意到了团队执行力的重要性，尤其是团队执行的细节问题备受关注。于是很多团队喊出了"心结决定成败"等口号。但是，真正需要领导者注意的并不是这些空泛的口号，而是团队成员的执行与落实。与其让团队领导者在执行力方面喊破嗓子，不如让团队成员在执行细节上做出样子。

日本人向来以严谨细致著称，据说在东京有一家贸易公司就因为员工平时注重小细节而赢得了大生意。这位一丝不苟的员工是专门负责为客商购买车票的服务人员，她常给德国一家大公司的商务经理购买来往于东京、大阪之间的火车票。德国人同样是一个非常严谨的民族，不久之后这位德国经理就发现一个非常有趣的现象。那就是，每次他去大阪时，日本公司给他订的座位都在右窗口，而每次返回东京时，他的座位又总在左窗边。这位德国经理把自己的发现告诉了负责订票的工作人员，并询问其中的缘故。这位负责订票的工作人员笑着回答说："当您坐火车去大阪时，富士山在您右边，所以我就为您订了右边窗口的座位；而当您返回东京时，富士山已到了您的左边，于是您的座位也就被我们安排在了左边。我们公司的经理交代说您非常喜欢欣赏富士山的壮丽景色，所以我替您买了不同的车票。"

日本公司这种一丝不苟的执行精神与无微不至的关怀体贴，使这位德国经理十分感动，于是他把对这家日本公司的贸易额由 400 万马克提高到 1200 万马克。因为他觉得，在这样一个微不足道的小事上，这家公司的职员都能够想得这么周到，那么，跟他们做生意还有什么不放心的呢？

由于团队成员的不肯随便,使得东京这家贸易公司的交易额翻了三倍。由此可见,在有执行力的团队面前,差不多就是有差距,有差距就是差很多。而有些团队领导者,绝不会让自己的团队成员止步于差不多。

如果是工作中出了差错,明知无论如何都要受到批评,抢在领导批评之前承认自己的错误会更好,因为这样一来,十拿九稳地会获得领导的同情和宽容,而你所犯的错误也会最大限度地缩小,这样的结果要比固执己见强得多。

沃勒是一位美术设计师,他为约翰逊总统设计一份宣传品后,突然收到了总统的电话,说设计有点问题。沃勒急忙赶到,看完宣传品后果然发现了一处错误。于是沃勒说:"总统先生,您说得对,我错了,我没有任何理由为自己辩护,我应该做得更好,我很抱歉。"

总统却开始莫名其妙地为他辩护起来:"你是对的,只是犯了一个很小的失误。"

沃勒打断了总统的话,说道:"任何错误,都可能造成很大的损失,而且任何错误都会令人不快。"总统想插话,但沃勒继续讲道:"您给我这个机会,您应该是满意的,因此,我会把它重做一遍。"

"不!不!"总统立即表示反对。"这仅仅是一个细节问题,并且也没有造成损失,你只需做局部改动就可以了。"之后,总统又把新的任务交给了沃勒。

这样看来,承认自己所犯的错误会在交际中帮你解脱麻烦。沃勒承认错误的急切心情让总统火气顿消,纠正错误的诚恳态度又让总统不忍心为难他。可是,多数人都会在交际中为自己的错误辩护,而不为自己找借口的人就会显得更加难能可贵,会特别引起领导的注意和信任。

怎样让员工的执行力不仅仅是停留在空喊口号上:

在一个团队中,培养团队成员的高效执行力是非常重要的,这有关于一个企业的成事效率,总的来说,该坚持以下四大原则。

一、团队执行力必须坚持以结果为导向

执行力是一种过程。但是对于企业来说，是只相信功劳而不相信苦劳的。因此，伟大企业的执行力是以结果为导向的，根据执行力结果的不同给出相应的奖励或处罚。执行人对任务负有全责，同样也对任务的结果负有全责。

二、企业没有明确规定的，必须坚持先做事情后汇报

如果企业没有相应的规定，大家首先应对该事情进行解决，在解决问题的同时，反映上去。由相关部门对该事情进行分析，如果是以后还可能发生的事情，就组织相关人员将该事情制度化；如果是一次性的事情，则可以按特例处理。

三、企业有明确规定的，必须坚决执行

许多伟大企业的做法是：做事情之前，先看是否有相应的规章制度。如果有，不会给出任何借口，严格依照制度执行。如果对制度不满意，可以用另外的途径反映，但是事情必须要先做。任何企业都存在大量的流程和管理规定等，但在实际工作中，真正能够操作起来的并不多。有些人总是以这样或那样的理由不遵守规章制度，这是企业执行不力最关键的原因。规章制度是企业的"内部宪法"，必须遵守，否则就应该付出代价。企业的某种行为或约束可能存在这样或那样的问题，但这些都不能作为不执行的借口。

四、企业已经决定的事情，任何人都不得以任何理由提出异议

企业运作永远都是团队的运作，不是哪个人的运作，任何决策都必须坚持。其实对于决策运用，实际操作永远比理论更重要，团队只有具有了统一的目标，其执行才有可能。任何一个决策本身就具有优势和劣势，所以其选择本身就存在变数，企业应该对决策负责，所剩下的就不是讨论该不该做，而是如何做好。

企业的成功三分靠战略，七分靠执行。管理者在企业管理过程中，把计划执行到位，要相信世界上没有办不到的事，只有没有认真努力去办的事。作为领导者，更要在执行力上多下功夫，做好细节工作。企业的成功

只是早晚的问题。

准则 20. 执行抓不住细节，团队干不出业绩

对于绝大部分人来说，我们的聪明才智都属一般，很难做到"一心二用"。所以，对待工作，我们必须专心、专注、专一。简单地说，具有高效执行力的团队就是要让自己的团队成员能够"专注工作"。因为只有足够专注的员工才能够抓住执行中的细节，从而提升团队的总体业绩。

密斯·凡·德罗是20世纪世界四位最伟大的建筑师之一，在被要求用一句最概括的话来描述他成功的原因时，他只说了五个字"魔鬼在细节"。他反复强调的是，不管你的建筑设计方案如何恢宏大气，如果对细节的把握不到位，就不能称之为一件好作品。

当今全美国最好的戏剧院不少出自德罗之手。他在设计每个剧院时，都要精确测算每个座位与音响、舞台之间的距离以及因为距离差异而导致不同的听觉、视觉感受，计算出哪些座位可以获得欣赏歌剧的最佳音响效果，哪些座位最适合欣赏交响乐，不同位置的座位需要做哪些调整方可达到欣赏芭蕾舞的最佳视觉效果，而且更重要的是，他在设计剧院时要一个座位一个座位地去亲自测试和敲打，根据每个座位的位置测定其合适的摆放方向、大小、倾斜度、螺丝钉的位置等。他这样细致周到为顾客考虑的结果，使他成为一个伟大的建筑师。

密斯·凡·德罗之所以能够认识到细节的重要性，同时将工作中的细节做到极致，就是因为他对自己的工作足够专注。而足够专注的工作者才可能在执行时把握住每一个细节，从而避免整个团队的心血毁于一旦。

日本SONY与JVC在进行录像带标准大战时，双方技术不相上下，SONY推出的录像机还要早些；两者的差别仅仅是JVC一盘带是2小时，SONY一盘带是1小时，其影响是看一部电影经常需要换一次带。仅此小

小的不便就导致SONY的录像带全部被淘汰。

如何让团队成员抓住执行中的细节问题：

"专心工作"是好员工必备的一项素质。大体来说，员工专心工作表现在以下三点：

一、专职工作，严禁兼职。前段时间，笔者在各种媒介上、包括圈子内都听到很多友人提到"兼职创业"，笔者对此有自己的看法。笔者认为，如果"兼职创业"确实能够不影响自己的本职工作，那么这种"兼职创业"是可以尝试的；然而，在现实中，大多数的"兼职创业"都是用企业的钱培育自己的"小事业"，最终本职工作没有做好，"兼职事业"也是一团糟，而且特别容易遭人非议。在笔者所负责的辖区内，是严禁员工从事兼职工作的。道理很简单：你根本无法做到"一心二用"。工作是需要我们用心、专心才能去完成的。

二、定岗定员，各负其责。每个员工都有自己最核心的、最专一的，也是唯一的工作。在自己的岗位上，员工就必须发挥自己所有的聪明才智，做好自己的本职工作。如果一项工作同时多人负责，那么最后的必然结果就是谁也不负责，事情越做越糟。

三、聚焦80%的时间和精力从事自己最核心的、本职的工作，这也是最能体现员工个人的价值和能力、为企业或单位创造更大效益的标志。每个员工都有会各种烦琐的杂事，但是作为一名好员工，必须学会"20/80"原则，将你宝贵的时间和精力聚焦到你最核心的、最本职的工作上面去，只有这样，你才能创造出真正大的价值和效用，为企业多做贡献，变相地也验证了自己的价值。

四、勇担责任，主动暴露问题。具有专注力的员工，永远都是那些勇于承担责任的员工，因为他们有自信、有魄力，能带动团队中其他成员共同成长。上级放心，下属拼命，勇于承担责任的员工始终是企业的青睐儿和时代的弄潮儿。这样的员工，就事论事，不回避、不逃避，勇于面对现实和困难，直面挑战，带领团队中其他成员实现逆境突围。当遭遇问题或者困难时，主动、及时暴露出来，拒绝遮遮掩掩，分析问题并且快速解决问题，同时总结、反省和提高，提高自己的学习能力和解决问题的能力，这样的员工只会越走越顺。

准则 21. 二等员工等任务，一等员工找任务

在领导者心中，那些只会被动接受任务的员工往往属于二等员工；而一等员工则会自己主动找到属于自己的任务去果断执行。的确，在一个团队中，那些懂得主动执行的人往往更受欢迎，他们也更容易获得晋升的机会，而只知道被动等待的员工往往给领导者留下难堪大任的印象，成功也往往更青睐于这样的人。

一位在东欧生活的老人来到美国，当他走进曼哈顿的一间餐馆时，却遇到了与自己国家不同的情况。当他坐在餐桌旁等着侍者拿餐盘来为他点菜时，等了很久，也没有人来为他服务。直到他看到有一个女士端着满满的一盘食物过来坐在他的对面，他的心里更加疑惑了。

老人问自己对面的女士，这个餐厅怎么没有侍者？女士告诉他："这是一家自助餐馆。你可以到那边去排队，从头开始你选择你喜欢吃的菜，然后到另一头去排队，他们会告诉你该付多少钱。"说着，女士指着餐厅的前台，那里果然有许多食物排成长长的一行。

老人按照女士的指示，饱餐了一顿。当他回到家里时，对自己的孩子说："从此我知道了在美国做事的法则：在这里，人生就是一顿自助餐。只要你愿意付费，你想要什么都可以。但如果你只是一味地等着别人把它拿给你，你将永远也成功不了。你必须站起身来，自己去拿。"

其实，不只是在美国，在世界的每一个角落，人生都是一顿自助餐。主动执行，就意味着每个人都要靠自己去主动出击，寻找机会。同时还要自己顶住命运的压力，直到自己将所有的困难都转化为辉煌的成功。

几乎在世界的每个角落，都有一个老人的笑脸。他花白的胡须，黑色的眼睛，笑容可掬。这个和蔼可亲的老人就是著名快餐连锁店"肯德基"的招牌和标志——哈兰·山德士上校。

1890年9月9日，哈兰·山德士出生于美国印第安纳州亨利维尔附近一个农庄。在父亲去世之后，山德士开始帮助自己的母亲照顾弟妹，分担着重任。7岁那年，他竟然学会做20个菜，成了远近闻名的烹饪能手。

直到40岁的时候，山德士才开始自己的创业之路。他来到肯塔基州，开了一家可宾加油站。来往加油的客人很多，而且这些长途跋涉的人常常是一副饥肠辘辘的样子。山德士想，为什么我不顺便做点方便食品，来满足这些人的要求呢？于是，山德士推出了肯德基炸鸡的雏形，由于味道鲜美、口味独特，受到了热烈欢迎。

很快，炸鸡的名声超出了加油站，很多人专门驾车几十公里来这里不是为了加油，而是为了一尝山德士的手艺。于是山德士就在马路对面开了一家山德士专营餐厅。他潜心研究炸鸡的特殊配料，使炸成的鸡表皮形成一层薄薄的、几乎未烘透的壳，鸡肉湿润而鲜美。至今，这种炸鸡配方还在使用，但调料已增至40种，而这就是肯德基最重要的秘密武器。

1935年，由于山德士的炸鸡闻名遐迩，肯塔基州州长鲁比·拉丰向他颁发了肯塔基州上校官阶，人们开始叫他"亲爱的山德士上校"，直到现在。同时，随着客人越来越多，山德士发现自己店里的人手明显不够，炸鸡的供应明显无法满足客人的需求。就在这时，压力锅出现在了美国人的生活中。山德士觉得，压力锅可以大大缩短烹制时间，又不会把食物烧糊，这对于他的炸鸡而言是再好不过的事情了。

1939年，山德士买了一个压力锅，他做了各项有关烹煮时间、压力和加油的实验后，终于发现一种独特的炸鸡方法。这个在压力下所炸出来的鸡是他所尝过的最美味的炸鸡，至今肯德基炸鸡仍沿用这项妙方。可是二战的爆发改变了这个世界上的很多事情，也使已经66岁的山德士上校变成了一文不名的穷人。为摆脱困境，他突然想起曾经把炸鸡做法卖给犹他州的一个饭店老板，他们每卖1只鸡，付给山德士5美分。

66岁高龄的山德士上校开始了自己的第二次创业。他带着一只压力锅，一个50磅的作料桶，开着他的老福特上路了。身穿白色西装，打着黑色蝴蝶结，一身绅士打扮的白发上校停在每一家饭店的门口，从肯塔基州到俄亥俄州，兜售炸鸡秘方，给老板和店员表演炸鸡，然后把特许经营权卖给他们。但是整整两年过去了，没有人愿意相信他，他被拒绝了1009次。终于在1952年，当山德士上校第1010次走进一个饭店时，得到了一句"好吧"的回答。盐湖城第一家被授权经营的肯德基餐厅建立了，这便是世界上餐饮加盟特许经营的开始。也是哈兰·山德士上校第二次迎来了自己的人生辉煌，创建了现在这个世界500强企业：肯德基。

年过花甲的哈兰·山德士上校在人生的自助餐面前没有等待，而是坚持执行，直到用自己的努力换来了人生的大餐。由此可见，懒惰地等待只会让我们的满腹才华永无出头之日，而主动出击却能给我们赢得一场大展身手的机会。希望每一个希望拥有执行力的人都能够牢记：二等员工等任务，一等员工找任务。

如何让团队成员主动成为一等员工：

虽然在工作中奖金、期限、监管、威胁或其他激励因素能够产生短期的积极效果，却也掩盖了它们对即时绩效以及员工长期敬业度的负面影响力。相比之下，内部激励更容易增加员工的长期敬业度。这是因为每个人都有三种基本心理需求。

一、能力。能力是一种因知识渊博、技术娴熟和经验丰富而感觉受到重视的需求。对每位员工来说，给予培养和展示能力的机会及支持都是有力的内部激励因素。

二、关系。关系是一种与同事协作完成工作的需求。不管扮演什么角色，大多数员工都希望与他人协同工作。研究显示，这种内在需求比赢得奖励或避免惩罚等外在需求更强烈。此外，与他人展开有效合作有助于融合不同的观点和经验，能够提高业务成果。

三、自主。自主是一种在指导原则内，自我调节实现业务目标的方式的需求。在工作中，没有人有百分百的自由，因为所有人必须为共同的成果做贡献。但是，人们仍渴望自主，或自由掌控自己的工作，进而支持他人的工作。在现有工艺、流程和规则下允许一定程度的个人灵活性可帮助员工在企业环境下茁壮成长。

准则 22. 在问题面前，执行比辩解更有力

所有的老板都喜欢第一时间改正错误的员工，不喜欢总是争辩解释的员工。顽强或机智的狡辩可能让我们暂时躲过认错的尴尬，把别人对我们不满的人堵回去，可实际上却更深地得罪了同事、冒犯了领导、伤了亲人和朋友的心。这纠结累人的一百句话远远顶不上简单一句："对不起，我搞错了，下次一定注意。我把漏洞补上，免得以后再出错。"更能化解矛盾，温暖人心。

在一个公司中层会上，老板突然问一个项目负责人："你们关于另一家公司的那个系统招标做好了吗？"项目负责人回答说："还没有。"老板马上一脸不悦："这事早该做完了，怎么到现在还没执行呢？"项目负责人回答说："我早就安排其他人做了，可他到现在也没给我回复。"结果就在一种很不愉快的气氛中，老板和这位项目负责人的谈话结束了。

案例中负责人的反应我们可以理解为本能的自我保护。可是，作为一个旁观者，我们能够发现，那些人们所谓的"自我保护"其实是在"自我贬低"。就像这位负责人，这样的解释对工作本身有什么帮助？让老板和一圈坐在会议桌旁的同事怎么看他？原来你连你的手下员工都搞不定？这下可好，本来事情没有按时完成，已经给老板一个不好的印象，旁边同级的"竞争对手"或"争宠对手"正在心里窃笑："这家伙被老板抓到了。""老板总算看到这家伙其实也不行了。"自己不马上承认错误、承担责任，

居然还往下属身上推责任！做事差点也就算了，还没担当？同样是这个负责人，上次老板表扬他们部门的一项工作完成得不错时，他还一脸讪笑地进一步介绍说他提前计划、安排好了人，所以事情做好了。言下之意就是说全亏了他的周到安排和有效执行。

　　一个有执行力的领导者，不能有好处时就邀功求赏，有了问题，就诿过于人。不论有利无利，对人对己，标准要保持一致，这是一种正直。这是一个意识和自觉的哲学和心理学问题。大部分人不会"以人为镜"，而且可以作为"人镜"的周围的人，很多也不敢像镜子一样如实反映主人的问题。所以很多人年纪一大把，有些都做到很高的职位了，其实还是不知道在旁观者心中真实的自己。整天把自己裹在一个防护的壳子里，别人看得一清二楚，自己却浑然不知。这可真是挺害人的。

　　一个公司的成功和一个家庭的幸福一样，并不都由某一个人的优秀所决定。相反，很多平凡而和谐的人凑在一起，比那些"优秀"人凑在一起更容易获得公司的成功或家庭的幸福。这种情况在公司的面试中也经常碰到。应试者条件非常好。但不管是为了公司避免未来人事风险，还是为了再确认老板认为人无完人的哲学理念，面试官总要设法让应聘者讲出几条自己的不足。

　　可偏偏总是有一些看起来条件不错，面试官几乎马上就可以让其过关了的人，憋了半天，只能挤出一句两句："我这人太直，""我性格比较急。"名为检讨，实为自我表扬。他们可以实事求是走得最远的只是："我的外语不太好。"我的经验是，每次录取这样的人，到最后都会后悔。他们身上的那些优点，都只是"术"。但他们自己不知道自己的缺点是什么，本身就是一个莫大的缺点。他们缺的是真正优秀和智慧的职业团队领导者的"道"。这些人一定在想，世道这么混乱，可我却坚持做人的高标准：诚实，正直，童叟无欺，有责任心，学习努力，工作努力。既然我有这么高的思想境界和追求指导我的为人，我怎么会违背我自己的理念呢？这就好像我们在KTV里听业余歌手在音乐伴奏下唱歌，还有那些耳朵上塞着耳机，边走边随着耳机里的声音哼唱的人，旁人都听到他们走调了，自己还以为自己唱得和原版一样呢。你要是说他们唱得不好，他们肯定很不高兴。

大概我们每个人都接触过身边那种"特别要强"的人。这些人有责任心，有能力，有资历，做事很努力，业绩也不错。不过我们会奇怪，他们并不总是招老板待见。如果这些人是我们的朋友，而老板不是，听他们讲多了，我们会认为朋友怀才不遇，老板没有发现他们实实在在、敢于较真的可贵品德。可如果我们恰巧和老板是朋友，老板会告诉你，这个人虽然有能力，工作也努力，可就是特要面子，不服输，嘴巴不甜。即使他们真的意识到自己做错了事，他们也会顽强地抵抗认错的要求，而会选择在日后悄悄地改变。或者对你更殷勤一点以做补偿。因为太自以为是，嘴硬不虚心，所以让人不舒服。

如何用执行代替辩解：

一、判断错误的标准不是自己的主观意图，"不是故意的"远不是理由，因为如果"是故意的"，一切就都该结束了，没有必要再讨论了。判断的标准只能是：这件事这样做是否对公司有利？是否符合老板的真正意图？是否符合文件规定和制度流程？如果答案是否定的，就是错的。执行者就应该勇于承担责任，然后积极采取措施补救、改善。

二、如果按照上述客观的标准而不是自我的标准，发现自己确有不妥，就要马上勇于认错、改错。承认错误，你只犯了一个错误。但是你同时展现了自己虚心和敢于承认错误的勇气。在老板心中，你未见得输了分。但是文过饰非不但于事无补，反而会暴露自己更致命的缺点。

三、辩论有什么意义？用九十句话辩解"这不是错"，或者"不是我造成的错"，再用十句话轻描淡写"就算是我误会了、弄错了，好了吧？可是我不是故意的"。

但其实，所有的老板都不会愿意把时间浪费在与属下辩论老板已经发现并指出的问题到底是不是问题，以及员工是有意还是无意造成了问题，更不喜欢自己的权威被挑战。我们不是无原则地拥护公司和老板,可既然在里面,就要明白里面的"道"。认错快的员工是好员工。"认错近乎勇",符合职业团队领导者大智慧,对公司和老板有利,对自己更有利。

四、难得糊涂,别太在意自己可能吃亏被委屈了。整体的团结重于个人的对错。你的辩解只顾到了你自己的感受,却忽视了老板和其他人的感觉。世上能有多大的个人之事?自己越把维护自己看得很重,效果在旁人和对方心中就越适得其反。结果既伤害别人,也伤害自己。总之,公司不是民主社团,而是在你死我活的残酷市场上战斗的准军事化组织。好的属下懂得老板是船长,他需要一个令行禁止、理解支持他的给力团队。因为他的关注点在于躲过冰山、暗礁,把船开到目的地。不懂老板的员工则不管这些,他们更在意自己不被误解、更在意老板会怎样看自己。

准则 23. 计划在前,执行在后

路走错了可以退回来重新再走,事情做错了可以从头来过。但是,在这样的一来一回中,我们就降低了自己的效率,不如在执行之前先计划一下,让自己一次成功。

由于每个人、每天都会经历一些事情,并且会对所发生的事情进行思考。通过长时间的积累,对一些问题的看法就由浅入深,由表及里,这时我们对身边的事物就会有自己的想法和见解。经历得越多,思考得越多,我们的阅历就越丰富。阅历是人生最宝贵的财富,它无法从教科书中得到,却是在社会上行走所必须具备的知识。有了丰富的阅历你能先人一步发现有利于自己的机遇;而那些缺少阅历的人,在遇到一些没经历过的事情之后就会不知所措,不能成熟地面对。

杰夫提着行李箱刚刚走出机场,一辆出租车停在了他身前。开车的小伙子摇下车窗,热情地朝他打招呼。

车门上印着的漫画头像让这辆破旧的汽车看起来顺眼多了，杰夫放弃了多走几步的打算。听到司机的报价后，他摇了摇头："这并不是我第一次来这座城市，以前的价格可没这么贵。""以前油价也没有这么高。"小伙子耸耸肩，"不过，我保证会让您的行程物超所值的。"

杰夫摸着下巴笑了笑，打开车门坐了进去，多年来养成的直觉让他觉得这个选择不会错。

"哦，你叫莱特？"坐在后座上的杰夫接过小伙子递过来的名片，"在这座城市的任何时间和任何地点都可以很方便地找到出租车，没多少人会因为这张卡片而给你打电话。"

"也许您会很快改变这个看法的。"莱特回头笑了笑，"旅游旺季的酒店房间很紧张，要是您还没有订房间的话，我可以效劳。"

"谢谢你的好意，我的助理已经帮我料理好了一切。"杰夫转身看着窗外的风景，很快他就察觉到不对，"这并不是去酒店的道路。"

"这条路会稍微远一些，却可以让您看到这个城市最美丽的地方。"莱特伸手指了指窗外的哥特式教堂，古老的建筑在霓虹灯的照耀下的确别有一番风味，"这就是我所说的超值部分。"

"你是个很有头脑的年轻人，"杰夫哈哈大笑起来，一定是因为他已经订过酒店，才让莱特判断出自己并不赶时间，"如果你肯花笔钱换辆新车，我保证你的生意会好很多。"

"如果我有那么一笔钱，只会用在更加有用的地方。"莱特被这个话题引起了兴趣，滔滔不绝地向身后的乘客讲起了他的梦想：开一家汽车改型公司。现在越来越多的年轻人都希望改装汽车的造型来张扬个性，这个市场还是很有发展前景的。

杰夫若有所思地点了点头，但他还没来得及和这个年轻人多聊几句，出租车已经稳当地停在了酒店门口。

次日晚上，杰夫按着名片上的号码拨通了电话："莱特先生，有时间的话我们应该见面谈谈。"莱特很快赶到酒店，为站在楼下的杰夫打开车门:"您这么晚出门有什么急事吗?"

"我并没有要出门的打算。"杰夫笑了笑,"事实上,我是想和你谈笔生意。"

莱特已经开始怀疑自己是不是听错了:"看得出您是一名出色的商人,而我并没有和您合作的资格……"

杰夫没等他把话讲完:"年轻人,我此行是为了考察一个投资项目。可是同刚才那个商学院的优秀毕业生相比,你的表现更加令人满意。我也不想白来一趟,于是想到你那个梦想,或许我能帮你实现它。"

莱特犹豫了一下:"太不可思议了,我并没多少出众的地方值得您这样赏识。"

杰夫摇了摇头:"从一开始,你就在努力表现得与众不同。遵守规则的同时又懂得变通,那是所有值得信赖的合作伙伴都应具备的素质。我知道你并不愿安于现状,只是缺乏足够的资金,这正是我这样的风险投资商能够提供的。"

"我一直都在等待这么一次机遇,"莱特当然没有理由放过眼前的机会,"这是一份早就写好的策划书,不过在此之前您可以和我一起参观一个地方。"

成功,需要的不仅仅是等待。在城外一个废旧车间里,杰夫看到莱特组装的一条简陋生产线后,肯定地点了点头:"很高兴你没有和大多数人一样,只是空等从天而降的机遇。可行的计划,充分的准备,再加上那么一点耐心,很难想象我们的合作会不成功!"

"我也认为这个明智的选择会为您带来丰厚的回报。"莱特自信地伸出手。

"我同样坚信这一点。"杰夫微笑着握住他的手,"很期待你带给我另一次物超所值的行程。"

果然,莱特用自己的努力证明了当初的诺言。几年的时间内,莱特开办的汽车改装公司已经把业务拓展到全国。杰夫的投资公司出售了一部分股份，价值已经高达上千万美元，而他陆陆续续追加的投资还不到这笔钱的五分之一。

俗话说"观念决定思路，思路决定出路"。一个人能做出什么成就，能走到什么样的高度，关键在于你自己。丰富的社会阅历能让你比别人更能了解什么是机遇，能分辨出那些机遇能让自己变得更好，从而在机遇出没的地方耐心等待，最终能出人头地，做出一番事业。

如何培养团队成员先思考，后执行的习惯：

很多情况下，下属并不清楚自己的目标以及自己想要的是什么，这个时候需要企业领导人先协助其厘清目标，设立目标之后再开始完整的训练过程。对于没有目标也不想设定目标的人，是企业领导人甚至是再厉害的培训师也无从下手的。对有目标、有训练需求的人运用训练技术是最容易立竿见影的。另外，在企业中可能有些情况并不适合马上训练，可能会需要一些辅导，然后再进入训练过程。领导人在运用训练技术时要学会区分下属或员工是否存在训练需要。

一、厘清目标。与下属或员工共同明确下属或员工对事件的目标，也就是弄清楚下属想从训练中寻求什么样的支持。当一个人饥饿时，他最需要的是一条鱼，而不是教他钓鱼的方法；当一个人病重时，他最需要的是治疗，而不是告诉他身体如何重要；当一个人溺水时，他最需要的是一个救生圈，而不是游泳的技术。

二、学会发问。大多数情况下，员工会很迫切地希望从自己的上司那里立即得到解决问题的答案，所以只会将自己遇到的问题反映给上级。没有学过训练技术的领导人就会很不耐烦地把自己的意见给下属，不过这种"解题"式的管理方法会让领导人感觉到很累。因为我们请员工的目的不是让他仅仅发现问题，而是请他一起来解决问题。

明智的企业领导人遇到这类问题时，并不马上给出解决方案而是反问对方："你说怎么办？"等到属下想好了一个解决方案过来请示汇报时，领导人又讲了：凡事至少有三个以上的解决方案，请多想几个方案后再来找我吧。下属想出了三个以上的解决方案再次找到领导人时，领导人就会和属下交流自己的意见与看法，并把自己的解决方案告诉给属下。不过最后还会强调，最终的决定还是要你自己去做。企业领导人如果习惯于属下一有问题来找你就直接给方法、给答案，所带来的结果就是领导人能力越来越强，越来越能干，越来越累，属下越来越白痴，越来越无能。不直接提供答案，会引发下属作深层次的思考，锻炼员工的自主性，培养其独立解决问题的能力。

当然，在运用中也要活学活用倾听、发问、区分等技术。聪明的企业领导人虽然不提倡直接给答案，但是也要区分实际情况，灵活运用。总不能发现小偷进入办公室正在偷东西还要训练别人"你说该怎么办"？

三、了解员工的想法，即他们想从训练中寻求什么样的支持。企业领导人的目标＝下属或员工即时目标＋确认是否存在训练需要＋下属或员工下步目标。通常情况下，员工会很迫切地希望从自己的上司那里立即得到解决问题的答案，所以只会将自己遇到的问题反映给上级。没有学过训练技术的领导人就会很不耐烦地把自己的意见给下属，不过这种"解题"式的管理方法会让领导人感觉到很累。因为我们请员工的目的不是让他仅仅发现问题，而是请他一起来解决问题。下属或员工在训练时最先的位置（现状），跟目标或应该的状况是有差距的。企业领导人在运用训练时要协助当事人厘清这个差距，填补这个距离。这是下属或员工即时的训练需求。

下步目标是下一步要发展的水平，是下属或员工的发展机遇，是未来的水平，是更高的需要。企业领导人在协助当事人完成和满足现实需要之前，找出下一步的机遇，这是更大动力的机遇点。这是一个周而复始的过程。一个销售员的眼前需要是有良好的品格、素质和掌握销售技巧，完成销售定额。但销售技巧只能使他成为好的销售员，却不能使他成为好的销售经理或者好的管理人员，提升一步之后，才会有下一步的机遇。

也许有人还是要问："那么到底是给他一条鱼重要，还是教他钓鱼重要呢？"答案应该是两者都有不同的重要性，要依据下属或员工的不同情况，在不同阶段、不同时期灵活对待，不可以一条死规矩守到老，一条死胡同跑到黑！

下属或员工没有目标，企业领导人就失去了存在的意义。企业领导人要帮助下属或员工找到目标并实现目标。

准则 24. 让自己成为活到 70 岁的鹰

在很多人眼里，计划总是很容易，执行却很难；墨守成规总是很容易，改变总是很难。但是，改变正是执行的灵魂。在困难面前，如果我们没有彻底改变的毅力和决心，那么我们就没办法对计划进行不折不扣的执行，最终也就无法战胜眼前的困难。

鹰是寿命最长的鸟类，它可以奇迹般地活到 70 岁，超过这世界上绝大多数的动物。然而，有一部分的鹰却在 40 岁的时候就会死亡，只有大约 3 成可以活到 70 高龄，这是为什么呢？

原来，当一只鹰活到 40 岁左右，它的喙会变得弯曲、脆弱，不能一击而制伏猎物；它的爪子会因为常年捕食而变钝，不能抓起奔跑的兔子；双翅的羽毛也会粗大沉重，不再能够自由飞翔。这个时候，鹰有两个选择：一是回到巢穴，静静等死，一是通过 150 天的漫长煎熬，获得重生。

如果一只鹰选择了重生，那么它必须艰难地飞到山崖顶端，在那里筑巢。然后，它要忍着饥饿和疼痛，在岩石上日复一日地敲打它的喙，直到脱落。等到新的喙长出来，老鹰必须更为决绝地用新喙将磨钝的爪子一个个拔出，直到长出新的、锋利的爪子。在这两件工作完成后，老鹰还要把那些粗壮而沉重的羽毛从翅膀上一根根拔掉，好让新的羽毛长出来。当这 150 天痛苦的历程过去，老鹰就可以又重获 30 年的新生，再次翱翔在天空。

改变总是漫长而痛苦的。我们看看自己，也许我们并未面临老鹰那样的重生时刻，也许我们的生活还不至于死亡。但目前我们是否过着我们想要的生活？我们的追求是否仅仅是吃一顿饭，晒晒太阳？如果我们有着更高的期望，如果你感到了不如意而又不甘愿到此为止，那么要改变生活，就需要我们去忍受一个漫长的、痛苦的过程。

在带领团队时，如何激励团队成员的斗志一直是让领导者头疼的问题。因为传统的"胡萝卜加大棒"方式并不能解决所有的问题。虽然让员工从自己的业绩中收获应得的利润，这自然没有问题。但是这类外部员工激励就像"强效药"，如果开药不当，反而破坏内部激励。相较之下，支持员工"能力、关系、自主"三种基本需求，给予他们赏识更为重要。

如何用"安全无副作用"的激励方式促使团队成员改变：

一、提供"基于需求的反馈"。从理论上说，如果员工能自主或为自己的工作作决定，他就会得到心理上的满足，获得内部激励。但是，大部分时候企业却要求员工必须在严格的指导方针和时间表下工作。很明显，员工的选择与企业需求是抵触的。这就需要领导去与员工分享信息，了解员工需求，指引他们回到正轨。可是，在中国，大多数情况都是，当员工找领导谈话时，领导一边看着文件，一边看着电脑讲话；或者当员工想表达自身感受时，领导根本不在乎，只在乎到底发生了什么事……因此，"给予反馈的技巧"能帮助领导者支持员工的内部激励，增长员工的知识和专长，比如，真诚的双向谈话；清楚阐明必要的组织结构和行为；协作解决问题、共同制订下一步计划；在问题的解决方案与员工的心理需求之间建立明确联系。

二、将员工潜能转化为工作能力。企业员工拥有许多潜在才能和有技能，而领导往往不能善加利用。如何将员工的潜能转化为工作能力是领导最重要的工作，也是确保组织长期成功的必然要求。但是，现实中大量的员工在抱怨自己的能力得不到发挥，而领导者则在抱怨员工能力还没有达到公司预期，并且在员工培养方面过于耗费精力，且回报寥寥。

想要修复这种脱节，领导者需要从根本上重新考虑如何发展员工。为了发掘员工的潜能并实现业务成果，领导者必须将员工展示能力的天性需求与组织追求成功的需求相结合。人的天性在于参与有趣活动、迎接新挑战并取得成功、提高能力、展示技能。

执行之力
——做好领头羊,提升团队综合战斗力

准则 25. 执行者应该多动脑、勤动手、少张口

永远不要忘了，抱怨的话一旦出口，听在耳朵里的是别人，你可以图一时之快，但却无法阻止别人对你的看法和印象。这样一来，抱怨就开始不按我们的意志发展了。没有老板会喜欢爱抱怨的员工，因为抱怨太多意味着缺少工作的积极性。也没有人喜欢爱抱怨的朋友，因为害怕沾染了他们的不良情绪。爱抱怨的人甚至在家庭中也是孤立的，没有人喜欢和爱抱怨的人待在一起，更没有人喜欢充当别人的垃圾桶。

而不论任何工作领域，任何工作场所，我们需要的都是那些任劳任怨的人。二战名将巴顿将军在他的回忆录中讲述了这样一个故事：

我要提拔军官的时候，常常把所有符合基本条件的候选人集合到一起，让他们完成一个任务。我说："伙计们，你们要在仓库后面挖一条战壕，8英尺长，3英尺宽，6英寸深。"说完就宣布解散。我走进仓库，通过窗户观察他们。

我看到军官们把锹和镐都放到仓库后面的地上，开始议论我为什么要他们挖这么浅的战壕。有的人抱怨说：6英寸还不够当火炮掩体。还有一些人抱怨说：我们是军官，这样的体力活应该是普通士兵的事。直到后来，有个人大声说道：你们都好好想一想吧！如果我们想早点离开这里，唯一的办法就是先把战壕挖好！

最后，巴顿写道，那个家伙得到了提拔，我必须挑选不抱怨就能完成任务的人。

也许有人觉得巴顿太无情了，但我们要知道：比巴顿更无情的是战场！只有先适应了指挥官的"残忍"，这样的士兵才可能在更残酷的战场上生存下来。当然，职场也不例外。

如果领导者真的下定决心要打造一支具有高效执行力的团队，那么就

必须让团队成员明白，在团队的目标面前，每个人都要毫无怨言地接受任务。同时，还有让团队成员形成这样的价值认同：在每个领域，无论我们的领导、上司，还是朋友、亲人，都需要那些不抱怨的人。

团队领导者如何消除团队成员的抱怨：

领导力技能的提升，关键是在于在平时的日常领导管理工作中能不能很好地影响上级、同事、下级。在以往的企业管理能力提升中，我们大多数是以管理者角色认知、团队建设、知人、用人、激励和辅导等方面来提高。但具体的工作当中，我们就很难单一地拿某个模块来应用，企业里的人员变动，往往都是有一定的流程和制度的。在基层员工的管理中，部门负责人的权力相对来讲会大些。针对中高层，人员的晋升、任用都有一套较为严格的制度。所以我们在管理人、领导人时，就需要我们把上述技能灵活应用。

绝大多数领导管理者，他们面对体制环境，团队成员，都是既定的。并且可支配的资源也都是既定的。面对基本环境，我们很难把它理想化。

有句话"你想改变外部世界，首先得改变自己脑中的世界"。面对修身、正己、齐家、治国、平天下的儒家治学治国理念，领导管理者一定是要从抓自己开始。

下属执行力不够、工作效率低下、工作积极性不足、制度空化这些问题，大多数是领导管理者需要解决的问题。

作为公司、部门、团队的负责人，我们有没有想过，自己有没有抓自己的工作效率、工作积极性、维持制度权威性呢？如果我们自己做到了，公司的相关人员或团队成员他们也肯定能够发生改变。马克思说过人的社会性是人的本质属性，这说明社会性就需要人与人去接触，有接触就有互动性，有互动性就有影响力，有影响力就一定有领导力。如果领导者自己做到高效地工作、决策、执行，那么下属、团队、公司的执行力会差吗？我们上培训课中总是希望学到一两招去降伏员工的方法，但本质没有从自己身上出发，没把这个先后逻辑顺序搞明，又怎么能学好真正的领导力呢，管理方法和工具再多，也只是一堆文字和步骤说明。

想想作为一个团队的领导者，能不能在问题和责任面前，做到大事讲原则，小事讲风格呢？有没有以身作则，严格要求自己，抓方向不偏，控大局，团结周围的同事呢？特别是有直接利益冲突时，能不能做到舍小顾大，团结同事，消除部门隔阂，主动去找相关部门同事、下级、领导去解决各种阻碍呢？如果我们领导者能做到，或者在努力地去做，那我们在做的过程中，肯定可以影响到上级、下级、同事。你的领导风格自然地就形成了。同事之间、上下级之间的小问题、小摩擦，如果你是站在一个企业、部门的负责人角度，可以做到拿得起放得下，豁达一些，这也是你为什么能坐在领导者岗位上的重要标志。如果你同员工、同事一般见识，那么你凭什么坐到领导岗位呢？不要说我能力强，技术过硬之类的霸王话，因为你是领导，拿的薪水是领导者的薪酬。

作为领导管理者是需要团结团队成员，形成团队领导力，群策群力才能最大限度地发展团队作用。这样的团队才有战斗力，才有创新能力，才有团队领导者受同事爱戴拥护的领导力。

准则 26. 平庸者执行一时，卓越者执行一世

平庸者与卓越者最大的区别就在于，平庸者总是只能将应该执行的任务坚持一阵子，而卓越者却可以将自己的工作不折不扣地全部执行。

古希腊有一位大哲学家叫苏格拉底，为了传承自己的智慧，苏格拉底广收门徒。但是，在这些门徒中，谁才是继承自己衣钵的最佳人选呢？为了解决这个问题，苏格拉底对自己的学生们说："从今天开始，咱们只学一件原理简单，操作也容易的学问，那就是把你的手臂尽量往前甩，再尽量往后甩。"说着，苏格拉底用自己的手臂给学生们示范了一遍。在确定大家都明白如何操作之后，苏格拉底接着说道："从今天开始，我要求你

们每天这样甩手臂300下,大家能做到吗?"学生们一方面不知道老师的用意何在,一方面又感觉这个问题有点可笑。心想,这么简单的事谁会做不到呢?所以大家齐声回答说:"我们能做到!"

话说一个月很快就过去了,这时苏格拉底再次把自己的学生们召集起来,问道:"我之前告诉大家的,每天甩300下手臂,现在还有哪些同学坚持的,请举起你们的手。"话音刚落,只见下面有80%以上的学生都骄傲地举起了自己的手。苏格拉底点点头说:"很好,那么在接下来的一个月,我还是对大家有着同样的要求。"

一晃两个月又过去了,苏格拉底再次把学生们召集起来,问道:"现在,还有谁坚持执行之前我给你们布置的任务的,请举起你们的手来。"这时,苏格拉底看到台下举着手的学生只有50%左右,他点了点头说:"很好,你们让我很欣慰。而我的要求依然和以前一样,希望你们能够继续坚持每天甩手臂300下。"

当苏格拉底再次把学生们召集起来的时候,已经是一年之后了,他再次问道:"请你们告诉我,我之前交给大家这门最简单的甩300下手臂的学问,直到今天还有哪些同学坚持执行的?"这时候,台下一片寂静,在众人茫然的目光中,只有一个学生举起了自己的手,并回答说:"老师,这一年来,我每天都坚持执行甩手臂300下的任务,从未间断过。"于是,苏格拉底就将这名学生选作了自己智慧的继承人。而这个当年一直坚持执行甩手臂300下的学生叫作柏拉图,他就是古希腊继苏格拉底之后的另一位大哲学家。

每天甩手臂300下是每个人都可以做到的事情,但是坚持执行下去的人却只有一个。而这个人注定成为最突出的团队成员。所以,无论我们从事何种领域的工作,选择成员的基础都应该是他们的态度。因为,生活的经验告诉我们,态度可以决定一个人能力的大小,态度同样可以决定一件事情的结果。所以,历史上那些成就功业的人不一定有着如何非凡的能力,但是一定有诚恳踏实的态度。

执行锦囊

随着社会和经济的飞速发展，企业之间的竞争也越来越激烈，虽然竞争方式多种多样，但归根到底，企业之间的竞争无疑是人才的竞争，人才的竞争无疑又是团队的竞争，而团队的竞争就是团队领导者的竞争。

拿破仑说过"只有糟糕的将军，没有糟糕的士兵"。团队竞争力不强，业绩不突出，主要原因是领导者不强，领导者不知如何让其员工发挥更大的力量，不知如何才能让团队取得更大的成绩。

那如何才能成为卓越的领导者呢？答案就是：必须懂得"给力"于团队。那到底要给予团队什么力量，团队才能取得满意的业绩呢？答案就是领导者必须懂得最大可能增大团队的工作动力，懂得最大可能地减小团队的工作阻力。一个企业的团队比竞争对手的团队要优秀，业绩要好，肯定这个团队的工作动力要比对手的大，工作阻力要比对手的小。那领导者如何增大团队工作的动力呢？那又如何减小团队工作的阻力呢？

领导者想要最大可能增大团队的工作动力，首先必须找到动力的来源？宝马的动力比夏利的要大，于是跑得比夏利快，它们的主要差别是因为宝马的发动机品牌好、排量大。如果想要夏利的动力超过宝马，必须要更换发动机的品牌和加大发动机的排量。那么汽车的动力取决于发动机，那么人的动力又取决于哪里呢？答案肯定是人的心脏！但是人的心脏却没有品牌、排量和材料的差别，这样理论上来说人的动力应该是一样的。既然是一样的，那李嘉诚为什么又比我们强亿万倍呢？是因为李嘉诚比我们聪明亿万倍？李嘉诚比我们帅气亿万倍？李嘉诚的文化比我们多学亿万倍吗？答案肯定是否定的！

那人的动力到底又是什么呢？那到底是什么影响了人与人之间动力的差别呢？

人的动力通俗一点地说：就是人饿了3天，看见狗在地上吃半个包子，都敢去抢；自己3年没有买新衣服，看见卖新衣服的就想去买；自己生了病，不舒服，就想去医院治疗。所以人的动力的解释：是由于人内心明确、强烈需求而产生的强烈内心驱动力。所以人与人之间动力的差别就是因为需求明确与否、需求强烈与否而决定的。那如何能够找到这些需求呢？其实这些需求又是由人的三个方面决定的：1. 衣食住行；2. 身体状况；3. 希望自己好、希望家人好、希望企业好。而这些需求在企业中又具体表现为：报酬需求、成就需求、机会需求。

所以要想团队成员动力比对手大，领导者第一步必须和团队一起找到团队在企业需要实现的明确需求。譬如说，员工要在公司赚到钱，领导者必须帮他们明确到多久要赚多少钱；员工要在公司实现成就，具体要实现什么样的成就，多久实现；员工需要公司提供机会和平台，具体提供什么样的机会和平台，什么时候需要。因为只有明确了需求，才会激发动力，有了动力，才有了目标，有目标，行动才有了方向。领导者第二步，在帮助团队找到明确需求的同时，在具体执行的时候，还要承担教练的责任，和团队成员一起工作，不断用明确需求和取得的阶段性成果来激励鼓舞团队士气，最终帮助和引导团队成员实现他们的目标。只有这样，企业团队的动力才会生生不息，企业才会有生生不息的发展动力。

宝马车跑得比夏利车快，除了动力大于夏利以外，它的阻力也很小。如果宝马行驶的阻力超过它大于夏利的动力总数的话，宝马最后还是会跑不过夏利。所以领导者在增大团队工作动力的同时，必须还得明白减小他们的工作阻力。因为不管目标多大、多小，如果他们不敢去做，不想去做，那最后的结果还是一场空。

那影响团队成员执行工作的阻力又是什么呢？

影响团队执行工作的阻力具体分为两方面：一方面是团队自身的原因；另一方面是企业的内部工作制度和流程引起的。

团队成员自身阻力又分为两个方面：一方面是员工害怕去执行工作；另一方面是员工懒得去执行工作。领导者要化解这两方面对团队工作的阻力，第一，必须懂得培养员工要有勇敢和敢于承担责任的精神。员工之所以恐惧执行工作，主要是因为担心自己经验不足，怕把工作搞砸，而承担失败的责任。所以领导者在让团队人员去执行工作之前，必须多教一些工作上的方法和技巧，来化解他们因为担心搞砸和怕承担责任而产生的恐惧心理。第二，领导者要建立完善、公平的绩效考核机制。注重团队工作的过程管理和目标管理，帮助他们放弃本身的惰性。

团队成员在执行工作中因为企业工作制度和流程而产生工作阻力的时候，领导者要主动承担起这方面的责任，必须和自己上级领导或者企业其他部门的领导一起把企业的工作制度和流程优化成为团队工作时最简单和最可操作化的、切实可行的帮助团队成员化解工作阻力。

如果一位领导者懂得了如何最大可能增大团队的工作动力，又能最大可能地减小团队的工作阻力，那么他一定是一位卓越的企业领导者！

准则 27. 力由心发，要有执行力，先有责任心

要想让员工具有执行力，就必须培养他们的责任心，因为强烈的责任感是执行力的有力保证。责任心是一名员工作为团队中的一员必须具备的素养，有责任感的员工才能用心做事，尽自己的本分踏踏实实把工作做好。而责任感缺失的员工工作起来往往漫不经心，不能做到完全按照规定执行自己的工作，出了问题又不想承担责任，总会找万千的理由为自己辩解，或者千方百计地把责任推卸到别人身上，这样的员工无异于团队的害群之马，会影响整个团队的工作水平和执行力。

洞房花烛夜，当新郎兴奋地揭开新娘盖头，羞答答的新娘正低头看着地上，忽然间掩口而笑，并以手指地："看，看，看老鼠在吃你家的大米。"

第二天早上，新郎还在酣睡，新娘起床看到老鼠在吃大米，一声怒喝：该死的老鼠！敢偷吃我家大米！"嗖"一只鞋飞过去，新郎惊醒，不禁莞尔一笑。

此故事没别的意思，只想问问那些新进的员工甚至是一些干了两年、三年的老员工，当初你为何选这个工作？既已选了这个工作，为何身体过了门心态却不过门。

往往新来的人很容易发现公司的问题，因为旁观者清。问题是你是用嘲笑、牢骚、愤然、指责的方式呢，还是以主人的心态来了解并积极地去改正这些缺点和漏洞？问问自己，我们的心真正过门了吗？

这个故事告诉我们，有责任心的员工和没有责任心的员工，他们的执行力是大不相同的。比尔·盖茨曾对公司的员工说："人可以不伟大，但不可以没有责任心。"因为一名员工只有具备高度的责任感，才能在执行工作中认真地把握每一个环节，保质保量地完成任务。微软公司一直把责任感作为招聘员工的重要标准，正是由于对责任感的重视，微软公司才具备了一流的执行力，从而成就了一代商业传奇。

管理者想要成功培养员工的责任感，首先要弄清楚员工缺乏责任感的几点原因：一是员工畏惧失败，不愿承担责任；二是员工对公司管理心存不满，在与管理者消极对抗的过程中丧失了工作的积极性和主动性；三是员工对自己的工作没有热情，难以做到全身心投入；四是管理者率性安排工作，没有给员工确立明确的标准，甚至把员工不擅长的工作指派给他们，导致其频繁出错。

塑造员工的责任心，管理者自身要做好工作，还应当从根本入手，着重塑造员工的信仰基础。要让员工相信，成功没有捷径，认认真真地做好每一件事才是最重要的，并且给员工创造充足的机会，让努力认真工作的员工能够有更好的回报。

如何让员工全身心地投入工作：

或许你的员工已经在精神上开了小差，或许他们相互鼓励帮助公司实现了目标。那么，如何才能让你的员工全身心地投入工作呢？

一、启动营销引擎，吸引优秀人才

在成长型公司，营销团队不应该只关注吸引客户。你还要尽量引起理想的、目标员工的关注。否则，你的职位空缺便无法吸引足够多的求职者。最终，公司便只能落入成长型公司常见的招聘陷阱，即招聘的员工只是在迫于无奈完成工作。如果一个职位的申请人数不超过 20 人，那就说明公司的招聘策略有问题。

关键是要宣传公司的愿景，不要担心付不起诱人的薪酬。对此笔者有切身的体会。多年前，笔者成立了大学院校创业者协会，需要招聘第一位办公室经理。当时我们只能为这个职位支付 18000 美元工资。我在威奇托当地一家报纸上发布了一则小广告，广告是这样写的："希望在一家全球性创业组织内改变这个世界的大学生：你是否厌倦了为大公司工作？你是否希望在充电之后再回到校园？"我收到了从奥马哈到达拉斯共 120 份申请，人选都非常出色。最后我录用了一位专业人士，他曾在一家大型电信公司担任 CEO 的行政助理，之前的薪酬高达 6 万美元。

我认识的另外一名创业者，为技术人员定期举行下班后快乐时光活动，最终这项活动吸引了很多人参加，也为她在所在城市打出了自己的知名度。在那座城市人才争夺非常激烈，每当需要招聘的时候，她都会把那项活动作为寻找人才的渠道。

二、不要寻找自己的复制品

我去过许多公司，经常看到员工的穿着、声音和思维方式与 CEO 几乎如出一辙。身为创业者，我们最不应该做的，就是招聘一群自己的复制品。你的团队应该像好莱坞盗贼电影中的团伙一样，各个身怀绝技。他们应该擅长不同的领域，能够带来独特的视角，而不是一群可以随时被替换的通才。这可以为团队的所有人创造一个更令人兴奋的工作环境。

招聘的时候，我们难免会倾向于和我们类似的人。所以，为了可靠起见，我建议使用记分卡系统。在对求职者进行面试和评价的时候，不仅要依据你希望他们承担的责任，还要以你希望他们实现的目标作为基础。比如在下一年为公司带来几百万美元的销量等。

三、创造一个有利于优秀人才成长的环境

不要担心如何激励最优秀的员工，重点是不要让愚蠢的员工妨碍其他人的发展。在每天或每周的会议上，询问他们遇到的障碍，替他们扫清道路，让他们完成最重要的工作。要想调动优秀员工的积极性，领导者应该关心的是取消效率低下的流程和糟糕的管理实务。

为任何一个岗位招聘一名表现平平的人都不是明智的做法。CEO往往会投入更多精力招聘合适的CFO或销售团队负责人，却很少关心如何找到最出色的前台，这是错误的做法。如果公司接电话的人没有准确记录客户的电话号码，或者没有用心对待客户，解决问题，就会让团队其他人员精疲力竭。任何一家快速成长的公司都承受不起这样的损失。

准则28. 把执行贯彻到每一个细节里

如果说执行是团队的战斗力，那么细节就是执行的灵魂。因为任何一件工作都是由无数个细节组成的。如果我们忽略了其中任何一个细节，都有可能会导致整个工作的执行失败。

丰田汽车公司为了设计出适应美国人使用的汽车，曾派人到美国用户家中去调查。

在90年代的时候，一位彬彬有礼的日本人没有选择旅馆居住，却以学习英语为名，跑到一个美国家庭里居住。奇怪的是，这位日本人除了学习以外，每天都在做笔记，美国人居家生活的各种细节，包括吃什么食物、看什么电视节目等，全在记录之列。三个月后，日本人走了。此后不久，丰田公司就推出了针对当今美国家庭需求而设计的物美价廉的旅行车，大受欢迎。该车的设计在每一个细节上都考虑了美国人的需要，例如，美国男士（特别是年轻人）喜爱喝玻璃瓶装饮料而非纸盒装的饮料，日本设计师就专门在车内设计了能冷藏并能安全放置玻璃瓶的柜子。直到该车在美国市场推出时，丰田公司才在报上刊登了他们对美国家庭的研究报告，并向那户人家致歉，同时表示感谢。

正是通过这样一种细致的精神，丰田公司很快掌握了美国汽车市场的情况。5年以后，丰田又制造出了适应美国需求的轿车——可乐娜。有一个关于可乐娜的广告宣传片是这样的：一辆可乐娜汽车冲破围栏腾空而起，翻了几个滚后稳稳落地，然后继续向前开。马力强劲、坚固耐用、造型新颖，同时价格低廉（不到2万美元）的可乐娜推向美国后获得巨大成功。当年丰田汽车在美国销售达3000多辆，是上年的9倍多。此后10年，丰田汽车公司在美国不断扩展市场份额，1975年时已成为美国最大的汽车进口商，到1980年，丰田汽车在美国的销售量已达到58000辆，两倍于1975年的销售量，丰田汽车占美国进口汽车总额的25％。1999年，丰田公司在日本占据的市场份额从38％增加到40％以上，丰田还占据了东南亚21％的市场，差不多是最接近它的三菱汽车公司的两倍。

再高明的策略，也需要落实到细节上，才能把工作做到完美。在当代社会，我们缺少的不是运筹帷幄、具有雄韬伟略的战略家，而是精益求精的执行者，很多企业各项规章制度都已经颇为健全，但是却少了一份不折不扣执行的力度，员工在执行过程中不能准确地把握细节，因此工作总是做不到位。

有一位名人曾经说过："硬件项目的管理更多地体现在细节的管理，细节到每个设计、每次改动、每天操作。"要想超越竞争对手，把企业做强做大，就必须懂得如何从细微之处着手，任何一个成功的企业对细节的要求都有一种超乎寻常的苛求，麦当劳全球分店的销售柜台的高度为92厘米，这一数据是经过科学测算得出的，92厘米是拿取食物和放置钱币的最佳高度；肯德基在食品的制作工艺上精益求精，鸡块在下锅烹制之前必须在面浆里拿进拿出15次；沃尔玛规定员工要对附近3米内的顾客微笑，微笑时要露出8颗洁白整齐的牙齿……这些企业都是商业巨头，对细节的要求几乎可以用严苛来形容，然而就是这种注重细节的工作态度造就了完美的执行力。

好的战略思想需要落实到行动上，好的概念依赖于运作，好的制度实施起来才能转化为效力，而一切都离不开对细节的执行，细节处理对执行力起着非常关键的作用，没有对细节完美的把握，就没有完美的执行力。细节决定成败，忽略百分之一的细节，就极有可能导致百分之一百的失败，而完善一处细节，就等于向成功靠近了一步，让所有的细节日趋完美，那么就会获取巨大的成功。

管理者如何把执行贯彻到细节中：

一、提高员工关注细节的能力，要求他们在日常工作中处理好细节问题。日常工作中的细节往往是最容易被忽视的，但是它却是员工工作态度的一种折射，管理者除了对员工的本职工作提出要求外，还要要求员工养成关注细节的好习惯。比如如何和客户握手、问候，和客人一同乘坐电梯时怎样表现得更得体，并对员工在公众场合的着装和言谈举止提出要求。如果每位员工都关注一些看似微不足道的细节，并养成不断完善自己的好习惯，那么他的行为模式和工作态度也会跟着发生转变，执行力也会随之提高。

二、奖励关注细节的员工，把细节观念灌输给每一位员工。重视细节，能使员工为企业做出更大的贡献。第一个提出把牙膏出口口径扩大的员工，为企业提高了销售利润，这样的员工当然应该得到表彰和奖励。对于能够在工作中精益求精、造福企业的员工，管理者应当适时给予他们必要的表扬和激励，并号召大家学习他们身上的这种精神，培养员工的细节观念。

三、打造精细管理的团队文化。文化的力量越来越受到管理者的重视，硬性的考核固然必不可少，但是再完美的考核制度所发挥的作用也不及长盛不衰的团队文化，团队文化之于员工就像阳光和雨露，可以对他们产生长久的影响。早在20世纪，就有人提出了精细管理的理念，近年来这一理念越来越受到广大企业的推崇，领导者不但要使管理工作规范化，还要做到精细化，并将这一文化理念贯彻到日常管理的工作中，从意识层面上提升员工的基本素质。管理者要让员工明白日常工作无小事，关注细节是用心工作的表现，因为细节是执行力的保证，只有把握细节关才能造就真正的执行力。

准则 29. 告别急功近利

做工作盲目急功近利，一味把利益最大化作为最高的追求，甚至不惜牺牲原则和工作质量，是不可能创造出符合市场要求的产品和服务的。企业追逐利益本是无可厚非的，但是把获取超额利润当成企业发展的唯一动力，就极有可能走上歧途。

急功近利的本质是贪婪，在贪欲的驱动下，人可以做出很多不近情理的事情，甚至走向疯狂。企业急功近利有可能在生产产品时粗制滥造，全然不考虑消费者的权益，最终因为失去民心而信用破产，短时间内也许企业能尝到甜头，甚至牟取暴利，但是从长远来看其失去的市场份额所能带来的收益要远大于短期的暴利。

企业急功近利主要与老板或者高层管理者有关，换言之，责任主要在公司决策层。公司管理者急功近利主要由以下几方面的原因促成：

一、想要马上报答老板的知遇之恩

有很多高层管理者是从基层被一点点提拔晋升到高位的，他们在事业上的成功离不开老板的器重和赏识，所以他们急于报答老板对自己的知遇之恩，一心以老板的利益为工作的出发点，往往忽略了考虑社会公众的利益，如此一来，他们原想为企业在最短的时间内谋求最大的收益，却因为过分急功近利，让企业生产出了不合格的产品或者提供了劣质的服务而使公司被市场所弃。

二、急于证明自己的能力

为了得到老板垂青和赏识，有的管理者急于证明自己的实力，他们为了树立权威，又想尽快让下属看到自己卓越和出色的一面，由于要求自己必须在极短的时间内做出成绩，难免会采取一些急功近利的做法。

三、老板的期望和要求过高

有的老板对于高层管理者寄予了很大的厚望，希望他们能够早点把企业带上一个新台阶。高层管理者为了在短时间内达到老板的要求，极有可能采用极端手段做出急功近利的事情。

急功近利不仅表现在对外的影响上，对于组织内部也会造成非常不利的影响。高层管理者急功近利，会使整个团队陷入一片盲目的狂热之中。领导者倘若提出多快好省的目标，员工们积极响应，结果每个人只是拼命追求工作进度，工作品质就会失去保障。急功近利的领导会不断压缩完成企业目标的时间，计划常常发生变动，使得员工在面对工作时无所适从。有的领导者为了得到更大的利益蛋糕，不停地修改原来的计划，比如一家生产家用电器的企业，领导初期制订的计划主要是家电连锁为主要工作目标，工作人员依照计划投入了大量的人力、物力，但是领导者忽然觉得通过超市渠道经营家电，企业能获得更高的利润，于是通知员工以后的工作就以超市为主要突破口，工作人员之前所做的努力几乎等于白费，但是又不能公然对抗领导，只好被迫转变工作目标，工作积极性受到很大挫伤。

有的领导者在急功近利思想的引导下，总是制定一些不切实际的目标，要求基层员工拼尽全力、加班加点完成自己的超额目标，并依据这种常人难以达到的标准制定奖罚制度，结果没有人能得到任何奖励，责罚倒是月月领受，基层人员承受不了超负荷的工作和苛刻的制定，纷纷拂袖而去，造成企业内部人员的持续动荡，更有甚者基层频繁换血，工作缺乏连续性，培训成本大为提升，工作效率却持续下降。

管理者如何告别急功近利：

一、从公司的长远利益出发，实施稳定的工作策略。管理者做事必须有长远的眼光，不能为了一点蝇头小利就牺牲掉企业的长远发展。在制定目标时，不能只局限于眼前，还要注意放眼未来，毕竟长久持续的发展才能使企业立于不败之地，眼前的利益再诱人也不过属于短期利益，管理者应当克服浮躁的心理，把企业和团队带上稳定发展的轨道，而不是让大家陷入失控的狂热之中。

二、加强社会责任感，与消费者建立共赢关系。一个企业无论是为社会生产产品还是提供服务，都必须考虑消费者的利益，如果仅为了自身的利益而做出侵害消费者权益的事情，必然会被市场淘汰。顾客至上不仅应该成为一种理念，而应该转化为切实的实际行动，在追求利润的同时要兼顾到消费者的利益，和消费者建立起共赢的关系。

三、制定完长远规划，就要坚持贯彻下去。不能随心所欲地变更原本的计划，有时根据市场的变化作出合理的调整是必要的，但是需要注意的是，绝不能让自己在贪欲的驱使下频繁变动工作内容，因为那样做会使员工的工作不具连续性，陷入一片混乱当中，还会浪费大量人力、物力。

四、对基层员工要给予一定的理解，不要试图通过高压政策来达到不可企及的目标。目标的制定必须契合实际，让人望尘莫及的目标本来就是难以实现的，实行高压政策并不能使目标得以快速实现，却会造成基层人员的大量流失。管理者制定目标时，不能仅凭自己的一时狂热，要充分考虑到现实情况，制定的目标一定要与员工能力相适应。

准则30. 平时不抓沙子，事后得不到金子

信任是企业管理的一个关键要素，对于任何组织的正常运行来说都不可或缺。在企业衰退时期，组织内的不信任感会加剧。因此，了解如何建立和保持信任，就比以往任何时候都更为必要。是哪些因素促成了组织内的信任或不信任？组织内不同层级的员工之间是否有可能建立信任？

一队商人骑着骆驼在沙漠里行走，突然空中传来一个神秘的声音："抓一把沙砾放在口袋里吧，它会成为金子。"有人听了不屑一顾，根本不

信，有人将信将疑，抓了一把放在袋里。有人全信，尽可能地抓了一把又一把沙砾放在大袋里，他们继续上路，没带沙砾的走得很轻松，而带了的走得很沉重。

很多天过去了，他们走出了沙漠，抓了沙砾的人打开口袋欣喜地发现那些粗糙沉重的沙砾都变成了黄灿灿的金子。

一个执行力过硬的团队领导者应该让自己的员工明白，在漫长的人生中，时间、责任就像是地上的沙砾，唯有紧紧抓住机遇、勇于承担责任的人，才能将这些普通粗糙的沙砾变成可贵的金子。不紧紧抓住机遇的人、不愿承担责任的人固然轻松潇洒，但他们的生命长河会黯淡粗糙，他们始终发不出金子般灿烂的光辉。

问问自己，今天我们抓了多少沙砾？

其实人生最怕一个"混"字。抱着混的心态，看似偷巧、轻松、没压力，然而就是在不知不觉的混中，混没了青春，混尽了精力，混掉了激情，混失了口碑，到头来混得黄粱梦美一场空！

在任何一个企业工作，你不是在为老板打工，你是在为自己的将来打工，给自己累积经验和财富，老板只提供平台让你去展现你的人生价值，展现你的事业机会，学会尊重这个平台，尊重你的老板，尊重你的同事。不要为了个人的利益伤害大家的利益。抱怨只会让更多的人看不起你让大家知道你是一个没有用只会说的人。

团队领导者如何赢得信任：

管理者和员工之间建立信任，是一个基于重复行为的循环过程。当管理者的行为值得信赖时，员工就会更加信任他们，进而鼓舞自己以更大的热情投入工作，并展现出组织公民行为。反过来，员工更加热情地投入，又会增进管理者对他们的信任。就这样，组织内形成了一个良性循环的信任圈。

这个循环的开端，在于管理者通过自身行为向员工灌输信任。管理者的六种重要行为，有助于在员工心里撒下信任的种子：

一、一贯性和可预见性

如果管理者做事始终如一、可以预见、前后不矛盾，并且总向员工解释各种决策和行动，就会在员工心中激发起更大的信任。反之，如果管理者做事冲动，经常朝令夕改、任意而为，就会失去员工的尊敬。员工可能仍会听从他们的命令，但由于不了解命令背后的道理，所以心里非常沮丧。

二、正直诚信

仅凭决策的一贯性，还不足以在员工中间营造信任的氛围。为了赢得信任，管理者必须在行动中体现诚信，也就是说，他们的行动必须符合道德准则。这意味着管理者不能说空话，他们要做到言出必行，而且是切切实实的行动。

三、公开沟通

这是信任关系的另一个基本变量。不管真相会多么令人不快，管理者也决不能向员工隐瞒。如果管理者只是一味地回避问题，员工就更有可能自行其是，或者干脆跳槽。

四、分派工作和授权

把工作分派给员工，并且授权给他们，这样做也能激发信任。

五、关爱员工

如果管理者对员工表现出真正的关切，留意他们如何融入团队，就更有可能赢得员工的信任。在这一点上，同理心最能帮助管理者激发员工的信任。

六、忠诚

为了保持所建立的信任，管理者必须对员工表现出忠诚。当员工的工作遭到外界质疑时，管理者应该站在他们这一边，为他们辩护。即使最后证明员工有错，管理者也要支持他们。

如果管理者能够以上述六种行为来对待员工，就会在员工心中建立起信任，而员工也会以同样积极的组织公民行为来回报管理者。

这种公民行为体现在三个方面：工作本身、同事合作，以及整个组织。热忱的员工会自觉地出色完成任务，并且不会只做工作合同中规定的内容。公民行为还会推动员工与同事精诚合作，不计较是否在同一个部门、团队或项目。组织内的信任氛围就是这样营造出来的，员工会因为身处这样的组织而感到自豪，并做出积极的行动。当听到有人批评自己的企业时，这种归属感会激励他们挺身而出，捍卫自己的企业。他们还会积极参与企业发起的各种社会责任活动。简言之，组织公民行为有助于确保企业这艘大船以适当的速度航行在正确的航线上。

在任何文化中，承诺、正直、诚实和忠诚，对于培养信任关系都极为重要。所有这些价值观都可以转化为行动，推动信任的良性循环。

准则31. 变被动为主动

拿破仑·希尔说过："自觉自愿是一种极为难得的美德，它驱使一个人在没有人吩咐应该去做什么事之前，就能主动地去做应该做的事。"在职场上，有的员工做事较为积极主动，工作从不需要上级领导面面俱到地吩咐，遇到问题自己会想方设法解决，这样的人往往更容易脱颖而出，而很多员工从来不会主动去做上司没有交代但是应该完成的工作，对于交代好的工作也需要反复催促才能勉强做好，这类人无论混迹职场多少年，都不可能得到提拔和晋升。

曾有一个来自乡村的年轻女孩，因为没有任何专长只好在一家餐馆当起了服务员。在大多数人眼中，这是一个没有任何技术含量的工作，每天只要能招待好客人足矣，没有必要再投入太多的精力。然而这个女孩却不这样想，她除了尽职尽责地招待客人外，还掌握了老顾客的口味，每次熟客光顾餐馆，她都服务得特别周道，获得了顾客们的一致好评。因为经常为顾客推荐符合他们口味的菜品，她总能使顾客多点一两道菜，餐馆的收

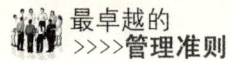

入因此增加了不少。

餐馆老板发现了她的才能,将其提拔为店内的主管,一年之后餐馆扩大了规模,还开起来多家分店,这名年轻的女孩获得了新店20%的股份。多年以后,她变成了一家大型连锁餐饮企业的董事长。

被动与主动反映的是工作态度问题,积极主动的人才有不断改进工作的决心,具有驱策自己不断进步的动力,因此往往工作卓有成效,成功的概率也越大;而凡事被动的人,对待工作缺乏积极性和主观意愿,做事过于敷衍了事,工作效率低下,难成大器。没有一位领导者希望看到自己团队中的员工对待工作就好像是应付差事,仿佛磨盘一样推一下才会动一下,否则一直静止不动,如果整个团队都是持这种工作态度,那么企业在激烈的商业竞争中就会陷入巨大的危机。

工作态度不同的人职场体验也是不同的。体验还有直接和间接之分,直接体验就是主动出击,而间接体验则是通过别人的建议和感受获取信息。没有吃过榴莲的人可以通过别人的介绍了解味道,但感受却不是最直接、最客观的。工作也一样,水深水浅要亲自试了才知道,他人的建议仅供参考。从某种程度上说,直接体验要优于间接体验,主动做事的人往往选择前者,而被动做事的人则通常选择后者,喜欢被动地接收外界的信息。领导者要鼓励员工在工作中多多尝试直接体验,而非总是被动地等着别人做好的馅饼。

团队领导者如何引导员工从被动做事转为主动做事:

一、创造高绩效的工作环境。工作主动与否虽涉及不少个人因素,但是不要把这一问题完全归集到个人身上,毕竟人是环境的产物,要激发员工的工作积极性,创造高绩效的工作环境是至关重要的。企业需求和个人需求并非总能达成一致,在为员工设定绩效目标时,不要忽略个体需求,铁腕作风、高压式的管理模式是造成员工缺乏工作动机的重要原因之一,如果一个团队的领导者总是要求员工消极地接受和忍耐,那么他们根本就不可能拥有积极性和创造性,而会沦为被动执行工作的木偶。管理者在为员工进行目标设定时，要善于与员工进行有效的沟通，提高员工的工作主动性，为大家创造一个积极工作的环境氛围，打造一个高绩效的管理团队。

二、用"碰撞定律"教育员工。成绩是争取来的，喜欢看篮球比赛的人会发现，得分最多的明星往往失误也最多。"碰撞定律"告诉我们，运气是一种概率，你跟职场生涯的碰撞越多，获得好运气的概率就越大。因此，与其等待运气，不如去创造机会。

作为一名员工，首先，最重要的是做好本职工作，在这个基础上，每天多干一点，能吸引更多注意，创造机会。其次，敢于接受新任务，当然前提是做好计划和准备工作，比如，完成这项工作会出现哪些意外，该如何应对等。最后，无论何时，都要在领导面前保持最好的精神状态，这样他才会放心地把重要任务交给你，你才能有更好的发展。

三、鼓励员工大胆尝试，消除他们对失败的畏惧心理。主动做事在获得更多关注的同时，也有可能遭遇失败。人们害怕失败，但更加害怕的往往是嘲笑，所以人们总是花费太多精力去揣测别人的看法。想得太多，可能永远只能停留在原地。因此，管理者要激励员工敢于开拓进取，不要因为一次失败而停下脚步，热情和坚持能助人最终获得成功。

准则32. 机会只留给有准备的人

古今中外，因为善于把握机遇而获得成功的名人比比皆是。世界酒店大王希尔顿，早年到丹麦掘金一无所获，两手空空地回到家乡，可是他却因为看到了一个比黄金还要珍贵的商机而迎来了事业的转机，在大家仍盲目地追随掘金热潮时，他一个人默默地建起了旅店，并迅速赚到了第一桶金，为日后进军酒店业奠定了坚实的物质基础。华人首富李嘉诚适时把握准了商机，斥巨资购买大量地皮，后来一举成为了亚洲地产大亨。机遇不是等来的，它只会留给有准备的人。作为团队的领导者，是否对市场具有敏锐的洞察力，能否嗅到时代的气息，把握好大好的机遇，对于企业的发展和团队的未来有着至关重要的影响。一名优秀的管理者，不仅能带好手下的团队，而且能给团队中的每个员工勾勒出美好的愿景，让大家朝着共同的方向努力，成为有利商机的受益者，从而实现个人目标与企业利益的和谐统一。

有的团队领导者看到别的部门的领导者成功抓住机遇时总是感叹："我怎么就遇不到这么好的机遇呢？"殊不知，机遇不是凭借运气碰到的，而是取决于你对市场行情的变化有着怎样的敏感度以及在机遇到来之前，准备得是否充分。如果你没有做足准备，即使机遇真的降临到自己头上，也会由于瞻前顾后、优柔寡断而痛失良机，而发出"如果当初，我能迅速做出决策，把握住机会就会……"的后悔之声。

然而人生没有如果，你也没有再来一次的机会。丧失机遇，不但影响你个人仕途的发展，对于整个团队也会产生消极的影响。试想一下，当机遇来敲门时，团队中的每位成员都为此而感到振奋，作为整个团队的核心人物，如果你让机遇从大家眼前溜走，那么员工们又会怎么看待你呢？他们是否会想跟着这样的领导人埋头苦干还有什么出头之日呢？一个糟糕的领导者，对团队的人心和士气带来的消极影响是不可估量的，而一名优秀的领导人，应具备深刻的洞察力和雷厉风行的做事风格，果断地把握住机遇，把整个团队引向光明之地。

加藤信三就职于狮王公司。有一天，他起迟了，因为怕迟到他洗漱非常匆忙，把牙龈都刷出血来了。他很是懊恼，在上班途中心情仍久久不能平静。在将要赶到公司时，他的脑海里猛然冲出一个念头：别人是不是也曾刷牙刷出血，这和牙刷有关吗？他想，这种事情一定有解决方法，里面也许潜藏着巨大的商机。

来到公司后他把自己的想法跟同事们分享了一番，大家都比较认可他的观点，于是几个人开始研究如何解决牙刷易伤牙龈的问题。大家集思广益，想出了好几套解决方案，比如使用质地柔软的狸毛代替原来较硬的牙刷毛；在刷牙之前用热水将牙刷泡软；在牙刷上多挤些牙膏；刷牙时有意识地放慢速度等。几个人把几个方案都实施了一遍，几乎都没有什么明显的效果。后来他们一致认为主要问题出在牙刷毛上，把牙刷毛放在放大镜下一看，原来牙刷毛顶端都是方的。加藤信三想：把牙刷毛的菱角去掉，改成圆形的不就行了吗？于是便开始着手改进牙刷的工作。

经过反复实验，证明改进的牙刷确实有保护牙龈的功效，加藤信三便向公司提出了改进牙刷的建议，公司采纳了他的方案，把所有牙刷毛的顶端全部改成了不伤牙龈的圆形，改良后的狮王牌牙刷销量猛增，几乎占领了牙刷市场40%的份额，为企业创造了巨大的利润，也给团队带来了不小的收益，加藤信三更加受到老板器重，职务得到了晋升，十几年后，他成为了公司的董事长。

加藤信三意外地把牙龈刷出了血，便从这种司空见惯的小事中看到了机遇和商机，他无疑具有优秀团队领导者的特质。大多数时候机遇并不是显而易见的，而且往往稍纵即逝，能成功把握住机遇的人少之又少，能因为一次有利的机遇而把整个团队带上一个新台阶的领导者是十分难得的。一位哲人曾经说过："有事情发生，便有机会存在。"其实很多被我们忽略的事情都潜藏着机会，善于等待永远比不上善于发现。优秀的领导者应该有一双善于寻找机会和挖掘机会的慧眼，给公司一个蓬勃发展的机会，给团队一个更上一层楼的机会，让团队中的每一个分子参与其中，分享荣耀和胜利果实，完美执行决策，实现个人利益和公司利益的双赢。

团队领导者如何抓住机遇：

一、加强专业知识和实践经验的积累。有这样一个形象的比喻：如果团队是一部车子，那么团队领导者就是掌控方向的驾驶员，驾驶员水平的高低直接决定团队未来的发展动向。团队领导者不但要具备策划师的本领，还应该具有预测未来行情的能力，这一切除了个人素质和天赋外，还有赖于专业知识和实践经验的累积，一个经验丰富的专业团队领导者比其他人更容易发现机遇，并更善于把握机遇。因此，团队领导者平时除了把精力放在管理上外，还要有意识地提升自己各方面的能力，让自己在所从事行业领域变得更为专业和练达，依据自身的资历和敏锐的直觉为自己的团队抓住有利的机遇。

二、发扬良好的团队合作精神，充分调动员工参与策划的积极性。当今社会，各行各业的市场是复杂多变的，是否能抓住转瞬即逝的市场机遇，是对团队领导者决策能力的巨大考验。一个再精明的团队领导者，其力量也是极其有限的，所谓"众人拾柴火焰高"，一个团队的合力一定大过一名出色的团队领导者。

优秀的团队领导者不应成为喜好单打独斗的孤胆英雄，而应该最大限度地激发团队成员的潜能，使员工们主动参与到重大项目的决策中来。在团队合作的过程中，集思广益是很重要的，团队领导者不要自恃过高而忽略了群众的智慧，集体的智慧是不容小觑的，要给大家一个畅所欲言的平台，充分了解团队成员对于市场前景和公司发展的看法，如果能从员工提供的信息中找到灵感或者得到有价值的点子，对预测市场和日后把握商机都会起到十分积极的作用。

三、不要忽略寻常的小事，小事有时也蕴藏着商机。有的团队领导者做工作喜欢抓大放小，习惯高屋建瓴、统揽全局，对于小事全然不放在心上，殊不知，那些被忽略的小事其实蕴含着巨大机遇。加藤信三就是因为留意日常生活小事，才抓住了改良牙刷的机遇，先对手一步占领了行业市场，可见世上无小事，忽略小事有时就等于对自己关上了机遇之门。

四、果断抓住机遇，提升自身的决策水平。一个强有力的团队领导者，在机遇面前应当当机立断，在作出决策前举棋不定、犹豫不决显然是不行的，所谓机不可失时不再来，考虑时间太长必然延误有利时机，甚至会失去千载难逢的有利机遇，因此对于领导者来说，决断是非常重要的，它直接影响决策水平的高下。俗话说，该出手时就出手，面对良机，一定要果断把握好它，不要给自己以及自己的团队徒留遗憾。

准则 33. 量化时间，提高效率

要提高团队的执行力，就必须做到把量化的目标清晰地展现在团队成员面前。执行本身就是把目标分解、落实的过程，再宏大的目标如果没有分解和细化也会变得模糊不清，会给执行造成诸多障碍。作为团队领导者，你必须明确团队的目标，让员工明白每个阶段需要完成多少工作量，这样才能有效提高整个团队的工作效率。

在当今激烈的市场竞争中，时间是非常宝贵的资源，谁能有效利用时间谁就会抢占先机，先发制人在同一行业获得优势地位。从另一个角度讲，时间也是一种成本，谁能在较短的时间内完成更多的工作，就意味着工作效率更高，在这个快鱼吃慢鱼的残酷竞争时代，高效的企业和团队自然更容易胜出。

美国 UPS 公司墙上贴着这样的标语：我们还可以更快吗？表明该企业一直把高效工作当成制胜的法宝。在 F1 方程式赛车场上，赛车时速超过 200 千米时，高速摩擦使得轮胎快速消耗，赛车必须保养和换胎才能继续运行，可是世界大赛一分一秒都是不能浪费的，这就意味着换车的动作必须足够快，那么更换 4 个轮胎所要花费的最短时间是多少呢？丰田广告里有这样两句广告词，第一句是"一眨眼之间"，可谓是神速了，第二句更为具体"换 4 个新轮胎只要 3.2 秒"，仅在短短的 3.2 秒之内就能把四个轮胎全部更换完毕，其速度无疑是惊人的，因为抢时间就意味着抢胜利，领先一秒，你就能成为世界冠军，而落后一秒你就将与这种荣耀失之交臂，赛场上向来都是分秒必争的，快者加冕、慢者落败一直都是不变的法则。

俗话说，商场如战场，先行者更容易占尽天时、地利、人和等优势，而滞后者只能沦落为跟班。虽然我们不能把自己转化成一部高速奔跑的赛车，但是却可以达到自己的最大速度，使自身的工作效率最大化。团队领导者的责任就是要把每一位员工培养成高效的员工，充分发挥团队高效运作的优势，为企业创造更大的价值。

团队领导者不但要懂得讲求时间效率的重要性，还要及时把手头的工作任务进行分解，使执行工作变得明确细致，用确切的数字来描述规划团队的目标。也就是说要用具体的时间、货币或单位数量来计算，让每个人都清楚自己的职责所在以及应该在规定时间阶段内完成的任务。目标不能是一句空洞的口号，它必须以更具体、更翔实的方式呈现出来。目标的完成也不是一蹴而就的，在不同的时间阶段有不同的目标，而定量计算显然比定性衡量更能提高执行力。

团队领导者如何量化时间，提高工作效率：

一、目标要量化在每月、每周、每日及每个过程里

在向团队下达任务时除了要说明任务完成的确切截止日期外，还要让大家明白每一天、每一周、每个月应该完成多少工作，工作时间一定要有清晰的量化，工作的每个步骤、每个过程都要量化。除了讲明团队的整体任务量外，还要落实到每个人，要让每一位员工清楚自己在每一天、每一周、每个月都要完成多少工作。

二、设计好工作流程，节约工作时间

领导者如果认真审视每个工作流程，总会找到节省时间的有效方法。工作中的有些环节时间是可以大大缩短的，领导者想要提高团队整体的工作效率，就必须想方设法去控制这些环节的时间，这就需要作出一份出色的流程设计。

何为流程设计呢？以医院为例，病人就诊需要经过排队挂号、取病理表、会诊、与医生面谈、约好下次会诊的时间等一系列流程，即使是治疗感冒发烧之类的小病整套流程下来至少需要花费30分钟时间。那么能不能用缩短整套流程的时间呢？如果我们重新设计一套流程，为护士配备掌上电脑，挂号时即可立即通过电脑通知医生，医生得知信息后在与病人交流时，再及时通过电脑告知病房把开具的药方准备好，病人走进药房后直接

取药即可，这种新的流程至少比传统流程要节省一半以上的时间。管理者提高团队工作效率的有效方法之一就是实现工作流程的再造。合理高效的流程设计比强行向员工施压或者让大家加班加点埋头苦干更有成效。

三、教给员工高效管理时间的方法

管理者如果掌握了有效的时间管理方法，不妨把经验与团队成员分享，不少员工工作效率低下并不是懒惰的原因，而是因为不会管理时间。作为整个团队的指导者，你应该让每位员工学会怎样充分利用自己的工作时间以及怎样提升自己的工作效率。

工作进展的快慢除了和主观能动性有关，与科学的管理方法更是分不开的。当然你在传授方法时还要注意因人而异，因为每位员工的能力、水平都存在差距，如果把他们比作赛马场上的赛马，快马能跑出的最高速度显然不是所有马都能达到，所以一定要使所有员工达到自己的最大速度，但是不能逼迫他们超负荷完成他们达不到的工作量，否则欲速则不达，反而适得其反。

四、及时督促员工完成预定的工作量，提高公司整体的运作效率

领导者要对员工的工作情况和工作进度了如指掌，全面掌控工作的完成进度。任务下达以后，要让员工产生紧迫感，督促员工在预定的时间内完成全部的工作量。有的员工自律性很强，有自己的工作规划，能如期完成手上的工作，这样的员工通常不需要费心管束。有的员工做事缺少计划性，工作效率较低，领导者需要及时作出干预，使其提高工作效率。

对于部分需要督促的员工，领导者需要认清真正的问题所在，了解员工在执行工作中所遇到的问题，分析其工作滞后的原因，及时解决问题。他们是因为工作态度原因，还是因为工作能力欠佳或者是其他方面的原因导致工作效率偏低，帮助他们尽快想出解决方案，使他们的速度跟上团队的整体步伐。

如果没有开除员工的打算，就不要放弃任何一名落后的员工，因为少量工作效率低的员工会影响团队整体的工作效率，甚至对公司整体的运作

效率也有一定影响，因此一定要想办法让这部分员工提升自己的工作效率，不要让他们拖团队的后腿。

精英团队里的员工并非天生个个都是精英，他们是否能成为优秀的员工有赖于管理者的再塑造，效率低下的员工如果管理得法也能成为优秀的员工，有时简单的数据并不能客观衡量一名员工的能力和潜力，比如在营销界长期没有销量的员工仍有一些人日后脱颖而出成为了销售冠军，因此团队管理者切忌对员工过早下结论。

第四章

执行之思
——更新观念,将平庸队伍打造成王牌之师

准则 34. 低头拉车，还要抬头看路

执行就是把事情落到实处，这固然是一个团队的核心所在。但是，如何去把自己的任务落到实处却是一件很考验人的事情。

从前，有四个青年到银行贷款，他们都是刚满20岁。银行答应借给他们每人一笔钱，同时要求他们必须在50年内还本付息。四个年轻人拿到了自己的贷款，开始了各自的人生。

第一个青年首先用了25年来娱乐，45岁的时候才感到还款的压力，又用了25年努力工作。结果他在自己70岁时仍一事无成，负债累累。而他的名字叫作"懒惰"。

第二个青年刚好相反，他拿到贷款之后就开始拼命工作，45岁时就还清了所有的欠款，结果因为过于努力，他病倒之后就再也没有起来享受自己剩下的25年人生。他的名字叫"狂热"。

第三个青年并没有偷懒，也没用拼命，而是每天忙于自己手上的工作，用了50年还清了银行的贷款，在70岁时离开了这个世界。人们回忆他的一生，除了还款之外，似乎也并没有做什么别的事情。他的名字叫作"执着"。

第四个青年也踏实工作，但思路开阔，用了40年时间还完了所有的债务。在60岁时，他成了一个旅行家。用生命中的最后十年，游历了地球上的所有国家。在70岁结束生命的时候，他微笑着结束了自己最后的旅行。他的名字叫作"勤奋"。

而当年贷款给四个年轻人的那家银行叫作"生命银行"，它所放出的那笔贷款就叫作"生命"。

如果我们用懒惰的态度面对人生，终将一事无成；如果我们用狂热的态度面对人生，只会半途而废；如果我们用执着的态度面对人生，很可能

碌碌无为；唯有学会用勤奋的态度面对人生，我们才能真正地享受生命。

生命给每个人的一天都是 24 小时，1440 分钟，86400 秒。这就是生命赐给我们的礼物，它每天早晨在我们的时间银行中存下 86400 元存款，到了晚上时，所有的余额都将被清零。我们所要做的，就是珍惜自己能够得到的每一分钟，用自己的生命去完成自己的梦想。

执行锦囊

要想让团队成员在执行时取得良好的效果，那么团队领导者必须想办法让自己的团队成员开动脑筋，而不是只知道低头拉车，而忘记了抬头看路。

不同层面的人考虑问题的专业性也不同，技术派可以用技术手段实现所有的功能，却容易把简单的功能搞复杂；市场派可以让市场接受任何产品与服务，却容易把简单的事情搞复杂，让自身企业陷入被动；客服会去考虑客户会产生的任何一种态度，并整理出可以借鉴的应对之策，却发现总是有例外。

资本会认为一切都是资金在支撑，却容易忽视过程与细节，漠视一切理由与借口。他们所关注的是结果，是数据，是投资回报率，是安全隐患的根除。

执行者需要经常潜水，越是习惯在孤独之中沉淀，就越是容易积累异乎常人的资源。但假如乐在其中，就会使得原本协作的环节出现断裂。决策者却是需要在外边巡视，捕捉可乘之机，查找致命漏洞。从别人的角度看自己存在的价值，并创造性地与别人的资源与需求进行对接。

决策者需要看轮廓、看全景、看到未来。因为决策人需要承担每个团队的压力，需要面对未来的不确定性，需要对决策的结果负责，所以决策者更需要跳出来，与投资人对话，与传媒机构与传播平台对接，倾听来自市场的声音。

决策人需要对专业团队给予最大限度的尊重，但更注重的是在专业的复杂之后所得到的结果。越是局限在过程之中，距离结果与目标就会越远。

决策者通常都是跨领域的横向思维方式，所考虑的问题貌似都跟自己当下的日常管理无关，然而却会留下巨大安全隐患，稍有不慎就会满盘皆输；执行者在细节中犯下的错误，要想确定并提供改正与解决办法，往往会耗费巨大的人力成本与时间成本，所以管理更多的是在基层，是在对执行团队的时间与目标的规范之中的。

诸如商学院之类培养企业家的机构，总是会把历来商界成败案例总结出金科玉律，并整理出条条框框的规范，使之系统化、深入化并落实到执行层面的制度与表格。学术与理论经常被拿来对现实与实践进行规范，但实际上，当决策者意识到理论实践之间总是会有难以调和的矛盾的时候，就回归到基层管理的层面。

实际上，决策者只有跳起来才能看得更远，看得更清晰；执行者只有沉下去才能触摸到专业与实质，才能让自己的方案具有强大的支撑。在企业里边，重要的不是思路决策本身，也不是工作执行本身，而是工作协作时候的机制。让什么样的人做什么样的事，什么样的人来监督执行，并对质量进行考核与评定。

准则35. 执行团队，不能没有一定的"匠人精神"

什么是匠人精神？匠人精神就是为了把事情做好而把事情做好的欲望。一个具有匠人精神的木匠，会专注于把正在制作的家具做得尽善尽美，即使这么做会影响到他的产量和收入；一个具有匠人精神的学生，会精益求精地把专业技能学好，而不是浅尝辄止；一个具有匠人精神的企业家，会对产品和管理的任何细节都充满无限的爱，甚至是一个偏执狂。

在日本，如果你被称为匠人，这意味着你得到了极大的尊重。只有一个行业内非常专注、做得非常出类拔萃的人，他才能被称为匠人或者职人。如果你做面食做得很好，旁边的人就会称赞你是一个擀面的匠人，这个人的口吻里一定充满着敬佩。手艺人会根据今天的空气、温度和湿度，结合今天面粉的实际来和面，然后做出独此一家的面食。

当下备受中国企业家推崇的、创建了两家世界500强公司的、日本"经营之圣"稻盛和夫也是一个具有匠人精神的企业家，他曾说："要用率真的眼睛目不转睛地观察现场。就在这种审视、倾听、贴心当中，我们才能听到'产品对我们的私语'，找到解决问题的对策。""手拿放大镜仔细观察产品，等同于用耳朵静听产品的'哭泣声'，如果找到了不合格产品，就是听到了产品的'哭泣声'，我就会想，'这孩子什么地方疼痛才哭泣呢？它哪里受伤了呢？'当你把一个个产品完全当作自己的孩子，满怀爱情，细心观察时，必然就会获得如何解决问题、如何提高制成率的启示。"

日本有五大商帮，其中之一是名古屋商帮，这一商帮的精神特征是"具备彻底的匠人精神"。就在这个商帮中有一批著名的企业，比如丰田、本田、三菱、日立、新日铁等。

关于匠人精神，德国管理大师赫曼·西蒙有非常独到的观点。他认为在欧债危机中，公认为德国是最有能力解救欧盟各国的，但德国靠的不是享誉全球的大型跨国公司，而是隐身德国乡间、却在本领域拥有世界第一称号的众多中小企业。在他的《隐形冠军：21世纪最被低估的竞争优势》一书中，揭示了德国保持所在领域出口世界第一的秘密，就在这群"隐形冠军"身上。这群"隐形冠军"有一个共同特点，就是都有非常优秀的手工艺传承，工人们具有令人尊敬的匠人精神。德国人认为一个专注的技能操作工人和科学家没什么两样，这无疑给予了匠人极高的社会地位。

如何培养团队成员的匠人精神：

一、我们需要从公司的核心价值观上要树立一种公开的标准。要让员工知道在企业里工作，什么样的价值观是被认同的，比如我们都很熟悉的某个餐饮连锁企业，这个企业最大的价值观就是卓越的客户服务，每个客人都能在这里感受到超越自身期望的优质服务，这是企业的核心价值观，员工真正理解了以后就会有许多自动自发的行为出现，比如有顾客带小孩子来的，会主动发给小孩子一个布娃娃、玩具汽车等。顾客在等座位的时候，员工会主动为顾客擦鞋、美甲等，很多事情不是公司的要求，而是员工主动想出来的，原因何在？就是在于员工理解了企业的核心价值观，知道这样的做法是被公司所接受和认同的。

二、在公司的规章制度、奖惩激励等管理体系中，要有对员工责任心方面的具体体现。对于应当鼓励的员工行为，一定要给予鼓励。责任心的培养是个长期的过程，绝不是一蹴而就的事情，要通过公司管理的导向作用，让员工有意识地增强责任心，同时，注重员工信仰成长的环境，保护员工公平竞争的机会。比如，在优秀员工的选拔、晋升等事项中，让那些真正踏实工作、尽心尽责的员工脱颖而出，成为大家学习的榜样。

三、在员工招聘、培训等工作环节中，要注重责任心素质的筛选和培养。通过素质测评的方式，要求只有责任心素质合格的员工才能进入企业，同时，还要在日常培训中强化熏陶。

我们有一个成语，叫作"匠心独运"，用"匠心"来形容做事的高妙境界。而中国人最为推崇的匠之鼻祖就是鲁班。可见，中国自古还是有"技进乎道"的文化源流的。然而，独尊儒术的中国文化把劳动分出了贵贱和上下，万般阶下品，唯有读书高；同时，现代化进程不断加速又使人类拥有技能的有效期快速缩短，这都使得人们坚守和潜心某一职业技能劳动显得更加不易。这看上去是匠人的缺失，却主要还是因为匠人精神的流失。尤其对于企业家来讲，需要真正培育出匠人精神。匠人精神与企业家精神的诚信、担当、创新和坚持，都是同根同源、一脉相承。匠人精神不仅仅可以帮助企业能够生产出高品质的产品和服务，而且是企业传承的重要基因。

准则 36. 二流团队发奖金，一流团队送关心

给予员工一定的物质奖励，确实能激发员工工作的积极性，但是只有物质奖励显然是不够的。员工除了需要获得基本工资和额外的奖金外，在精神层面上也有诸多需求。每个员工都希望得到企业的尊重和关怀，得到归属感和自我价值感，而员工与企业之间的情感纽带有赖于团队领导者去维系。团队领导者只有发自真心地关心下属，才能让下属死心塌地为公司服务，如果仅仅把下属当作是制造利润的机器，缺乏最基本的人情味，那么这样的团队根本不可能形成强大的凝聚力，因为失去人心也就等于失去了一切。

一个企业应该具有以人为本的人文理念，团队也应如此，团队是人的集合，而人是情感动物，只讲利益不讲感情的团队只能算是二流团队，而顶级团队的领导者必然是一名众望所归的领袖，能给团队中的每一位成员带来温暖和快乐。松下幸之助被誉为经营之神，他的经营理念是建立在对人性的了解之上的，他一向以超凡的态度去尊重员工，最大限度地激发他们的积极性和创造力，让平凡的员工散发出不凡的光芒。

员工对企业的忠诚度并不是靠强行灌输就能得到的，一个领导如果从不为员工着想，还总是片面地强调员工要忠于企业、忠于自己，未免是太过可笑了。员工是否愿意为团队和企业呕心沥血地工作，一个重要因素是合理的薪酬，另外一个重要因素便是其对所在公司团队的感情。感情是一种双向的交流，一向崇尚铁腕作风喜欢以势压人、对员工漠不关心的领导就算给员工支付了再高的工资，也不可能让员工对所在的团队产生深厚的感情。而一名懂得人性化管理的领导自然懂得如何让自己手下的员工发自内心地热爱自己的团队，使其愿意与企业同命运、共呼吸，并乐于为企业的发展倾尽自己的才华和力量。

1933年，整个美洲大陆都深陷经济危机，大量企业破产，失业人数不计其数，就连平时风光一时的企业家也不得不靠领取救济金艰难度日。尚未破产的企业也都人心惶惶，唯恐哪一天整个公司会瞬间垮掉。

在这危机四伏的时刻，哈理逊纺织公司突然发生了一起特大火灾，工厂被烧成了一片废墟，3000名员工失魂落魄地回到家里，他们忐忑地等待着老板宣布破产的消息，失业的阴影笼罩在他们头上不肯散去。后来，他们等来了老板的一封信，信中没有提及火灾的事情，也没有谈到公司蒙受的损失，只是通知大家照常在薪水发放那天到公司领工资。

在经济大萧条时期，公司遇到了这么大的财务困难，又遭遇了特大火灾事故，然而仍许诺为每位员工支付薪水，员工们感到既意外又感动，他们纷纷通过信件或电话的形式向这位通情达理的老板表达了谢意。老板亚伦·傅斯对他们说：公司虽蒙受了巨大的经济损失，但是员工们工作很辛苦，没有工资他们便无以为生，哪怕他能弄到一分钱，也会把它发放到员工手上。

哈理逊纺织公司已经烧成了一片焦土，在这种情况下要给3000名员工发放薪水是何其艰难啊，尤其还是在经济不景气的时期。公司已经元气大伤，如今还要为支付工人工资大出血，这样的老板是慷慨还是糊涂呢？亚伦·傅斯不管别人怎么想，坚持履行自己的诺言。又过了一个月，他又给员工寄信说，公司愿意再给他们发放一个月的薪水。那时员工们都在为接下来的生计忧心，这份薪水对他们而言无疑是雪中送炭，很多员工都感动得流下了眼泪。

收到来信的第二天，员工们自发地来到公司清理厂区内的废墟，还擦洗了机器，有的员工主动去联系中断的货源，为公司寻找合适的合作伙伴。短短三个月后，陷入困境的哈理逊公司竟奇迹般地重新运转起来了，这是大家共同努力的结果。三个月之中，所有员工都使出了看家本领为公司奋斗，终于使企业走出了绝境。

当初有人建议亚伦·傅斯得到保险公司赔偿后，就携带款项一走了之，看到他竟把这笔钱用在给员工发放工资上，忍不住批评太天真，还嘲笑他不精明。然而现在人们才看清了善待员工的好处，亚伦·傅斯因为设身处地地为员工着想，积极地激发了员工卖力工作的积极性，而今哈理逊纺织公司已经发展成全美最大的纺织公司，其旗下的分公司遍及五大洲 60 多个国家。

哈理逊纺织公司的员工众志成城为企业创造奇迹，并非是因为那份薪水，而是因为亚伦·傅斯那份急员工之所急、想员工之所想的那份心，那份真诚是无价的，为这样的老板拼命工作是值得的。很少有管理者能像亚伦·傅斯那样对待员工，有的管理者认为一点小恩小惠就能收买人心，殊不知人心不是买来的，而是交来的，人与人之间并不单纯只有利益的博弈，个人和团队之间也并不只是单纯的利益关系，要想让员工对企业产生鱼水情，就要懂得关怀员工和体谅员工，让团队中的每个人都对集体产生依恋感。

团队领导者应该从哪几个方面送出自己的关心：

一、考虑下属的个性和工作性质是否匹配，关注他们的工作状态

文员负责打字、制作表格等基础工作，有时还常被其他部门的人叫来打杂。如果这名文员性格内向，往往不会出言拒绝别人的请求，哪怕是超出自己工作范围的事也不敢回绝，于是每天忙得焦头烂额，心里很不开心，甚至影响到了自己的本职工作。文员的困境就是其性格和工作性质不匹配造成的。

管理者不可避免地要和各个岗位上的员工打交道，在安排工作时应该充分考虑员工和工作性质的匹配状况，如果让性格内敛的人去做协调沟通的工作，他不但不能胜任这份工作，还会对公司产生诸多抱怨，对领导者也会产生强烈的不满；如果让一个过于外向好动的员工去做文职类工作，他会觉得工作过于枯燥乏味，工作积极性骤减。

对于劳动者而言，人生大部分时间都是在工作中度过的，因此工作是否开心、顺利，直接影响他们的幸福指数，一个关心员工的领导者首先应

该关心员工的工作，使他们能人尽其才、人岗匹配，工作愉快。

二、了解下属的兴趣爱好和工作的关联性

有的管理者由于工作上的需要，经常调动员工的工作，只从工作任务出发，从来都不考虑员工的切实感受。比如业务部门人员不足，就把研发部门的技术人员调来补充人手，结果证明，这种调兵遣将的策略往往是错误的，研发人员不擅长做业务，而且对销售没有兴趣，业绩奇差，最后只能黯然辞职。对于研发人员而言，他们最大的兴趣就是做研发，把他们的兴趣与工作分离，强迫他们去做自己不喜欢做的销售，当然会让他们大感失望。因此，想要让一名员工具有优秀的执行力，不能忽略他们的工作兴趣和个人意愿。

三、要关注下属最近的心态

作为管理者，平时应该多关心员工，了解员工的基本信息，平时要注意加强沟通，给予员工必要的情感关怀。有时员工工作表现糟糕，精神状态不佳，可能是遇到了什么麻烦，管理者要及时了解情况，不要只是一味地批评和责罚员工。比如一名非常出色的职员工作较少出错，后来莫名漏洞频出，及时加班工作，工作效率仍是十分低下，这种情况可能是他家里出了什么事或者情感生活出现了问题，这时管理者应在私下里和他开诚布公地谈心，及时了解他近日精神恍惚的原因，协助其解决问题，只有这样他日后才能更安心地工作，对公司和对领导也会产生感激之情。

准则37. 执行者，会动手更要会动脑

其实生活工作，执行者不仅善于动手，更要善于动脑。因为组织管理没有思路不行，企业经营没有思路不行……在逆境和困境中，有思路就有出路；在顺境和坦途中，有思路才有更大的发展。人们在事业、工作、人际关系、爱情、生活等方面会遇到很多困境和难题，它们影响命运、决定

成败。如何解决这些问题，需要正确的思路。明确思路对人们在人生定位、心态、思维模式、职业发展、人际关系、爱情婚姻、做人做事、能力培养、生活习惯等方面存在的重要问题进行剖析，提出解决这些问题的正确思路，以帮助广大读者突破思维定式，提高处理、解决问题的能力，克服困难，从而成就辉煌的事业和美好的人生。

有一个小故事说，有位秀才第三次进京赶考，住在一个经常住的店里。考试前两天，他做了三个梦，第一个梦是，梦到自己在墙上种白菜，第二个梦是，下雨天，他戴了斗笠还打伞，第三个梦是梦到跟心爱的表妹，脱去了衣服躺在一起，却是背靠着背。

秀才解不透这三个梦的寓意，第二天就赶紧去找算命的解梦。算命的一听，连拍大腿说："你还是回家吧。你想想，高墙上种菜不是白费劲吗？戴斗笠打雨伞不是多此一举吗？跟表妹衣服都脱去了，躺在一张床上了，却背靠背，不是没戏吗？"

秀才一听，心灰意冷，回店收拾包袱准备回家。店老板非常奇怪，问："不是明天才考试吗，今天你怎么就回乡了？"

秀才如此这般说了一番，店老板乐了："哟，我也会解梦的。我倒觉得，你这次一定要留下来。你想想，墙上种菜不是高种吗？戴斗笠打伞不是说明你这次有备无患吗？跟你表妹脱掉了衣服，背靠背躺在床上，不是说明你翻身的时候就要到了吗？"

秀才一听，更有道理，于是精神振奋地参加考试，结果真的中了个探花。

在上面的这个小故事当中，算命者的思路是消极的思路，所以他就看到了消极的出路，而店老板的思路是积极的思路，所以他看到了积极的出路。秀才也不愧为秀才，他选择了积极的思路，所以高中了探花，世间积极的人，就像太阳一样，照到哪里哪里就亮，所以总有光明照亮他们的出路。而消极的人，他们会像月亮一样，初一和十五总是不一样，每当遇到初一的黑暗时光，他们就看不到光明的出路了。人生要有好的出路，最重要的就是要提升自身的素质，培养积极的心态，只要具有了积极的心态，也就拥有了积极的思路，自然也就有了令人振奋的出路。

扼杀团队成员思考能力的四种思维困境：

一、只重理念，轰轰烈烈、过眼云烟。企业在引进、介绍国外人力资源管理理念方面，异常重视。理念的新鲜感、理论的撞击度，确实给人振聋发聩的作用，然而这些企业并不在理念的转化上下功夫，去思考如何做，结果时间没过多久，理念都化作过眼云烟，模糊不清，更不用谈如何在理念指导下开展具体工作了。

二、心血来潮，零星散乱，缺乏系统。企业缺乏对现代人力资源管理的系统理解和制度体系的构建。在接触某些人力资源管理理论或聆听了某些大师课程后，今天狠抓下培训，明天又迷上了绩效考核，后天打算梳理下企业文化，东一榔头西一棒，缺乏对企业人力资源管理现状的系统分析与针对性的整体规划思路。

三、掌握工具，囫囵吞枣，照搬不误。企业知道在借鉴国外先进管理理念的同时，更注重管理工具的应用，但没有真正理解这些理论的设计运用原理，以及在应用中分析同中国企业所处的发展阶段、周边环境的匹配程度，只是僵硬地按部就班地使用，效果自然大打折扣。

四、歧路亡羊，茫然迷惑，不知所措。面对众多纷杂的管理理念、工具，企业知道并不是所有先进的东西都能适合于自己，企业也想借双慧眼拨开迷雾，看个明明白白、清清楚楚、真真切切，但对站在某一个角度分析的理论的偏颇以及站在某方面立场的局限，导致不少企业对人力资源管理工作尚处在歧路亡羊的处境，好点的算是在"摸石头过河"，但进展迟缓，跟不上企业发展步伐。

准则 38. 思想"大换血",执行"大进步"

曾经有人说要想解决手的问题,必须先解决脑的问题。意思就是要想解决团队成员执行力低下的问题,首先要从团队成员的思想入手,思想问题解决了,那么执行问题自然也就不在话下。

很多时候,我们的办公室总会有人扯着你倾诉,抱怨着他新近的麻烦或是陈年的积怨。你也可能会时常揪着别人嘀咕,自己还不以为意。因为抱怨差不多已经充斥了我们的生活,居于其间,也就浑然不觉了。

我们总结了四类最常见的抱怨,供你对号入座。如果你也有同样的怨气,不妨酌情删去。因为生产和散发怨气,终归是一桩既伤心又伤脾的坏买卖,不值得我们投入这么多力气。

一、怎么分配给我的活总是最难做的?

如果你经常有此怨言,警钟为你长鸣。它的信号很明显:你已经不是很胜任目前的工作。因为每一项工作对你来说,都有点强人所难。它们很难消化,需要你使出浑身解数,这也倒罢了,当你环顾四周,对比旁人,发现同事们啃的都是好啃的骨头。于是,这更激化了你的情绪,让你变得愤愤不平。但是,没有人会替你想得这么周全。没有人会去想,是不是真的待你不够公平。他们只会看到你的吃力以及你的愤怒。所以,当你有此念头的时候,还是将它掐灭的好,因为任由它发作,你捞不到什么好处。尽管俗话说会哭的孩子有糖吃,但是请注意,这里有个前提:当你不具备这样的受宠气质时,最好少抱怨为妙。严酷的职场,可不是爱心泛滥的幼儿园。

其次,你不妨重新转换一下思路。这种转换,既包括工作方法的调整,也包括你看待问题的方式。相对难做的工作,虽然需要耗费不少力气,但它同时也会带来相对明显的成效。

二、这种工作一点创造性也没有！

这种牢骚听起来比第一种高级一点。人家怨的是难度大，你怨的是难度太低。仅从这一点来说，你的第一拨敌人已经出现了。抱怨工作太难的那部分人会认为你这是在装，你知道吗？当然，你肯定不会在乎那群失败者的白眼。你在乎的是工作价值、个体的意义、生命的精彩。这听上去都很有道理，人人都爱创新精神，与众不同，告别平庸，但是大家的爱主要体现为"倾诉"。当你"倾诉"这种工作一点创造性也没有的时候，你以为从此你能离创造性更近点吗？创造性不会诞生在喋喋不休的人群里。

三、办公室小圈子吃饭，叫我，我懒得去，不叫我，则感到疏离。

说得文雅一点，这种怨念叫幽怨。来得比较曲折，曲径通幽，所以叫幽怨。它不太易觉察，多数只是一个人的心理活动。用大白话来说，这类怨者就是我们常说的：事儿妈，好像全世界都欠你的。

为什么要制造出这种感觉呢？因为太把自己当回事了。这一刻你感到厌烦，所以不想跟他们厮混，等他们一走，又开始有新的厌烦和不满。因为第一次厌烦的时候，你其实希望得到的是讨好和盛情相邀，而不是"好吧，那我们走了"。这世界上，除了自己，谁有这个心情这么琢磨你呢？所谓庸人多自扰，就是在说这类人。你就是这类给别人添堵、给自己生事的庸人。请你果断点，要么随波逐流，要么就扮演特立独行。忽悲忽喜，忽冷忽热，实在不宜过朝九晚五、打卡上班的生活。

四、工作中的竞争是件可笑的事。

这类抱怨，很多人都会有。因为野心家毕竟是少数，多数人都只想老婆孩子热炕头，平平安安就好。既然挣的是买白菜的钱，就不要去操卖白粉的心。无心竞争，是一种常见的职场心态。大家各就各位，扫好门前那一摊雪，做好自己的那部分就够了。问题是，老板不太愿意见到大家这样相安无事，颐养天年。组织希望引进鲇鱼，打破平静，赢得更多的"活力"。在这里，活力需要存疑一下，因为很多组织最终也没焕发什么活力，倒是内斗不休，于是会出现竞争，就会有人对竞争感到不适。

如果你是这样一类人,请减少对人倾诉,减少说"我跟谁都不想争,我觉得争很可笑"的频率。因为,有可能你在转移重点,不要经常以无心竞争来掩饰无力竞争的隐忧。面对竞争,我们的心态可以更自然和大方一点,尊重你的对手,你们的竞争就不会变得那么可笑。

团队领导者如何给自己的思想"大换血":

站在新的发展起点上,要求企业家坚定不移地解放思想,以更加开放的心态,创新经营理念,创新实践、创新发展。所谓创新经营理念,就是要适应现阶段工业化、城市化、市场化、国际化深入发展的要求,从传统的经营理念中解放出来,树立现代经营理念,转变发展方式,实现又好又快发展。

一、变小生产观为大资本观

小生产观最突出的是"有多少钱干多大的事",大资本观最具代表性的是"用别人的钱来赚钱"。要学会用活资本、用好资本,以资本整合资源。在《大国崛起》的片子中,荷兰当年以150万人口征服世界,成为第一海上强国,就是凭借资本的力量。现代的世界500强大企业,也无一例外是靠资本托起的。我国企业要参与全球市场竞争,也必须充分发挥资本的作用,以资本助力发展,强化竞争。

二、变独享利润为分享利润

在一些企业的经营理念中,总是存在着"有钱自己赚"的心态。有的企业经营效益比较好,却不去主动利用资本市场,害怕上市让别人分享利润。结果,不仅没能借力发展,而且要自担经营风险。现代企业经营理念中,很重要的一点是分享利润,这是发展的真谛。因为分享利润也是分担风险,这样才能形成利益共同体,从而共创、共享、共生、共赢。

三、变一股独大为股权社会化

一些企业特别是民营企业,大多是由家族企业成长起来的,具有很强的家族特征。因此,这些企业的股权结构,在初期基本上是一股独大,家族股权占绝对比重。这与现代企业发展趋势是大相径庭的。现代企业的重要趋势之一，就是股权高度分散化、社会化。现代西方的一些大企业，股权占到5%左右就是大股东，如西门子、英国移动等信息通信企业，最大股东的持股比例不超过5%。所以，必须适应这一趋势性的变化，加快调整股权结构，推进股权社会化进程。

四、变垄断经营为联合经营

过去，企业的一个基本理念就是要做大企业、做大市场，其目标取向就是通过做大，实现一定程度的垄断经营，从中分享垄断利润。这个时代已经过去了。在利润越来越平均化的今天，垄断经营从而获取垄断利润已经行不通了。相反，企业之间谋求联合经营，通过建立战略联盟，既竞争又合作，发展竞合经济，共同打造产业链、共同经营产业链，产业分工，"服务外包"，"离岸经营"等新的经济现象，成为现代经济的新音符。我国企业别无选择，只能主动加入到全球经济大合唱中来，才能形成共鸣。

五、变自我决策为外部人决策

现代企业治理结构变化的两大趋势：一是决策越来越外部人化。这就是"内部人"委托"外部人"经营和决策的"独立董事现象"，用以解决企业的内部人控制问题。二是监督越来越内部人化。与决策外部人化相对应，监督更加趋向从"内部人"中产生和行使，以加强监督的有效性。正因为如此，中外企业失败的原因不尽相同。国外企业失败主要原因在于执行，中国企业失败主要源自决策。我国企业内部人控制问题比较突出，不解决这一问题，企业就不可能建立起现代企业制度。

六、变红海战略为蓝海战略

企业成长过程中都有一个大规模模仿阶段，也就是选择与对手做同样的事，这是典型的没有战略的表现，也是红海战略的特点。进入战略竞争阶段，要选择与对手做不同的事，实施差异化竞争，选择蓝海战略。

七、变偏重实体经济为协调发展实体经济与虚拟经济

现代经济条件下，虚拟经济往往通过概念、符号、创意等，攫取实体经济创造的财富。发达与落后也主要反映在实体经济和虚拟经济的差别

上。发达国家往往凭借虚拟经济优势，不断吞噬发展中国家实体经济创造的财富。地区之间的发展也同样如此，经济越发展，虚拟经济越活跃，并形成对实体经济的强大优势。虚拟经济正在"取代实体经济成为推动世界经济的动力"。在转变经济发展方式过程中，要协调实体经济与虚拟经济的发展，坚持在提升实体经济水平的同时，注重发展虚拟经济，以在新的竞争中赢得主动。

准则 39. 先有"高效沟通"，后有"强力执行"

高效沟通是管理者提高团队执行力的核心，目标设定好了，沟通有成效，完成工作目标是水到渠成的事情。

事实上，一个管理者的管理过程，就是一个有效沟通的过程。对管理者来说，与员工进行持续地交流和介入，如讨论大家的期望，分享任务的价值和目标的信息，有助于管理者及时了解员工的工作状况，并针对员工出现的问题进行相应的辅导支持。对员工来讲，能及时得到自己工作的反馈信息和主管的帮助，不断改进不足。通过沟通，使管理者与员工能够真诚合作，形成良好的绩效伙伴关系，管理者的工作会更轻松，员工绩效也会大幅度提高，于是绩效管理就成了很简单方便的事情。同时，沟通也是一个发现人才、辨别人才的过程。管理者可以根据员工已经表现出来的优点和弱点，有针对性地制定员工的培训和个人职业生涯发展规划。

A君是K公司的老员工，大学毕业即加入了K公司，从普通的员工做到如今的高级销售经理。K公司在年初制订了销售计划，较上年度提高了近100%，同时改变了绩效考核制度，由原来的按季度考核改为按月考核，并且实行了负激励。尽管员工反对声音大，但新制度还是从1月份开始实施了。然而一季度过后，公司业绩距离目标甚远，员工的绩效奖金也较去年大幅减少。A君认为是公司制订的计划不切实际，考核目标也太高无法完成，而公司则认为是员工们的干劲不足。在数次沟通无效后，A君愤而离职，并带走了部分同事和部分客户资源。

A君的离职缘于无效的绩效沟通。成功的绩效沟通是一个系统工程，不仅要将沟通贯穿绩效考核的始终：事前沟通、事中沟通、事后沟通，还要注意沟通的方式、方法。

绩效考核的目的在于通过对员工的考核提高他们的绩效水平，进而提升整个企业的竞争力。因此，绩效沟通不仅需要谈事（工作），而且还要谈人（发展）；不仅要谈过去（总结），而且要谈将来（下阶段计划和绩效改进）。同时，绩效沟通是一个全程介入、全程监控的工作，是一个培训和资源支持的过程，是一个达成共识、相互支持的过程，更是一个反馈和激励的过程。

沟通中存在的弊病：

一、期望员工有好的沟通，但自己的沟通却不好

管理者希望项目参与者给予自己定期的状态更新，并发送例行的电子邮件。管理者总是希望项目成员能让自己知道是否他们没有控制好项目预算，或者是否有喜怒无常的员工。但是管理者却没有给予项目成员同样的待遇。很多管理者对管理的思维是不现实的，管理者以为自己不必谈论太多自己的挑战，公司的愿景或者预算混乱。

二、在人们还没有准备好前，就提拔他们

这是一个糟糕管理者的标志。可能管理者的意图是好的，希望团队成员成功。但是管理者提拔员工的真正原因是：害怕他们会离开公司。在那些人还没有就绪时，就让这些人负责一些事情，这个原因确实可笑。这也会让团队的每个人看起来不爽。

三、总是被指控为擦枪走火

有的时候你会对于争执有骄傲的态度，你不会让任何人侥幸逃脱任何事情。如果有一个麻烦的信号，你就安排一个会议，立刻对那些人扔几个炸弹，告诉他们正处于被解雇的危险中，或者提高嗓门来表明观点。正确

的方法是应该提问题，寻找问题的解决方法，在解决方案中安抚人们。开裂的鞭子从来不会有用。

四、不知道是否必要，购买自己喜欢的东西

不知道你在工作场所是否有这样的问题？管理者突然提来一些新的笔记本电脑，准备分发给每个员工，可能一个还有 Apple 的 Logo 在上面。这台里也含有大量的内存和存储。然而你是可疑的？这个笔记本电脑只是人们想要的，有一些很炫的新功能。管理者也被营销给忽悠了。这个方法的问题是管理者没有和员工充分沟通了解他们真的需要什么，是否他们可以更胜任地做他们的工作。

五、在自己的角色中有太多骄傲

骄傲存在于每个人的心里，也是我们最难摆脱和战胜的。有些是自信，被称之为好的骄傲，这种自信让我们自由地去带领其他人，因为我们有更多的经验。坏的骄傲则是那种我们从在生活中得到我们的价值和目的是源于我们高高在上的地位。这只是一个工作。糟糕的管理者总是像在脚踏板上向下看。

六、以为自己知道所有事情

孩子会认为自己的父母无所不知。也许父母确实比孩子们知道更多，关于驾车或者烧菜做饭。但是你有无对待你的员工，好像他们是一无所知的劳工呢？领导者很难对一个更有经验的管理者放弃控制，但是这里就需要有仆人式领导力，要对那些比你做得更好的人谦恭，让其他人来掌控、监管这个过程。

七、不充分分享自己的愿景

John Brandon 认为自己做老板的那些年，做得最糟糕的事情是没有带领团队实现目标。他最后的角色是带领一个写作和设计团队，他自己对于如何确保最终用户理解复杂应用有很好的想法。他自己过渡到写作领域也很顺利，因为这本质是相同的，就是解决复杂问题。但是他不会充分地分享他的看法，人们也经常反叛，他们不知道团队的目标是什么，John

Brandon 却希望员工能明白他的心。John Brandon 认为这是他自己最大的错误。

你作为管理者，是否有这些习惯？有些习惯是因为性情所致，有些则是在以往养成的毛病。但是，如果你对照以后发现了，也许你仍然有机会改正，并成为一位好老板。

团队领导者要演奏好的"高效沟通三部曲"：

一、事前沟通不可或缺

事前沟通主要是事前培训宣传工作，并预设绩效指标。通过事前培训，能够让全员学习绩效考核基本知识，全面了解绩效考核是一种有效的管理工具。员工参与到其中对自己绩效的提升和管理水平的持续改进会有很大的帮助，可以借助绩效考核这个工具实现部门和个人的目标。考核前的沟通不仅有利于员工从心理上去接受它、重视它，而且有利于各级主管人员对考核方法和技巧的掌握，以保证结果的有效性。

绩效目标的制定应该是多方沟通的结果，而且这种沟通宜采取面谈交流的方式进行，如岗位目标制定时由中层主管与员工进行沟通。沟通的内容主要是对绩效目标本身、达成目标过程的措施和实现目标所需的资源支持等。针对目标本身的沟通，上司要向员工说明企业的整体目标与部门目标的关系、部门目标与员工目标的关系以及完成三项目标的先后逻辑关系。同时，还需要谈到为了达成目标，公司和部门期望员工做什么？怎样做才是正确的？有什么衡量的标准和纠正措施？最后目标的完成结果与激奖的关系是怎样的等。

二、事中沟通事半功倍

事中沟通对于绩效目标的达成至关重要。绩效执行中往往有关键控制点，并且员工在执行过程中会出现种种问题，如果能适时、及时地沟通，帮助员工对遇到的问题给予分析、对员工行为出现的偏差进行纠正，会收到事半功倍的效果。这种沟通可采取正式或非正式沟通也可以是定期或不定期的，并且还可以采用阶段质询会、汇报或检讨方式等。

绩效过程中对员工出现的问题沟通主要是考虑到员工在执行任务的过程中可能会遇到困难，出现新的问题困扰而导致工作停滞不前，这时上司应该及时出现，指导并帮助员工排忧解难。上司应该与员工共同分析问题的原因，是市场环境不好呢，还是公司资源配置不够，还是个人能力需要提高等，然后再共同提出解决方案。这样做不但帮助员工克服了困难、解决了问题，同时，员工也会感觉到上司能与他们同甘共苦，是一条船上的人，在他们需要支持的时候及时出现，这样员工就会感激不尽，会更积极地投入工作。

员工行为偏差纠正沟通是要求上司对部属在执行任务的过程中所采取的方法和手段进行监督控制，防止员工为达目的不择手段而采取有损企业长远利益的行为。与此同时，对于员工好的行为和进步也应该及时地赞扬。

三、事后沟通形成良性循环

要想通过绩效考核促进员工的成长，事后沟通、反馈机制一定不可缺失。如果主管与员工不进行事后沟通，员工会有疑虑，不知道自己做得好不好。所以，事后沟通可以让员工充分了解自己的考核结果，并清楚为什么会得到这样的考核结果，自己的不足具体存在于哪些方面，以及通过何种途径、方法加以改进或提高。

主管在事后沟通前要充分准备好资料，说明打分原因时应该提供合理的依据，同时需要听取员工本人的意见和想法，然后再根据沟通的实际情况对结果进行适当的修改。

双方就结果进行充分沟通和修改后，需要对原因进行深入的分析，特别是对于没有完成的目标，看看是客观原因还是主观原因造成的，是企业内部管理还是外部环境发生了变化引起的，是员工的胜任能力不足还是经验不够等，最后对确定的原因进一步分析，提出解决的最好办法。

对于完成或超前完成的目标也要进行分析，是如何顺利完成目标的，然后将员工所采取的有效方法和措施在内部进行分享，使大家共同进步。

但更重要的一点是，对于不理想的目标下一步改进计划的沟通与制定，通过制定一个明确有效的下一阶段改进计划来实现员工业绩和能力的提升，是保证绩效持续改进的一个关键步骤，因为一个考核周期的结束就是下一阶段的开始，同时也需要对实现目标所采取的措施和资源支持形成共识。

总之，绩效沟通贯穿于绩效目标达成的全过程，在对上一阶段绩效改进情况进行沟通的同时，也在对下一阶段的计划进行沟通，是一种循序渐进，缺一不可的循环沟通方式。

准则40. 别让自己的领导方式过时

职场上很多领导已经跟不上时代步伐了，在这个求新求变的大时代，那些办事效率不高、缺乏个人魅力的领导早已失去了昔日的竞争优势。此类领导者并非意识不到自己身上存在的诸多问题，只是习惯了按固有模式工作的他们并不愿意承受压力、迎接挑战，进一步提升自己的管理水平和工作能力。

出色的领导者深知职场一向实行的都是优胜劣汰的法则，所谓在其位谋其职，如果领导者的领导方式已然过时，领导力非常薄弱，那么其在公司的地位可就岌岌可危了，其麾下的团队必然管理得一片混乱或者表面看来井然有序而实际上早已死气沉沉。作为领导者，你需要不时反思一下，你的领导风格究竟是什么？是控制还是合作？你是否具有前瞻性思维，是否能使员工热情参与到任务中来，是否能带给员工更多有益的启发？以及你的领导风格是否需要作出一定的调整来适应职场以及市场的需求？

优秀的领导者应该始终处在时代的前沿上，懂得不断地改造自我和完善自我，而不是故步自封、抱残守缺，更不会安于现状，害怕变化。高执行力的领导者富有激情，并拥有创新精神和合作精神，他们敢于大刀阔斧地清除团队中的各种弊病，使团队的面貌焕然一新。而过时的领导者则不愿承担任何风险,惯于维系原来的风范,做事古板僵化,事业进入瓶颈期,而其领导下的团队则难于成长和进步,难以维持大局,甚至不能服众。

老王是一家中型公司的经理,他担任管理职务已有八年之久,过了40岁以后,他的活力大不如从前了。人也变得谨小慎微起来,管理方式越来越偏向于保守僵化,开会讲话也都遵循同一个模式,团队呈现出一片万马齐喑究可哀的凄凉景象,一些有想法的员工向他提出了许多很好的建议,他都不予采纳,有才能的人觉得在这样的团队里难以得到太大的发展,纷纷跳槽离开了。其他人开始得过且过地混日子,公司效益越来越差,不少人在背后说老王是个顽固不化的老古董,老王得知后非常气愤,但是他仍不打算改变自己的管理风格。

你现在处于领导的位置,并不意味着你就是一名合格的领导者,丧失领导力的领导者所发挥的正面影响力几乎微乎其微了。随着年龄的增长和工作经验的积累,几乎每一位领导者都已形成了个人的领导风格。有的领导风格符合时代的要求,应当继续发扬光大,有的领导风格则明显落伍了,如果不加以改变,对团队不但起不到任何建设性作用,反而会起到可怕的破坏性作用。

领导方式"过时"的五大信号:

一、你多次作出错误决策,能力受到质疑。当一名领导者屡次作出糟糕的决策,一而再、再而三地使企业蒙受损失,把团队带入泥潭,就表明他的领导方式和经营理念已经和市场严重脱节了。这时他们自己也会对自身能力产生怀疑,团队中的员工也开始质疑他的领导水平。当领导者信心动摇失去敏锐的观察力时,就会导致工作执行不力。如果领导者不能及时调整自己,那么就会成为过时人物了。

二、你开始变得守旧和故步自封。当你失去竞争意识和提升自身领导力的意愿时,你的团队工作起来就会变得低效,因为你是一个团队的灵魂人物和榜样,你没有完善团队管理的动力,团队成员自然也没有努力工作的动力了。世上没有绝对完美的团队，只有不断完善的团队，每个团队都会沉积一些弊病和顽疾，如果你只想维持现状，不想做出任何变化，那么团队的弱点就会永久保留下来，团队成员会因此越来越不满，其合力和向心力就会降到最低。

三、你变得自私自利。没有一位员工会喜欢自私自利的领导。冷漠自私、只在乎自身利益的领导者不会被广大员工接纳，更不可能受到爱戴。有的领导者能力很强，口才绝佳，但是就是为人过于自私，只想实现个人利益最大化，把手下的员工当成为自己谋利的工具，极尽打压之能事，任何功劳自己独占，责任全推给别人，这样的领导无论来到哪家公司都是不受欢迎的，手下的员工也缺乏与之合作的意愿，久而久之他只会成为被孤立的光杆司令。

四、你受人尊敬和喜爱的因素在减少。受尊敬和被喜爱是衡量一个领导者成功的重要标准，如果表面服从，却从内心讨厌他们的领导者，那么这样的领导者即使仍能行使自身的权力，其影响力已大大削弱了。卓越的领导者必然是备受爱戴的，领导者就好比军中的将帅，你只有受到广大部下喜爱，别人才愿意齐心协力背水一战，否则军心涣散，根本不可能打赢任何一场战争。优秀的领导者既有威仪，又平易近人，他们不是靠手中的权力强制别人服从，而是能够自然而然地让团队中的成员团结在自己周围。

五、你失去了进取之心，不再改造自我。如果你已经意识到自己的领导存在很多问题，但是却非常惧怕改变，一味沿袭着旧的领导模式，那么你的创造力就已经完全枯竭了，不可能给团队和企业带来任何惊喜。因循守旧的领导者在面对新形势时，变得顽固和胆怯，其领导水平会越来越退步。

作为一名有多年经验的领导者你不妨扪心自问，自己的领导方式是否已经过时了。如果答案是肯定的，那么你是否有改变领导风格的想法呢？如果你想成为一个高效团队的优秀领导者，而不想在原地踏步甚至退步，就必须自身能力的局限以及自己认知方面的不足，开拓思路，积极主动地学习，不断超越自己和完善自己，提高自己的领导水平，为公司出谋划策，为团队设计一个更好的未来，做一个受人喜爱、求新求变的领导者。

准则41. 不能在祈祷时抽烟，可以在抽烟时祈祷

当团队领导者做出一个长远计划需要团队成员去执行时，往往会遇到很多阻力。因为团队成员与领导者相比往往是短视的，他们看不见长远计划的重要性，所以也就不愿意执行领导者分派下来的任务。所以，孔子说"民可使由之，不可使知之"，意思是人的心理往往很怪，有时候我们可以利用这种心理去让他们做一些原本不愿意做的事情，但是如果我们直接命令，却往往达不到预期的效果。所以，当我们在管理的时候一定要懂得揣测人的心理，然后才能够把困难的事情做成。

当时北魏的国都是平城（今山西大同市东北），地处偏远，地瘠民贫，孝文帝要实行一系列的改革措施，迁都就势在必行。但鲜卑族世世代代住在这里，说到迁都谈何容易，于是孝文帝便想到了一个"外示南讨，意在谋迁"的谋略。因为迁都可以反对，但南征是没有人敢反对的。

公元493年夏季的一天，他把大臣们集中到明堂进行斋戒，命令太常卿王堪进行占卜，预测南伐之事是否可行，占卜的结果，得一"革"卦。孝文帝十分高兴当即宣布，南下伐齐，群臣一听，一时间谁也不敢反对。于是，发布檄文，征召兵士，声势造得轰轰烈烈，不明真相的人，还真以为孝文帝要大举南征呢。

8月，大军从平城出发。也是天意如此，从平城到洛阳，一路上阴雨连绵，道路泥泞不堪。9月到达洛阳，士兵个个精疲力竭，不少人还染上了可怕的瘟疫。休息几天之后，下令军队继续南进。然而淫雨不止，人马疲惫，再往前走，路途遥远，潦水就更厉害了，孝文帝就此时机告谕天下

迁都洛阳。王公大臣们以为如何？决定一旦做出，就不能再改变了。在朝廷议策，同意迁都就站在左边，不同意迁都的站在右边。这时只见前南安王拓跋桢站出来说："如今陛下要光大王业，停止南征，迁都中土，这是千秋不朽的大业，也是我们群臣的心愿，苍生的大幸。"他这样一说，大家齐呼"万岁"，孝文帝迁都洛阳就这样决定了下来。

孝文帝导演的这场迁都戏，终于降下帷幕。当初，他虽然谋虑着要迁都，但俗话说安土难迁，上上下下都眷恋旧土，阻力太大，他于是打出了南征的旗号（这是谁也不敢反对的），以行南迁之实，终于获得成功。

北魏孝文帝通过声东击西的方法终于完成南迁的大业，我们在管理时也要注意通过婉转的表达方式来把真实想法说出来。有些时候，管理者的语气过硬，也许会造成对方心里的抵触情绪，语气太柔弱又会达不到你要达到的效果，也许对方根本就没有在意。

团队领导者如何让自己的长期计划更容易被接受：

人的话语是有力量的。所以我们总要说祝福别人的话，而非咒诅的话语。

人的沟通很多是通过话语来进行了，话语会成为我们的愿景、价值和能力的窗口。所以无论你是运营一个巨大的组织，还是努力招聚一群人朝向某个目标，为了有效地领导，有些信息你是需要不断交流的。

在美国，身为记者和创业者的 Bill Murphy Jr. 在 INC 上分享了一些好领导每天需要不断沟通的事情。每天至少对一个人开始说这些事情，你看看结果会如何。

一、是这样情况

人们想知道发生了什么。奇怪的是，他们会找到一切，或者更糟的事情来填满想象的鸿沟。当你刻意封锁重要的事情，你会削弱士气，剥夺你自己对团队的认识，让人们感觉被轻看。让他们了解一切，听起来有点疯狂？沃尔玛的创始人 Sam Walton 已经做了几十年，他做得很好。

二、这是计划

一个领导者应该领导。人们会提供很好的建议，尤其是你说和做的其他每件事都是既定的时，但是你需要做决策而且支持他们。你的团队需要知道你要带他们到哪儿，如何到那儿。另外，不要忘记重要的一点：你需要能说"不"，尤其对那些前进和你的计划不一致的时候。

三、你需要什么

有两个原因，这点很关键。首先，人们需要知道你关心他们，既在个人层面，也是专业层面，而且你希望他们成功。其次，如果你已经提议了一个好计划，你需要利用每个人的能力，实现最大程度可能。如果他们不能全力以赴，你要知道为什么。

四、多告诉我一些

让人们知道你更感兴趣找到好的答案，而不是听自己说。给他人分享他们观点的默许，或者干脆点，如果你能，就明确邀请他们。针对他人提供的想法和见解，保持安静是一种邀请。

五、记住我们的价值

你不可能盯着每个人的，但是你能提醒他们做团队其他人会感到骄傲的选择。提醒人们你的价值要求，当然你确实表达清楚共同的价值观。

六、我信任你

如果你不能信任你团队的人，那么他们不应该在你的团队中。你需要信任他们的正直，他们的判断，他们的信心和他们的激情，而且你需要确信他们知道你有多依赖他们。

七、你可以指望我

上面一点的另一面也是真实的。如果你的团队不能信任你，他们不应该让你有领导他们的殊荣。所以，告诉他们你会支持他们，然后你要拼命工作来履行你的承诺。

八、我们能做得更好

领导力最难也是最重要的部分之一是推动你的团队达到比他们为自己设置的一个更高的标准。当他们做好时，请祝贺他们，当他们不能实现他们的潜能时，千万不要宠着他们。也就是说，当你不能实现这些标准时，要承认。

九、让我们来庆祝吧

另建立一种文化，就是指好工作的奖励就是更多地工作。相反，要把庆祝大和小的胜利作为一种实践。这意味着大的聚会和奖金，但为了做得好把人叫出去，和为了他们的里程碑来庆祝，都是重要的，既职业化，又个人性。

我不知道你在领导力上有什么欠缺？你是否想成为一个好领导，那么你就尝试一下，这些话语，让你的团队超乎他们自己。

准则42. 要解放"执行力"，先要解放"思维力"

要想出色地执行，团队离不开出色的创意。但是，踏实的执行者容易找到，出色的创意却很难每天都有。那么，是什么限制了我们的创意呢？答案就是我们自己的固定思维。

高斯是著名的数学家，他有"数学王子"的美誉。有一次，他在数学课上睡着了，下课铃响了，他才醒过来，抬头看见黑板上的一道题目，以为是当天的家庭作业。回家后，他埋头演算，却一直算不出来，但他始终不相信自己算不出来。终于，当答案带到课堂上时，老师却一副瞠目结舌的表情。原来那是一道被公认为无解的数学难题。

在麻醉药发明之前，医生坚信无痛手术是不可能的；在原子弹发明之前，科学家相信原子是不可能分裂的；在麦哲伦环游世界之前，有人曾质疑这位航海家说："难道你不知道地球是方的吗？当船开到转角的地方就会掉进无尽的深渊。"在蒸汽机发明之前，有人曾挖苦富尔顿："你有没有搞错先生。你要在甲板下生火，让船乘风破浪地航行？"最终，历史记住了这些挑战者的名字，而没有记住那些质疑的人是谁。

由此可见，只有拥有开放的思维，一切不可能都会变成可能；只要敢于执行，所有历史都会被重新改写。如果在你的团队中有人固执地认为某件事是不可能的，那么这个团队的执行力就会受到限制，最终整个团队也只好在打击和质疑中放弃努力，甘于平庸。所以，在选择团队成员时，一定要选择那些有魄力和执行力的成员，因为他们才是执行力团队的灵魂。

在这个世界上，从来没有真正的不可能，只有绝望的思维才会给我们的人生设限。一个希望具有非凡执行力的团队，就要勇于突破障碍，在质疑面前拿出自己的魄力。对于有魄力的执行团队而言，没有什么事情是比完成别人口中的"不可能"更开心的了。成功人士的一大乐趣就是把别人口中的"不可能"变成可能，把那些别人认为永远做不到的事，变成事实。

团队领导如何考验团队成员的能力：

在考虑某个人有没有承担工作的可能之前，必须让他们通过三种考验。请记住，这些考验应当在招聘程序开始之前就进行，而不是等到你最后准备签字的时候。

一、第一种考验：正直

正直是一个含义有些模糊的词汇，首先让我来讲讲自己所做的定义。具备正直品行的人要说真话、守信，他们要对所做过的事情负责，勇于承认错误并改正。他们了解自己国家的法律、行业的规范以及公司的制度以及包括书面的规定，也包括法规的精神而且自觉遵守。他们尊重游戏规则，用光明正大的手段争取胜利。

你怎样考验一个人是否正直呢？如果应试者来自你的公司内部，那就相当容易。你曾在工作中看见过他的实际表现，或者知道该找什么人去了解。如果是从公司以外来的，那就需要参考他们的名声，以及别人的推荐。但那些材料不是万能的，你还必须依赖自己的直觉：这个人看上去诚实吗？他愿意公开承认自己的错误吗？他在谈论自己的生活时，是否显示出了与工作中同样的坦诚精神和谨慎态度？

随着生活经验的累积，我们中的许多人逐渐培养出了对正直的本能感应，在需要使用它的时候请不要犹豫。

二、第二种考验：智慧

我不是说，应试者必须读过莎士比亚的作品，或者能够解答复杂的物理学问题。而是指他们有一种强烈的求知欲，有宽广的知识面，可以在当下这个复杂的世界里与其他优秀的人一起工作，或者领导他们。

有时，人们会把智慧和学历混淆起来。在管理者的职业生涯的初期，很多人都是如此。但随着经验的增长，他们就会发现许多优秀的人才，虽然来自各种不同的学校，但是在能力上却可能相差无几。

三、第三种考验：成熟

顺便提一句，任何年龄的人，都可能很成熟，也有可能还不够成熟。但无论怎么说，都有些可以标志一个人是否长大的特征：能够控制怒火、承受压力和挫折，或者反过来，在自己功成名就的美妙时刻，能够喜悦但不失谦逊地享受成功的乐趣。成熟的人知道尊重别人的情感，他们充满自信但并不傲慢无礼。

实际上，成熟的人通常都有一种幽默感，特别是对自己！

与正直的品行一样，我们并没有检验一个人是否成熟的简单办法。因此，你需要参考推荐材料、名声，以及最主要的是你的直觉。

准则43. 找对人才能作对事

作为管理者，不仅要承担着部门工作业绩的重担，还要进行部署让下属配合完成工作。倘若最终结果没有达到最初的期望值，要做一些前期了解再做定论。若就此下结论是下属执行力不行的话，可能为时过早。

一次李鸿章向曾国藩推荐了三位年轻人。曾国藩刚刚回府邸，家人立刻告诉曾国藩，李大人推荐的人已经在庭院里等待多时了。曾国藩示意家人退下，自己则悄悄走了过去。

曾国藩暗暗观察这几个人。只见其中一个人不停地观察着房屋内的摆设，在思考着什么；另外一位年轻人则低着头规规矩矩地站在庭院里；剩下的那位年轻人相貌平庸，却气宇轩昂，背着双手，仰头看着天上的浮云。曾国藩又观察了一会儿，看云的年轻人仍旧气定神闲地在院子里独自欣赏美景，而另外两个人已经颇有些不耐烦。

曾国藩召见了这三位年轻人。交谈中，曾国藩发现，不停打量自己客厅摆设的那个年轻人和自己谈话最投机，自己的喜好习惯他似乎都早已熟悉，两人相谈甚欢。相形之下，另外两个人的口才就不是那么出众了。不过，那个抬头看云的年轻人虽然口才一般，却常常有惊人之谈，对事对人都很有自己的看法。

后来，曾国藩让那个与自己最投机的年轻人做了个有名无权的虚职；很少说话的那个年轻人则被派去管理钱粮马草；而那个仰头看云，偶尔顶撞曾国藩的年轻人被派去军前效力，他还再三叮嘱下属，这个年轻人要重点培养。

李鸿章对此安排颇不理解，曾国藩说出了用人的秘诀：第一位年轻人在庭院里等待的时候，便用心打量大厅的摆设，刚才交谈的时候，明显看得出来善于投人所好，由此可见，善于钻营，有才无德，不足托付大事；第二位年轻人遇事唯唯诺诺，谨小慎微，沉稳有余，魄力不足，只能做一个刀笔吏；最后一位年轻人，在庭院里等待了那么长的时间，却不焦不躁，竟然还有心情仰观浮云，就这一份从容淡定便是少有的大将风度，更难能可贵的是，面对显贵他能不卑不亢地说出自己的想法而且很有见地，这是少有的人才。那个仰头看云的年轻人没有辜负曾国藩的厚望，在后来的一系列征战中迅速脱颖而出，受到军政两界的关注，他便是台湾首任巡抚刘铭传。

曾国藩顾问团的准入门槛非常高。虽然对于任何前来投奔的人才曾国藩都礼遇有加，盛情接待，但都要经过严格面试才能录用。曾国藩那高超的相人术也被人传为神话，他从来没有看走眼过。在量才录用的基础上，曾国藩用其所长，尽其所能，不拘一格，不求全责备。只要有一技之长，都可以给他施展才华的机会。他深知左宗棠、李鸿章等人是统率全局之才，便向朝廷推荐担任大清集团下属分公司的总经理；他深知彭玉麟、杨岳斌等足智多谋，能够独当一面，就奏举其担任水军部总经理；他深知丁日昌、容闳等熟知国际情况，多次出国学习考察，就让其负责操办对外贸易事务；他深知李瀚章、郭嵩焘等有理财之能，乃著名注册会计师，便任命他们担任财物部长，负责筹集工资粮饷之责；他深知赵烈文、薛福成等才思敏捷，乃中文系毕业的高才生，就把他们长期留在幕中担任秘书工作；他深知李善兰、华蘅芳等熟悉工程技术，乃海归派人士，就聘任他们负责产品研发。

组织行为学有个理论叫作"冰山理论"，大意是指：一个人的业绩表现好比是海里冰山浮出水面的部分，而支撑业绩的不为大家直观看见的影响因素是一个人的性格、兴趣爱好、动机、价值观、心情或工作能力，等等。所以当管理者发现下属经常达不到工作要求时，建议先从以下几个方面来分析：

四个问题帮领导者找到对的人去执行：

一、下属是否具备处理问题的能力？

很多时候，下属没给我们一个完美的结果，最大可能是他缺乏解决问题的能力和方法。

有时候下属接受工作指令时，他并不清楚任务目标不知道如何去开展工作，只是迫于管理者的威严而被动接受，接受了再想方法。遇到困难也怯于求助，最终就容易造成执行不力。所以，在安排下属工作任务前，多问几个问题："这项工作的目标是什么？你计划用什么方法去实现？计划分几步做？"再提问些细节，最后加上一句"一定要达到目标，如果有困难尽快找我沟通"。这么几个简单的问题往往会起到意想不到的效果。哪怕中途遇到难题，只要随时保持沟通，解决问题，至少能保证工作能持续开展下去。

二、下属做这份工作的动机是什么？

之前听说生产部招收了一位班长，这位班长非常勤快，每天都把时间放在了生产线上，但事情就是没有做好，明确安排了任务也没有去做。后来他的上级去跟他交谈了一番发现这位班长入职的目的就是为了找女朋友，平时在生产线上也就只是找机会跟女生聊天。

人的动机对执行力的影响非常大，因为动机决定着格局，格局决定着业绩。同样在工作，有人是为了积累工作经验，有人是为了养家糊口，有人是兴趣爱好使然……作为管理者，您了解下属的工作动机吗？

三、下属是否认同企业文化？

企业文化是一个公司的灵魂和总章程，每位员工都要融入其中。如果员工不认可公司文化，认为公司规定不合理，制度不科学，工作起来自然很别扭，业绩自然难以提升。同理，如果排斥部门工作氛围，和同事相处不愉快也会影响工作状态。更重要的是，有些员工不认同其管理者的做事风格，在团队里也表现格格不入，这显然会造成负面影响。对于这点，关键是管理者要对员工做思想工作，多引导，统一思想才能统一团队行动。

四、部门体系流程是否合理？

如果一个员工执行力不强，可能是他的错；如果两个员工执行力不强，可能是管理者的问题；但如果三个以上员工执行力都不强，则可能是部门体系流程或权责分配有问题。

作为部门管理者，更应透过现象看本质，从诸多细微小事去查找更深层次原因：公司内部机制、部门工作流程是否合理；各人员是否清晰自己的工作权责；各人员是否清楚项目成败带来的影响；甚至要反思分配工作或组建项目团队时是否有多重领导、无领导的现象……如此种种，都是作为部门负责人应该去思考和解决的问题。

在日常工作中，我们要敢于突破思维定式和传统经验的束缚，不断寻求新的思路和方法。要改善员工的执行力情况，必须找出执行力差的原因，对症下药，在过程管理中做到"目标明确、计划细致、流程合理、科学考评、监督到位"，那么提高执行力的问题才能得以解决。

准则 44. 不要忽略了那些不常开口的人

毫无疑问，这个世界已经被"外向者"所占领，尽管其中有一部分是"伪装"的。我们的文化也更加推崇性格外向的人，特别是职场中，"性格外向"、"开朗乐观"、"擅长沟通"已经是对于每一个应聘者的基本要求。不过，一些我们认为理所应当的情况，事实上并非如此。

通常我们以为，企业界崇尚极度自信，CEO 们大多是控制力强、语言流利、说话铿锵有力的管理者。事实上，内向的 CEO 比我们通常以为的要多，根据一项统计，美国 40% 的商业权力掌握在性格偏于内向的人手里。我们要承认，不仅是职场，表面上看起来整个世界早已成为外向者的天下。但事实并非如此，内向领导者安静的力量，更可能让他们成为卓越的领导者。

"内向"与"外向"定义，最早由瑞士心理学家卡尔·荣格提出，这也是心理学类型理论中最为著名的划分方式。荣格认为，个体心理能量的活动倾向于外部环境，就是"外倾型"的人，他们重视外界、爱社交、活跃、开朗、易适应环境；心理能量的活动倾向于自己就是"内倾型"的人，他们更重视主观世界、好沉思、善内省、常自我欣赏和陶醉，孤僻、缺乏自信、害羞、冷漠、寡言、较难适应环境的变化。

通常我们以为，社交能力对于领导者来说就像必须经常锻炼身体那样重要。实际上：性格内向的领导者拥有潜在的竞争力。

比尔·盖茨：童年的盖茨并不愿意主动与人接触，他不善于言谈，喜欢独处但并不在意别人的意见。比起与人相处，他更爱钻研新技术。

沃伦·巴菲特：全球著名投资商、"股神"巴菲特曾经是个内向的小孩，他能数小时沉迷在画有火车模型的目录中，或是很安静地盯着一把母亲给他的牙刷，一盯就是两个小时。

奥巴马：成功颠覆了"害羞的人无法在政治选举中取胜"的这一成见，喜欢独处的奥巴马从政前从事学术工作，工作履历上都是偏内向的职业，此外他还喜欢写作。

而在凯因的定义中，内向者被认为更喜欢刺激较少的环境，并倾向于安静专注，听得多说得少，在开口之前会思考。相反，外向者在社交场合中非常有活力，通常坚定自信，能够同时处理多个任务，表达自己的想法，反应迅速。在凯因看来，内向者回避社交并不是出于害羞或恐惧，他们只是单纯地不喜欢而已。

"内向"团队管理者应该如何发掘潜在执行力：

一、更注重深度。内向型领导者追寻深度而非广度，他们乐于向纵深挖掘，获取他们想要得到的信息；和外向型领导相比，他们更加谨慎和细心，更容易把事情想得透彻并作出明智的决定，完成一件事后再继续处理新问题和新点子。即使需要与他人交流，他们也更热衷进行有意义的谈话，认真地聆听并提出有见地的解答，而不是无谓地闲聊。

二、开口之前先思考。内向者极少会说出不靠谱的话，因为在开口之前，他们已经在脑海中完成了字斟句酌的工作，就如同书写下来的文字报告一样观点清晰、用词准确。在和他人的沟通交谈中，他们也会仔细思考对方的发言和评论，并且在思考之后才做出回应，因此在公司会议中，他们可以在一片嘈杂喧嚣中保持清醒和冷静，并做出判断与回应。事实上，公司会议上最沉默的那个人，往往掌握着决策权。

三、孤独带来成效。有心理学家专门做过研究：喜欢单独训练的人往往更容易获得精湛技艺，这些技艺包括体育方面、乐器演奏，或是学生的课业考试，等等。单独训练保证了在集体训练时无法达到的练习强度，被训练者的精神也更加集中，因此结论是：人在单独工作时会更有成效，而那无疑是性格内向的人所喜欢的方式。此外，头脑风暴并不是产生"好主意"的唯一的方式，独立思考的效果有时候可能会更理想。

四、倾听员工声音。性格内向的领导者更善于倾听，他们关注细节，并在倾听中获取他们所需要的信息，以掌握公司的真实状况，减少人力资源方面的成本。比如，用一句嘘寒问暖的话让原本打算离职的重要员工改变主意。事实上，内向型领导者更善于领导主动型员工，倾听并鼓励员工实施自己的想法，他们所扮演的更多是调解者的角色，而不是外向型领导者常常扮演的决策者。

五、平和的自信。内向型领导者从来都是"忙而不乱"，他们的秘诀就在于有备而来。对于工作上的重要会议或演讲，内向型领导者会早早开始策划方案（甚至在方案 A 之外还准备好方案 B），因此在重要场合下，他们总能保持心平气和，沉稳持重，丝毫不受外界环境干扰或影响。而领导者身上所展现出的这种持重、自信、平和的气质，也为他们争取到团队成员的信任。

六、决策更加慎重。外向型领导者开朗自信、勇于进取的个性，一旦过度，就会给公司带来麻烦，比如过度自信，可能让他们在某些商业决策中做出错误的选择。不仅如此，未来可能得到的丰厚回报会让外向型领导者忽略其他风险信号，不顾一切地"向前冲"。而对于内向型领导者来说，他们的警觉性无疑更高，因此在决策时也会考虑更多，并更加慎重地做出决定。

通常我们以为，开朗外向和情商高的人更容易获得管理者职位。实际上，研究表明，内向者也可以成为优秀的老板，无论作为管理者还是决策者。

第五章

执行之势
—— 赢在人心，在人性化管理中强化执行力

准则 45. 要向上生长，先向下扎根

很多团队领导者都希望找到那些具有执行力的员工，但是在鱼龙混杂的应聘者之中，如何识别哪些人是具有执行力的人才呢？在选拔人才时，团队领导者应该注意两方面的考察：第一，学历和经验说明了一个人是否具有把工作做好的能力；第二，心态则说明了一个人是否具有把工作做好的意愿。很多团队领导者往往过于关注第一个方面而忽略了第二个方面。其实，在很大程度上，心态比能力更重要。

非洲草原上的尖毛草，有"草地之王"的美称，其生长过程十分奇异：最初半年，它几乎是草原上最矮的草，只一寸高，人们甚至看不出它在生长。草原上任何一种野草长得都比它旺盛。

但半年过后，雨水到来之际，尖毛草就像被施了魔法一样，以每天一尺半的速度向上疯长，三五天时间，便长到1.6~2米。

研究发现，它其实一直在生长，但开始不是长"身体"，而是长根部。在长达6个月的时间里，它的根部长得超过了28米，无声地为自己的将来做准备。当蓄积了足够的营养和能量后，便一发而不可收，在短短的几天里，一下子长成了"草地之王"。

如果没有半年时间向下扎根，那么尖毛草就不会有之后的向上疯长。同样的道理，即使是一个具有很强执行力的人，在刚刚进入一个团队时，他所要做的并不是努力表现自己，而是应该努力让自己融入团队，为自己日后的高效执行打下坚实的基础。

能扎根的人才应当满足的标准：

无数初创公司的例子反复证明，公司的成功离不开成功的创业团队，企业的作为很大程度上依赖于参与创业的组成人员。

很多高效执行力的领导者从自己的实践中总结认为，要想企业成功，

需要从创业之初就组建起一支有实力、高技能的创业队伍:"什么是好的创业团队?组成成员的经历要能覆盖一个成功公司各种核心功能。"对于具体要求,我们总结出以下几点。

一、拥有团队其他人员所欠缺的经验。标准化雇佣人员的背景乍看之下不是坏事,但要想公司真正发展壮大,公司需要不同人才贡献在业务各个核心领域的经验。比如团队已经有很强的技术背景,但欠缺市场营销方面的经验,则应该新增有相应背景的人丰富团队。

二、了解被雇佣者背景或雇佣者之间相互了解。能力本不合格的家人或朋友,靠走后门进入公司,很多企业家都知道这样做可能带来的后果。但如果是认识的人,他又有合适的能力,那么招进公司何乐而不为呢?只有在足够了解的前提下,把他们招进自己的团队,才能对他们的背景和专业有足够的信心,相信他们能给企业做出积极的贡献。退一步说,如果自己对某个雇员不够了解,最好有团队中的已有成员知晓他的情况,并为其做出担保。

三、稳定的经济基础。考察员工的经济能力,假设开始在初创工作团队时第一年只能拿较低的工资,他们是否有足够的积蓄或其他稳定的经济来源维持生活。对有些初创团体的成员来说,这一要求可能有些苛刻,但对团体来说,如果能在员工工资方面游刃有余,那么在企业经营的财政方面的灵活程度也会大大放宽。

四、愿意使用团队产品。尽管这么说可能是多此一举,但还是要特别指出,初创团队的成员可以而且应当成为自己产品最早的推广者。LeBlanc表示,如果最初的团队中没有产品的目标用户代表,那么目标群体真正用到产品时可能会出现各种意料之外的问题。团队成员不仅要帮助创造成功的产品,而且应当作为潜在用户代表,在产品真正推向市场前,对产品使用情况做出早期反馈。

准则46. 捆在一起，才能更好成长

对于一个高执行力的团队而言，各种各样的挑战总是没完没了，可能就是要求削减20%的总成本或总员工数；也可能是下个季度增加10%的销售收入；还可能是把产品上市时间提前两个月。

但共同的主题是大家一起工作——每个人承担各自的责任——来取得共同的结果。

要完成这些项目，就离不开团队协作——这应该是取得结果的最快速、最有效的方法。然而，令人吃惊的是，多年来，我看到团队应对这些挑战有三种基本方式（其中只有一种才是真正的协作）。

一、服从

每个团队成员在自己的领域内独立采取行动应对挑战。换言之，每个成员服从做事情的需要，但避免一起工作。

比如，我曾与一个事业部领导团队合作，公司要求他们裁员10%，以实现公司的目标。没有经过什么讨论，每个人都同意在各自部门裁员10%，然后把这些数字报给事业部主管。尽管这种"均摊痛苦"的做法确实达到了公司的要求，但很可能还有更好的方法。

二、合作

每个人还是各自制订和实施自己的计划，但会与团队分享自己所做的事。虽然有些共同的讨论，但关注点仍在于个人行动而不是共同战略。

比如，某家技术公司为了增加销售业绩，大幅提高了所有区域的销售目标。于是，区域经理各显神通去完成这些指标。有的全面提高了销售人员的销售指标，有的把资源重新分配给了高潜力客户，还有的用服务合同来弥补差距。

他们在每周电话例会上分享各自的做法，并相互做出反馈。但他们从

未制定一个共同战略，以综合利用资源、想法和人才。最后，虽然有些区域完成了指标，但总体数字还是令人失望。

在上述两种情况中如果有真正的协作，那么取得的结果应该更加稳健、更有成效。

在第一个例子中，领导团队应该确定可以裁员 10% 以上的特定领域，考虑将相似的活动合并成共享的服务中心，或采取其他可能的做法。在第二个例子中，区域经理可以在不同区域之间重新配置资源，为某些产品开展联合宣传活动，或通过集思广益获得其他更多能快速验证并推广的想法。

有意思的是，两个团队都不是有意不想协作。他们这样做是一种自然的反应：要么完全靠自己，要么部分靠自己。现实情况是真正的协作并不容易。在进行协作时，个人目标要服从集体目标，要与同事就战略和想法展开激烈讨论和情感交流，而且新的工作方式常常会让人感到不适应或不自在。正因为存在这些困难，多数团队都觉得协作是说起来容易做起来难。

其实不一定要这样。团队可以通过真正的协作去应对挑战，而且可以取得出色的结果。而起点就在于有意识地作出一个共同的决定：超越服从和合作。

准则 47. 动起来才有力量

常言道，光说不练假把式。团队有了理想和目标，必须落实到行动上，才能实现共同目标，否则一切都是空谈。人们常说，好的开始是成功的一半，任何工作只要有了良好的开端，就可能有一个较为满意的结局。

演讲大师齐格勒说，世界上牵引力最大的火车头停在铁轨上，为了防滑，只需在它 8 个驱动轮前面塞一块一英寸见方的木块，这个庞然大物就无法动弹。然而，一旦这只巨型火车头开始启动，这小小的木块就再也挡不住它了；当它的时速达到 100 英里时，一堵 5 英尺厚的钢筋混凝土墙也能被它轻而易举地撞穿。可见，行动的力量有多大！

一个普通的员工在热情没有被全面激发时，就像是被木块阻住的火车一样，没有任何动力，但是如果领导者能激发他的积极性，他则会像启动的火车一样突破所有的障碍，一路驰骋而去。管理者之于团队就好比火车头之于火车，一个团队的绩效如何关键在于领导者的带头作用。在蒸汽机和内燃机时代，火车头直接决定整列火车的速度，因为整列车厢都靠它提供动力沿着目标方向行进，而今火车的速度不仅取决于车头，也和车厢内的动力装置有关，车头的主要作用是引领车厢沿着正确的方向前进，所有车厢的动力源都向一个方向用力，整列火车行进的速度才能更快。

作为现代社会的领导者，必须扮演好车头的角色，不但要给员工指明方向，带动大家执行目标，还要使团队中的每个成员行动起来，使所有人都朝着一个方向努力，从而为企业打造出高绩效的团队。有的领导者认为让员工动起来就是使每个人激情饱满地喊口号，其实任何响亮的口号脱离了实际行动都是没有意义的，激情不是喊出来的，而是从内心深处散发出来的，它必须与具体的行动合二为一才能发挥最大的效用。

激情的产生源自动力，这种动力可以是员工自己通过各种途径获得的，也可以是领导者激发出来的。通常情况下，领导者不要期望每个员工都可以自发地产生努力工作的动力，而要想方设法激起他们的斗志，激发他们的内在动力。

物理学有一个原理，说的是一切物体在不受任何外力作用时，会始终保持静止状态或匀速直线运动状态。也就是说，在没有外力的情况下，原来静止的物体会一直静止下去，而原来在做匀速直线运动的物体状态也不会发生任何改变。如果把员工比喻成或静止或做匀速直线运动的物体，那么领导者无疑就是迫使他们改变状态的外力。领导者不去提供外力，那么员工当然倾向于保持原来的状态。

对于一个团队而言，领导者不能让员工保持静止或者一成不变的速度来前进，提高团队整体功效效率的方法莫过于对每个人施加外力影响，激发他们内心的潜在动力，使其转化成行动，落实到工作的每一个环节上，如此整个团队的绩效将得到大幅度的提升。

领导者如何让团队成员动起来：

一、为团队制定明确的奋斗目标，并努力获得员工的支持。高绩效的团队一定要有一个清晰明确的共同目标，因为目标能起到良好的导向作用，为大家指明努力的方向，使每一位成员为了实现团队的整体目标而拼搏奋斗。但是光有明确的目标是远远不够的，有时团队利益和员工利益未必完全一致，如果领导者一味强调团队目标，却忽视了员工的需求，那么这样的目标不可能获得到广泛的支持，即使非常明晰也不可能顺利落实下来。

二、领导者在制定目标时一定要兼顾到团队成员的利益，承诺员工完成目标后可以获得的提成和奖金，而不是仅仅布置任务。领导者在落实工作中必须要赢得员工们的支持和理解，如果员工表面支持，内心排斥团队目标，那么开展工作时就不可能付出最大的努力，目标的达成是要通过员工的工作来实现的，所以领导者一定要做好相关的沟通工作，令每一位成员激情昂扬地朝着共同的方向而努力。

三、激发团队成员的工作动力。团队领导者要通过一定的激励方式激发出员工的工作动力，充分调动他们工作的积极性，使其充分发挥自己的潜能，为团队创造出最大的价值。美国哈佛大学的心理学家威廉·詹姆士经过调查研究发现，在缺乏激励的环境中工作的员工，潜力仅发挥了20%～30%，同一批员工在适宜激励的环境中工作后，却能发挥80%～90%的潜力，也就是说，同样一批员工被充分激励后发挥的潜能是之前的3倍至4倍。

管理者激励员工需要满足他们的各类需求，马斯洛的需求层次论提供了一个较为基础的激励模型，按照这一理论，我们可以把员工划分为三种类型：喝粥的员工、喝酒的员工和喝茶的员工。喝粥的员工需要物质基础，喝酒的员工在乎的是社会关系，渴望得到尊重，而喝茶的员工需要的是名誉、地位和自我价值的实现。管理者可以根据不同员工的情况，在对其采取激励措施时能够依据他们的需求而有所侧重，但是一定要把物质激励和精神激励结合起来运用，否则难以达到理想结果。单纯只用物质奖励刺激员工或者只给员工精神食粮都是不对的，物质激励是基础，精神激励也不可或缺，两者相结合才能起到更好的效果。

准则48. 让每个人都发挥出自己的光和热

每一位管理者都希望自己的团队成员个个优秀不凡，然而这是不可能的，出类拔萃的员工毕竟只占少数，绝大多数的员工都是资质平平的，那么这些平凡的员工难道就不能做出业绩吗？答案是一个平凡的员工确实难以创造什么奇迹，但是无数平凡的员工联合起来就能做出令人震惊的成就。明月可以照亮夜空，满天繁星同样可以给大地带来光辉，每一颗星辰就好比团队中的员工，在肉眼看来它们那么小那么微不足道，但是每一颗闪烁的星辰都能散发出自己的光芒，所以可以照彻茫茫黑夜。管理者不要轻看普通员工的价值，因为团队的力量是巨大的，渺小的个人联合起来一样可以创造令人瞩目的佳绩。

管理者不但要重视企业的骨干人才，对于广大普通员工也要给予一定的关注度。很多企业经常面临这样一种困境：公司的核心人员一离开，整个部门的工作就立即停顿下来，在招到替代人选之前，很多工作都被迫停滞下来，这便是管理者过于重视骨干人才，而不注重对普通员工的培养造成的。一名优秀的管理者不但要有留住骨干人才的能力，还要懂得如何让每一位员工发挥主观能动性，为团队贡献自己的智慧和力量，从而使每位成员为企业发出自己的光和热，对组织做出应有的贡献。

优秀员工的能力固然值得欣赏，但是普通员工对企业的发展也是有功劳的，人类历史上任何一项宏伟的工程无一不是集体劳动的结晶，任何一个商业神话如果没有普通员工的配合也是缔造不出来的，再完美的构想都需要有人去实施，这些落实细节工作的人虽然没有高超的技能和过人的本领，然而却是必不可少的环节，他们不但能完成最基础的工作，因为身处一线，实战经验丰富，有时还能为管理者提出非常有价值的建议。

有一家日化企业，生产的牙膏不知何故经常夹带空盒，对公司的品牌形象产生了不良影响。工程师为此焦急万分，为了解决这一难题，他们经过数日钻研，终于研制出了一套能及时发现牙膏空盒的识别仪器。这种方案虽然解决了空盒问题，但是花费的成本却很高。而一线员工提出了一种既省钱又省力的解决方案，这个方案实施起来非常简单：就是对准流水线放置一台风扇，空盒质量轻自然会被风吹走。

两种解决方案，无须多加分析自然可见高下。工程师虽是企业的核心技术骨干，但是他想出的策略未必是最好的，有时一线员工提出的建议反而更加切合实际。可惜很多管理者并没有意识到这个问题，对一线员工的关注非常少，并理所当然地认为这些在平凡岗位上工作的人没有什么大智慧，这样的想法显然是武断和偏颇的。团队中的每位员工都是很重要的，尽管他们看起来是那么平凡，但是平凡的力量也是巨大的，团队管理者不要只想着怎样使骨干员工发出耀眼的光芒，也要充分考虑一下如何使团队中每一位平凡的员工发出自己的光和热，使其在实现自我价值的同时为企业创造出更大的效益。

执行锦囊

管理者需要挖掘普通员工的智慧，将员工提出的有价值的建议纳入日常管理工作中。关于一线工作中遇到的各种问题，管理者应当有不耻下问的精神，广泛向一线员工征求意见，毕竟他们常年在基层工作，对于基础工作更为熟悉和了解，提出的建议也往往更实际、更有效。管理者可以广开言路，定期举办一些创新比赛，让一线员工提出改进工作的新建议和新方法，评比之后采纳其中较有价值的建议，并奖励提出该建议的员工。

要想让员工大胆地提建议，必须打消他们的顾虑，管理者要让员工明白无论他们提出怎样的建议都不会受到批评或嘲讽，并让每个人参与到讨论中来，管理者要消除团队成员心中的芥蒂，使大家敢于坦诚地说出自己心中的想法。管理者需要注意的是，不是每位员工都能提出有效的建议，其中必有不少员工提出的建议听起来较为肤浅或者不切实际，对待这样的建议管理者不去采纳就可以了，切忌讥讽员工，无论如何都不要打消他们的积极性，而要在众多缺乏建设性的建议中挑选出非常有价值的好建议。管理者需要为员工们创造一个集体参与的公开交流的环境，使每一位员工都有机会发表自己的意见和看法，提出改进工作的新思路和新办法，让员工和团队共同进步和成长。

准则49. 领导者自己先要有执行力

某业务部门的绩效平平，气氛一直不好，部门人员流失也很严重。公司人力资源部门经过调查了解，发现该部门主管是个"甩手掌柜"，上一层领导或部门分配下来的任务，他会立即原封不动转给下属去完成，或者转给其他部门。工作上能躲就躲，平时扮演一个老好人形象，极少看到他与别人发生争论，属于一个不作为的主管。

后来，公司更换了该部门主管，来了一位雷厉风行的主管，他注重行动和结果，有什么事情立即推动落实与反馈，下属开始感觉压力比较大，但很快适应了这种风格，部门绩效也稳步提升，整个部门风格焕然一新，公司领导与周边部门都刮目相看。

行动型领导为什么能立竿见影？

我们看到有些领导，一开始抓工作就能立竿见影，带动一种新局面，使士气迅速得到改变，就像电视剧《亮剑》中的李云龙，所在之处很快能够带出像狼一样嗷嗷叫的团队。这种领导叫行动型领导，会通过自身的行动（身体力行、身先士卒）带动起团队成员的行动，从而自上而下形成团队的行动力，这就是领导力形成的根本原因。

行动能形成领导力，这是有充分依据的，所谓"上行下效"、"听其言，观其行"，下属以及周边部门更多的是看领导的行动，而不是他口头上如何说。如今越来越少人相信别人口头上如何说了，说得天花乱坠，画饼充饥，还不如把一件小事彻底解决。

组织气氛好坏的关键在于领导的行动力。有些团队组织氛围不好，你会发现是因为很多人都在谈论、在抱怨，缺少实际行动，特别是领导行动力不强，光说不做，多说少做，说了很久才有一点点行动，或者很被动地让下属与周边部门来推动，导致负能量越积越多，积重难改。而组织氛围好的部门，其领导往往是个行动型领导，以身作则，能够自上而下产生行动力，形成积极良性的氛围。

在这个基础上说，作为领导，你要意识到不是团队有问题，而你就是问题本身；不要让自己成为问题本身的方式，行动是解决问题的唯一方式，这样你就成为解决问题者，成为了解决问题的根源，而不是问题的根源。

行动能感染人，具有正能量。行动是带起正能量的最好方式，因为行动能够迅速带来改变、形成绩效，能给团队带来最直接的成就感与激励，迅速形成团队凝聚力，并产生对领导的信任感、认同感、追随感。领导通过自身每天的切身行动给团队成员传递正能量，进而产生改变外在世界的结果；而这些行动与结果，都是可以凝结成团队不可多得的经验与价值，有助于团队目标实现。

如何成为行动型领导：

一、以行动践行企业核心价值观

行动力有个重要前提，就是它体现了何种价值观。价值观是指引团队前进的方向，应明确、一致、持续地传递给团队成员。作为领导，要把公司的核心价值观通过行动传递给团队成员以及周边部门，比如诚信、高效、开放、责任、团队合作等。

价值观不是靠呼吁的，而是靠身体力行的。所以，行动是体现、传递价值观的最好、最直接的方式，落实在行动点滴上都是切实可见的。团队成员不一定相信你所说的，但会相信并跟随你所做的。行动是一种正能量的传递，不仅能够驱动自己，更能够驱动别人。

二、不抱怨，操之在我

行动型领导不会把时间花在抱怨现状和埋怨他人上，也不会只是把工作"到手即转"的太极术，而是有着"责任在我，操之在我"的意识，不仅能够看到问题、分析问题，还能做到解决问题、总结问题。

准则50. 理顺员工的情绪，才能理顺工作的头绪

如果员工在心情极差的情况下上班，出错的概率就会大大增加。比如银行的一名柜员有一天感到非常不顺心，工作时脑海里还残留着各种负面的信息，而领导者并没有察觉她与往常有什么不同，仍安排她进行日常的业务操作。这名员工在为客户办理取款业务时，由于精力难以集中，支付给客户的金额就会出现误差，即使事后可以通过监控录像向客户索回这笔钱，但是却在无形中浪费了很多时间和精力，然而这一切本来是可以避免的，管理者只要能理顺员工的情绪，就不会让这些负面情绪干扰员工的工作，很多麻烦根本就不会出现。

情绪是一种主观感受，每个人都有喜怒哀乐等情绪的变化，员工情绪变化在正常合理的范围之内，只要没有影响到工作，管理者便不必过问过多，但是如果员工已经把负面情绪带到了工作场合，并导致工作效率的下降以及工作质量的下滑，管理者就不能再袖手旁观了。管理者要敏锐地察觉员工的情绪变化，并及时疏导他们的不良情绪，避免其对日常工作造成

破坏。

据调查，在8小时工作制的一个工作日当中，许多员工专心投入到工作的时间还不足3小时，其余的时间他们都在做什么呢？是在生闷气和闹情绪。如此工作绩效怎么可能得到保证？事实证明，员工如果消化不了自己的负面情绪，就会在上面浪费大量的时间和精力，直接影响到工作质量。管理者需要对员工的情绪有更多的认识，从而使其服务于为自己的管理工作。

每个优秀的团队整体情绪都应该是积极向上的，现在管理者在录用人才时都倾向于选择有团队精神，能自主融入团队，工作主动积极的劳动者。积极的情绪可以使团队成员之间产生共振和互动，让每个人都发挥出自己的最大才能。而消极的情绪也是可以传染的，它就像流行性感冒一样，可由少量的人波及整个群体，因此管理者一定要及时抑制团队中消极情绪的传播，但是管理者不要害怕员工闹情绪，因为情绪是可以疏通和管理的，员工偶尔出现情绪波动是很正常的，当这些不良情绪出现时，管理者要及时察觉，巧妙地化解员工的不良情绪。

管理者如何有效疏导员工的不良情绪：

一、专门设置情绪管理岗位，负责监测和疏导员工的负面情绪。公司可以根据自身的情况，成立情绪管理部门，设置专人负责管理员工情绪，及时发现员工的情绪变化，并通过交流等方式缓解员工的不良情绪。情绪管理部门的负责人要通过观察员工的工作状态，及时了解员工的情绪走向，并通过员工在工作中的表现对其情绪进行评估，然后用谈心的方式对员工的情绪进行更深入的了解，及时对其进行心理疏导，消除他们的消极情绪。

二、创建和谐健康的企业文化，理顺组织情绪。和谐健康的企业文化最为重要的一条应当是"以人为本"，其核心为对员工的理解和尊重。管理者在日常工作中应当尊重员工，并关心员工的工作和生活，为团队创建和谐友爱的文化氛围，在这样的工作环境中工作的员工必定是身心愉悦的，抱怨、消沉、愤懑等不良情绪也会消失于无形。

三、引入EAP（即员工帮助计划），疏导员工的不良情绪。管理者不能让员工长期被消极情绪支配，但是也不能强制员工压抑情绪，继续若无其事地工作，不良情绪需要在恰当的时刻通过合适的途径释放出来，否则不但影响员工的身心健康，还会对团队绩效产生极为不利的影响。

美国发明的EAP对疏导员工不良情绪较为有效，它是公司专门为员工设置的一种福利性项目，专业人员负责为员工提供专业的指导和咨询，帮助其本人和家庭成员解决各种心理问题。在世界500强的企业中，90%以上都引入了EAP，美国近1/4的企业员工得到过EAP服务，EAP服务的内容非常广泛，囊括工作压力、心理健康、灾难事件、职业生涯困扰、婚姻家庭问题、健康生活方式、法律纠纷、理财问题、减肥和饮食紊乱等，几乎可以帮助员工全方位地解决情绪问题。

总之，管理者应当关注员工的心理健康和情绪问题，多多了解员工、关怀员工，并帮助员工理顺自己的情绪，通过各种方式激发员工的正面情绪，疏导他们的负面情绪，调动起工作的积极性，保证团队目标按计划实现。

准则51．给松懈的员工打一针强心剂

几乎每个管理者都知道如果员工的积极性能被充分调动起来，他们就会达到最佳工作状态，团队的绩效也会达到最高水平，可是员工的积极性并不是一种可以量化的指标，管理者又应该如何定义和评估员工的积极性呢？一直以来，有不少管理者对于这个问题的认识出现了严重的偏差，误以为通过计件工资的方式让员工加班工作就是调动了员工的积极性，或是通过鼓励身体有轻微不适的员工带病坚持工作就是调动了员工的积极性，这种认识显然过于表面化了。

何为员工的积极性呢？它是指员工主动热情地付出智慧和劳动的意愿，具有工作积极性的员工在工作过程中，态度是积极主动的，并且是完全自主自愿的，他们充分调动起了自己的主观能动性，乐于发现问题和解决问题。延长员工的工作时间并不能调动员工的积极性，因为工作时间过长，员工难免产生倦怠感，即使有计件付酬的引诱，他们也无法把自己调试到最佳工作状态，积极性仍是大打折扣的。有的员工身体欠佳仍坚持上班，不少管理者对其敬业精神大加赞赏，认为这样的人工作积极性很高，而事实上无论这名员工是出于自愿还是出于其他原因带病工作，在身体不适的情况下情绪难免受到影响，其乐于主动发现问题和解决问题的概率是很低的，因此这种积极性也是不值得提倡的。

很多管理者抱怨手下的员工积极性不高、精神松懈、工作不在状态，有的管理者甚至认为员工生性懒惰、不可救药。我们不可否认的是，人生本来就不是完美的，每个管理者都期望自己团队中的每个成员都像精锐部队里的战士一样，每天精神昂扬，但是这种想法显然过于理想化了。员工总会因为各种各样的原因而缺乏工作的积极性，有时是因为自身原因，有时是因为公司的各项规章制度或者管理方法挫伤了他们的积极性。作为一名管理者，不要只是一味地抱怨批评员工工作没有积极性，而要尽快找出员工工作状态较差的原因，并反思自己的管理手段，制订出调动员工积极性的切实方案。

如果整个团队中，只有个别员工工作状态存在问题，或许仅仅是他自身的原因；但是，如果团队中有不少员工工作起来都非常松懈，几乎毫无动力，那么管理者就应当反思一下自己的管理方法了。有的管理者认为是自己温和的态度助长了员工懒散的工作作风，于是采取强硬的态度加大员工的工作量，以为这么做就已经从根本上调动了员工的积极性。其实这种想法是十分偏激的。有时员工没有工作积极性未必是管理不严所致，而是管理者的管理方法令他们产生了排斥和反感情绪，降低了他们主动付出智慧和劳动的意愿。管理者如果不能及时改进自己的工作，而是一味地强制

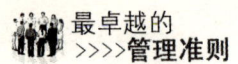

员工来积极地完成工作，显然不可能取得理想的效果。

员工工作的积极性是在自愿的情况下迸发出来的，它不是靠命令或者强硬的手段能催生出来的，管理者若想给松懈的员工打一针强心剂，首先要把自己变成医治者，而非什么铁腕悍将。华为公司在2008年注册专利数为世界居首，显然公司内员工的积极性已经被充分调动起来了，因为只有工作积极热情的员工才能安心投身于发明创造，为企业贡献更多的智慧。管理者若想让自己团队内部的员工呈现出华为公司的工作状态，就必须改善自己的管理工作，提高自己的管理水平，而不要采用过于简单的强制方式。

管理者如何充分调动员工工作积极性：

一、管理者需保证员工最基本的权利。如果公司连劳动者最基本的权益都保证不了，那么想要提高员工工作的积极性几乎是不可能实现的。很多中小型民营企业由于连年利润较低，在激烈的市场竞争中靠压缩人力成本来维持运营，员工的很多权利都得不到保障，在这样的企业中工作的劳动者积极性普遍不高。管理者如果想要把企业做强做大，就要寻求其他的方式来增强企业的竞争力，而不是只依赖削减人工成本。

二、管理者应该遵循以人为本的管理原则，充分尊重每一位员工。有的管理者认为员工和企业不过是简单的劳资关系，公司付给员工报酬就能调动他们的工作积极性，对于是否尊重他们并没有那么重要，这种想法实在是大错特错。每个人在情感上都是需要被尊重的，如果管理者仅仅是在物质方面满足员工的需求，在精神上却随意地伤害他们的自尊，那么他们的工作积极性就会不断降低。

随着经济的发展和社会的演进，人们的观念也发生了很大的变化，越来越多的员工寻求平等的劳资关系，企业管理者如果只想居高临下地管理员工，那么不但不能调动起员工工作的积极性，而且还有可能陷入无人可用的尴尬境地。

三、让员工积极参与到创造性工作中来。员工长期从事简单的重复性劳动，很容易产生厌倦情绪，工作的积极性也会受到影响。管理者积极引导员工参与创造性的工作能从根本上激发员工的工作热情，调动起其工作的积极性。

在传统的管理模式中，管理者讲求赏罚分明，只关注工作成果而完全忽视工作过程，几乎从不鼓励员工积极地思考，以及主动发现问题和解决问题，这种管理模式并不能有效提高员工的工作效率和技能水平，员工也很难在这种重复性的简单劳动中获得成就感和满足感，积极性自然难以被激发出来。而在先进的管理模式中，管理者积极地引导员工思考改善工作效率的方案，并鼓励员工参与创造性工作，这样做不仅有助于企业提升绩效，还可以使员工在参与创造性工作的过程中提升解决问题的能力，使其自信心大增，工作积极性也得以迅速提升。

准则 52. 管不住心，留不住人

情绪管理是指通过研究个体对自身情绪和他人情绪的认识、协调、引导、互动和控制，充分挖掘和培植个体情绪智商、培养个体驾驭情绪的能力，从而确保个体保持良好的情绪状态。作为现代管理方法之一，情绪管理越来越受到企业重视。

当前知识经济背景下，企业中不同程度地存在员工忠诚度不高的现象，一些人际关系良好、颇受领导欣赏的员工和企业大力引进培养且颇有前途的员工，突然因"心情不好"而跳槽。"心情不好"源于不同原因的情绪波动，笔者认为对员工进行情绪管理将有助于提高员工忠诚度。

一、员工忠诚度变化阶段的情绪特征

员工忠诚度的绝对水平和影响因素均是动态可变的。因此，绩效好的员工忠诚度管理应该始终贯彻系统论观点和动态思维，实施忠诚度全程管理。所谓员工忠诚度全程管理，始于员工被雇佣之前，并一直持续到员工退休或被辞退之后。此过程依据先后顺序可划分为5个阶段：员工招聘期、稳定期、离职潜伏期、辞职期及辞职后期。员工在不同阶段的情感需求不同而表现出不同情绪。

1. 招聘期。员工招聘，是企业与应聘者的第一次"亲密接触"，这个时期所选拔出的新员工将进入与企业共同发展的职业生涯。在招聘中，应聘者往往对企业环境及招聘人员对自己的看法比较敏感，易表现出新鲜感、好奇心及较高的工作热情与较强的工作意愿。

2. 稳定期。从员工正式进入企业到开始因各种原因出现离职倾向，这段时期即员工稳定期。稳定期的员工对企业的工作环境、管理机制、业务流程、人际关系等均处于适应状态，面对各种可能出现的状况均有较好的心理准备与情绪调适能力，对企业各方面有着较为成熟的看法与评判标准，对于压力与挑战也有着较大的承受能力，因此情绪波动不大。

3. 离职潜伏期。该阶段，员工与企业关系复杂，员工对工作产生厌倦、对企业无动于衷，甚至衍生出沮丧、沉闷、悲观失望等负面情绪，工作效率下降，企业经济效益下滑。

4. 辞职期。从员工递交辞职报告到正式离开企业即辞职期，这时期的员工往往忽视企业的积极面，对工作完全失去热情，计划着辞职后的生活方式与工作空间。同时，又害怕辞职报告不被批准而焦虑、压抑甚至传播对企业抵触的不良情绪，大大削减企业士气。

5. 辞职后期。离职员工在一般情况下对曾经服务过的企业都会有一定的感情，情绪上会比较平静、乐于配合、容易接纳。

执行锦囊

二、基于员工忠诚度培养的情绪管理策略

员工在忠诚度管理的不同阶段有着不同的情绪特征，将情绪管理与员工忠诚度培养相结合，可以通过提高员工情绪智商水平从而提升其忠诚度。笔者认为，对处于不同阶段的员工，企业应采取不同的情绪管理策略。

1. 以忠诚度为导向选聘员工，将情商列入员工甄选标准。研究显示，忠诚度高、能力强且拥有成就的人，多是一些情绪稳定的人。因此，企业在招聘员工过程中可对员工情绪能力进行尝试性的测评，如让应聘者身处设定的人际关系环境，从其情绪变化以及细微的动作、表情、姿态、谈吐表达等方面观察应聘者如何处理冲突问题，从而评估其人际关系技能；对应聘者进行动机与职业兴趣测试，确定其对事物的选择性态度及情绪反应。

2. 以忠诚度培养作为稳定期情绪管理的核心。稳定期员工与企业处于不断的磨合中，彼此认可度逐渐加深。对于稳定期的员工，寻找他们情绪中的兴奋点与关键点最重要。选择符合大多数员工情感特点和需求的管理方式，增强管理的透明度，重视内部沟通和员工参与，建立满足员工个性化需求的激励机制，做好员工职业发展规划，加强团队合作等，均可以有效培育员工归属感。此阶段是员工对企业的忠诚尚处于刚刚建立并逐步稳定的过程，是培养和提升员工忠诚度最可能取得成效的阶段。

3. 离职潜伏期的留人措施。对离职潜伏期员工，企业须将重点放在调整关系员工切身利益的各个方面，以满足他们新的需求，使其在情绪上找回稳定期的积极、执着。为了尽可能维系员工特别是核心员工的忠诚度，企业可以提高低层次忠诚因素（即保健因素，薪酬、福利等）的满足水平；完善高层次的忠诚因素（即激励因素，如给员工创造一个宽松的情感交流环境，定期举办员工聚会，配备疏导不良情绪的必要设施，提供消除不安的有效引导与咨询服务等），给予员工释放情绪的机会，最大程度上消除抵触情绪。

4. 辞职期的经验总结。辞职期员工最容易看到企业所存在的问题，以及其他企业的优势，企业要做好员工离职面谈工作，与辞职员工进行面对面的沟通。一方面可了解员工的压力来源，发现企业制度或管理缺陷，同时，沟通中营造一种和平的谈话环境氛围，让员工感受到企业的真诚，消除彼此间的敌意和误会。

5. 辞职后期忠诚度的延伸。员工离职并不表示对企业绝对背叛，他们可能成为企业的重要储备资源。企业应将忠诚度管理范围延伸至离职后的员工，保持联系，清楚他们的状况，这样才能真正做到以人为本，让离职员工感到企业的关心与爱护，使得企业可以随时利用这部分人力资源。

情绪管理即企业不断关心员工的情绪变化并找出员工情绪变化的原因并予以解决的过程，在此过程中，可以及时发现企业在管理上的不足，提高员工对企业的满意度，最终达到企业提升员工忠诚度和降低人才流失率的初衷。

准则 53. 学会换个角度思考问题

在领导一个团队中，怎样把握这个婉转的程度很重要，有这样一个很有名的故事：

有一个山顶住着一位白胡子智者，谁也说不清他到底有多大年纪。他非常受人尊敬，许多人不管遇到什么大事小情都来找他，请求他提些忠告。但白胡子智者总是笑眯眯地说："我能提些什么忠告呢？"有一天，有位年轻人来求他提忠告。智者仍然婉言谢绝，但年轻人苦缠不放。智者无奈，他拿来两块窄窄的木条，两撮钉子，一撮螺钉，一撮直钉。另外，他还拿来一个榔头，一把钳子，一个改锥。他先用锤子往木条上钉直钉，但是木条很硬，他费了很大劲，也钉不进去，倒是把钉子砸弯了，不得不再换一根。一会儿工夫，好几根钉子都被他砸弯了。最后，他用钳子夹住钉子，用榔头使劲砸，钉子总算弯弯扭扭地进到木条里面去了。但他也前功尽弃了，因为那根木条也裂成了两半。智者又拿起螺钉、改锥和榔头，他把钉子往木板上轻轻一砸，然后拿起改锥拧了起来，没费多大力气，螺钉钻进木条里了，天衣无缝。而他剩余的螺钉，还是原来的那一撮。智者指着两块木板笑笑："忠言不必逆耳，良药不必苦口，人们津津乐道的逆耳忠言、苦口良药，其实都是笨人的笨办法。那么硬碰硬有什么好处呢？说的人生气，听的人上火，最后伤了和气，好心变成了冷漠，友谊变成了仇恨。我活了这么大，只有一条经验，那就是绝对不直接向任何人提忠告。当需要被指出别人的错误的时候，我会像螺丝钉一样婉转曲折地表达自己的意见和建议。"

常言道："良药苦口利于病，忠言逆耳利于行。"有的人便认为忠告别人的话必须难听，否则就不配称作让人悔改的忠言。而事实上，极少有人能接受逆耳的忠言，从心理学角度来讲，人们对这类忠言的第一反应便是反感和排斥，更不可能虚心接受忠告，认真改过。很多管理者在批评和忠告员工时言语过于尖刻，以为话说得越难听越有利于员工纠正自己的行为，殊不知，这只是一种认识上的误区。

我们常听到管理者以这样的口气斥责下属："你究竟是怎么搞的，还想不想干了，不想干赶紧走人！""这点小事都干不好，你还能干什么？"这类语言不但不能让员工提升自己的劳动技能，还会刺伤他们的自尊心，打击他们的工作积极性，进而导致其工作效率的降低。然而有些管理者从不在意这些，以为逆耳的忠言能起到良好的警告作用，说话直来直去，甚至劈头盖脸地谩骂员工，结果导致员工消极抵抗或者愤而辞职。

员工犯错当然要指出来，并且加以纠正，否则既不利于他个人成长，也不利于整个团队的发展，但是冷言冷语地责骂又有什么好处呢？言者生气，听者恼火，最后彼此的关系变得冷漠和疏远，工作配合起来也少了几分默契。有些话没有必要说得太直接，拐一个弯含蓄地告诉对方错在哪里，员工乐于欣然接受，也会积极改正自己的错误，整个团队的氛围都很融洽，这又有什么不好呢？

在管理中，要学会像螺丝钉一样婉转曲折地表达自己的意见和建议。只有懂得了"量权"的管理者才可能在管理中保证气氛的和谐，同时也可以为自己争取到更大的利益。

执行锦囊

管理者在批评指正员工时最好尝试曲折地表达自己的意见和建议，比较有效的迂回之策是先表扬后批评的方式，也就是所谓的先扬后抑。

威廉·麦金莱在1896年竞选总统期间，有一位共和党员为他专门拟写了一篇演讲词，这篇演讲词虽然也有不少亮点，但是根本不符合竞选需求，威廉·麦金莱认为其中的某些观点会引起诸多批评，但是他没有直接否定这篇文章，而是平静地说道："好伙伴，这篇演讲词写得很好、很精彩。没有人能写得比这更好的了。在许多场合，我相信这会是最动人的演讲。只是，它却不太适合现在的情况。从你的立场来看，保守、稳当的内容当然很好，但我却必须考虑到政党的立场。现在，我先写一些要点给你，然后请你回去再照着要点再改一遍。"

威廉·麦金莱处理批评的方法很值得管理者借鉴，他没有因为那名共和党人拟写的演讲词不合格而指责他工作失职，而是鼓励他按照自己的要求重写演讲稿，拟稿人的工作热情丝毫没有减损，最终他写出了一篇精彩的演讲词，使威廉·麦金莱成为竞选期间最受欢迎的演讲者。

受人尊重的领导者，讲话一定是令人舒适的，与员工沟通时采用的方法也多是委婉含蓄的迂回之策，即使是在批评别人也能让人感到心悦诚服。

1923年，约翰·卡尔文·柯立芝成为了美国总统，他的女秘书非常年轻漂亮，但是工作却多次出现纰漏。有一天，女秘书来到办公室，柯立芝对她说："你今天穿得很漂亮，这身衣服非常适合你这样年轻漂亮的女士。"女秘书受到表扬，有点受宠若惊。柯立芝又说："如果你的公文也能处理得和你的人一样漂亮就好了。"

此后，女秘书把工作处理得非常认真，很少出现错误。朋友得知了这件事，便问柯立芝："这个方法非常好，你是怎么想出来的呢？"柯立芝回答说："你观察过理发师是怎么给人刮胡子的吗？他会先给人涂些肥皂水，因为这样刮起来别人就不会感到痛？"

批评员工时如果过于直截了当，一点都不考虑对方感受，不但不能达到批评的目的，反而可能适得其反，使其对工作产生消极情绪。在批评别人之前不妨先表扬对方，然后再委婉地指出问题所在，表明自己希望他即可改正的期望，这样对方的不适感会减轻很多，难过的心情也会得到很大的缓解。

准则 54. 细化目标，提高效率

如何实现团队的战略目标、提高员工的工作效率是每个管理者都在思考的问题，一个团队要想具有强大、高效的执行力，必须将整体目标进行分解，然后逐一落实，这个过程就是细化目标和实现目标的过程。管理者提出的远大目标如果没能把它分解和细化在每一个工作日和每一个环节里面，那么团队的目标就会是模糊不清的，团队中的成员不知道自己的具体工作是什么，应当履行的职责是什么，更不明白如何去实现团队的整体目标。因此，管理者一定要做好细化目标的工作。

管理者要明确每一名员工的岗位职责，让大家明白各自的具体工作是什么，责任是什么，工作要达到怎样的标准，以及自己在整体战略目标中所起的作用，每个工作阶段要实现怎样的目标。团队的目标不可能一步达成，而是在逐步的实施中实现的，每个阶段的目标明确以后，可以极大地增强员工工作的积极性，使大家为了实现整体目标而共同奋斗，发扬协同合作精神，工作效率得以提升，由于工作状态呈现出良好的态势，管理者开展各项工作时也会顺利很多，管理水平也会有所提高，整个团队就会因此进入良性循环。

细化目标有助于团队提升工作效率，但这并不意味着团队战略目标得到细化后，员工的工作效率就一定能大幅度提升。细化目标是提升工作效率的基础，它好比一座大厦的地基，然而只有地基显然是不够的，管理者还需要负责主持很多添砖加瓦的工作，那么具体都要做哪些工作呢？

执行锦囊

一、让工作内容变得有丰富性和挑战性，而且要求高品质的表现。

二、使员工明白你对他们的期望，当他们达到你们双方确定的工作标准时，能得到应有的激励；

三、激励方法因人而异，每位员工都是独立不同的个体，不要误认为他们的期待、需求完全一致，否则你会徒劳无功。

四、兼顾精神激励与物质激励。赞美、表扬、精神上的支持与鼓舞，都是激发员工工作热情的催化剂。

五、你自己应先确立高标准，对本职工作充满热情，才能期望你的员工追求同样高的工作品质。

六、对待员工要公平，业绩评估的标准要尽量客观，少用主观标准。

七、点燃团队激情。华人首富李嘉诚说："激情是扬起船帆的风，没有风，船就不能行驶。激情是工作的动力，没有动力，工作就难有突破。激情能够创造不凡的业绩，缺乏业绩，疲沓涣散，人就会一事无成。"可以说，激情是工作中创造业绩的源头，激情是危机中主导命运的良方，任何人、任何团队都不能缺少激情。然而，当前企业员工面临着各种困惑，尤其是在一个企业和一个岗位干得时间长就会导致员工失去工作激情，没有推动事业向前发展的动力，从而使企业整体竞争力遭遇瓶颈，无法突破。

准则55. 每天进步一点点

目标得以细化后，第二个步骤便是执行。分解的目标在每个环节、每个阶段都会在实施过程中逐步强化，直至整体目标的达成，这是一个循序渐进的过程，是一步一个脚印落实的。目标在执行的过程中会遇到很多困难，管理者开展工作时也不可能总是一帆风顺，有些工作不可能一步到位，但是只要每天都在进步，每一个今天都比前一天做得好，那么日积月累便会形成长足的进步，在落实目标的过程中管理者和整个团队都能不断成长，使工作日趋完善，离目标越来越近。

执行目标的过程就像参加长跑比赛，你不可能像做撑竿跳运动一样一下子就跳到目的地，长跑的路程要分为若干段，每一段路程怎么跑，要跑多久你都要做好安排，尤其要注意队伍在赛场上的点滴进步，因为没有进步，他们就会被其他参赛者赶超，最终就会输掉整场比赛。

在工作上，每天进步一点点，多花一点心思提升自己，所取得的成效就会远远超出自己的想象。不要轻看任何一点微小的进步，所谓积小成大、积少成多，管理者要在迈出的每一步上经营筹划，不断取得进步，同时还要鼓励员工追求进步和成长，无论这样的进步在表面看来是多么微不足道，只要在工作上有一点提高，就要激励他们坚持保持下去，并以这样的进取心逐步提升自己的工作水平。

广西桂林有一家酒店服务特别周道，每位进住的顾客都会在房间的桌子上发现一封欢迎自己入住的信笺，而且顾客第二天用早点的桌子早已事先订好了，座位的号码明确地写在信笺上面了。到这家酒店入住过的旅客都对其印象深刻，因为连早餐桌的桌号都写上的酒店少之又少，就连住过上百家酒店的顾客，也发现服务做得如此到位的酒店仅此一家。

在服务质量上深耕，多为顾客考虑一点，服务品质就能得到一大步提升，每天让自己进步一点，量变就能达成质变。李嘉诚曾说过，要成为领袖，无论从事什么行业，都要比竞争对手做得好一点。麦当劳的薯条淀粉和糖的含量都有严格的规定，尽管其分店遍布世界各地，但是所有连锁店却能实行统一的标准，分店的麦当劳薯条是用冷冻集装箱运过来的美国马铃薯做的。麦当劳的肉饼做好后，如果20分钟没有卖出去，就会直接被扔掉，麦当劳还策划过一个名为挑战60秒的活动，如果顾客在60秒内没有拿到自己要购买的东西，就可免费获得一大杯可口可乐。和其他快餐店相比，麦当劳对待顾客显然更用心一些，然而只要比竞争对手做得好一点，服务上更周到一点，就能在业界取得无可替代的地位。

在商场上想要超越竞争者，就需要比竞争对手多走一步，唯有这样才能赢得市场，企业想要在竞争中胜出，有赖于团队的共同努力，而团队成员就好比生命体中的细胞，每个细胞都各司其职，唯有所有细胞都不满足于现状，每天都乐于壮大自己，团队整体才能不断前进。

执行锦囊

每天要求员工进步百分之一。第二次世界大战后，日本经济萎靡不振，一名来自美国的管理学博士戴明来到日本讲授企业管理理念。当时松下电器的创始人松下幸之助、索尼公司的老板盛田昭夫、本田汽车老板本田中一郎等著名企业家都纷纷去听戴明博士的演讲，而后在企业内部贯彻戴明博士的经营理念。日后，这些企业家都成为了商界叱咤风云的泰斗人物。戴明博士的核心管理理念其实只有一条，就是要求团队中每个员工，每天进步百分之一。戴明博士曾经给陷入亏损状态的福特公司做过演讲，其核心理念只有一条，今天如何比昨天做得更好，每天如何取得进步。福特公司要求每一位员工都按照这一理念来工作，结果不足两年的时间，福特公司不但扭亏为盈，净利润竟达到了60亿美元，这简直就是一个奇迹。

管理者每天都应该问问自己，在工作中哪些方面还可以做得更好，问问团队中的各个员工还具有哪些进步空间，能不能每天做得更好一点，并要求每位员工每天都思考一下这个问题，如果每个人都能让自己每天进步百分之一，工作必然会极大改进。一个有十几名成员的球队，如果每名成员都能每天进步百分之一，那么一年下来整个球队的经济水平就会提升60％以上。

流行天王迈克尔·杰克逊在被问到为何能做到舞技惊人的秘诀时回答说："我从3岁开始练习跳舞，每当我跳完之后，我都问我自己一个问题：我下次如何跳得比今天这一次还要更好。"他3岁时即使再有天赋，跳舞也不可能跳得太好，因为那时的他还没有掌握娴熟的技巧，可是因为他能做到每天都尽量努力比前一天更好，几十年之后所取得的进步必然是惊人的。

管理者要启发员工每天都问一下自己，下次是否会做得更好，每一天在工作上都要有所改进，纠正过往的错误，提升自身的劳动技能和服务水平。

第六章

执行之病
——工作落实不力,要向阻碍执行的"肿瘤"开刀

准则 56. 层级不清

领导者不是万能的，不可能仅凭一人之力就能指挥和监督企业的一切活动，尤其是在规模较大的企业，管理工作量早已超出一个人所能承担的范围。此时管理者必须授权其他人来分担自己的一部分工作，否则就会影响企业的正常运行，如此管理层级就应运而生了。管理层级产生后，就意味着企业配备了更多的管理人员，而随着管理层级和管理人员的增多，控制活动难度就会相应增大，如果层级划分不清，各项管理工作开展时都会遇到很多现实难题。

对于大中型企业而言，众多的部门和过多的层级会使执行和控制活动变得复杂，高层制订的完整而清晰的计划方案会在逐层分解的过程中变得模糊，有时还会出现两个或两个以上部门共同参与一项重大项目的情况，这就形成了交叉管理的问题，还会导致权责划分不清、管理层级不清等问题，影响企业战略目标的实现。

一般而言，在金字塔状的管理组织结构中，大致划分为三个层级，高层领导是决策层，主要负责原则性、方向性的工作，制定各项重大决策；中层领导是管理层，负责维护企业日常工作运转，辅助高层领导督促决策的施舍；基层人员是执行层，负责实施具体的细节工作。每个层级各司其职、井然有序，企业才能良性运转，可是在现代企业之中，也有不少层级不清，工作在执行过程中一片混乱的现象。有的中层领导由于经验的局限或者能力方面的不足，本该自己负责的事务却非要高层领导出面解决，这样做会对正常的工作程序造成不利的影响，造成企业组织内部的职责不清。有的高层决策者对中层缺乏信任，总是插手日常事务，这在一定程度上也会造成职责不清。

小方是某公司的采购员，本来采购办公用品，应该由人事部、行政部经理审批，他每个月只要按照惯例去采购就可以了，可是老板却对人事部、行政部经理不放心，要求小方每次在采购办公用品之前务必要报告给自己，经其亲自审核后小方才能采购。本来一项很简单的日常事务，经过老板一插手就变得复杂起来，如果老板不在或者老板不做决定，小方就没有办法采购办公用品，工作就得拖延下去。

管理层级诞生以后，必然要涉及分权和授权的问题，这是高层决策者把权力下放到中层管理者的过程，层级不清的弊病在很大程度上是企业没有处理好分权和授权的问题。有的高层管理者表面上把权力授予了下属，而事实上权力还是集中在自己手里，其配备的中层管理者形同虚设，而有的管理者则把同等的权力下放到多个中层管理者手上，各大管理者在权位上没有明显的高下之分，这无疑也破坏了正常的管理层级结构。层级不清不但会造成管理上的混乱，在归责时也会变得没有头绪。一旦企业经营出现了重大问题，需要追究其责任归属时，人们就会互相推诿，没有人愿意主动站出来承担相应的责任。

执行锦囊

管理层级过多不但会使企业的管理成本增大，还会在自上而下传达信息时制造各种障碍，直接影响执行力和工作效率。从另一种角度讲，管理层级众多会使管理工作复杂化，导致层级不清和权责归属不清，因此控制管理层次、压缩管理层级的扁平化管理模式便是解决由层级不清造成管理混乱的良方。

扁平化管理指的是把金字塔形的组织形式压缩成扁平状的组织形式，这种管理形式不但在财政上可以为企业减负，还能加快信息在各层级之间的传播速度，使工作更有效率，同时让管理变得更简单、清晰、明了，有效解决层级不清的问题。目前，世界上很多著名的企业公司都采用了扁平化管理模式，美国通用电气公司原来有24个管理层级，现在精简为6个层级，管理人员由原来的两千多人降低为一千人；太阳公司管理层级经过压缩后，只剩下总裁、事业部部长、工程师三个层级。

要想使管理层级变得更加明晰，高层管理者必须做到不过度干涉中层管理者工作，同时中层管理者负责好自己的本职工作，不要把自己的工作推给上级。此外，高层管理者在配备中层管理者时，职务高低务必明晰，下达任务时不要把同一项任务交给多个部门和多名管理者负责，保证日常工作的有序进行。

准则 57. 多头指挥：下面一根针，上面千条线

所谓多头指挥指的是一名员工的工作，由上面多个上级来安排，每个上级领导下达的命令各不相同，领导之间从不协调沟通，员工为此感到困惑，不知该执行谁的命令好。这种现象在企业管理中是普遍存在的，尤其在正副职之间表现得更为明显。

有的部门已配备了一个正职，偏偏又安排了一个或多个副职来辅助工作，通常来说，副职应该归正职管辖，员工应当执行正职的命令，不用夹在领导层中间为难。但是有的企业正副职之间并没有明确的分工，副职由于职位高于基层员工，常常喜欢发号施令操纵员工，员工又不敢轻易得罪他，既要忙于应付副职，还必须执行正职的指令，在无暇分身的情况下根本不知道如何是好。如果正副职关系较差，彼此之间就不可能有良性的沟通，他们为了彰显自己的控制力总是逼迫下属听从自己的遥控，下属两者都不敢得罪，处境更是艰难了。

小敏有两个领导，一个是直属上司部门经理，一个是负责管辖她工作部门的副总，这两位领导的意见总是不一致，还都爱发号施令，同一件事情处理方法也不一样，小敏经常不知道该听谁的，部门里的其他员工也都叫苦不迭。

有一次公司策划优惠活动，部门经理吩咐小敏去采购小礼品免费赠送给顾客，而副总却认为这项优惠政策一点也不吸引人，命令小敏筹备大型摇奖活

动，中奖的顾客可以获得家电或其他昂贵的电子产品。小敏左右为难，不知道该去采购廉价的小礼品好，还是去购买家电和电子产品准备摇奖好。

多头指挥不仅发生在正副职之间，多层上级领导之间也存在这个问题。有时是直属上司的上级领导越级指挥，上司并没有收回自己的命令，更上级的领导又要求员工一定要做好自己安排的工作，两者的工作根本无法协调，员工搞砸了哪份工作都会受到惩处。

多头指挥管理的弊端：

一、破坏团队中的正常指挥链和信息链

一个正常的团队应该是权责分明的，层级结构也应是清晰的，信息的传递理应畅通无阻，各层级之间的沟通也应是有序进行的。每一级员工听从直属上级的命令，并向直属下级发出指令。多头指挥破坏了指挥链的统一性和信息链的完整性，使管理陷入一片混乱之中。

二、削弱被越级领导的责任感

如果上级领导经常越级管理，中层管理者就会有一种被架空的沮丧感，这样做无疑会打击其工作的积极性，影响他在企业中的地位和威信。久而久之，他们要么反感上级横加干涉，要么就对上级产生严重依赖感，总之判断力会不断下降，责任感也会随之降低，不愿意自己单独做出决策，更不愿意对工作承担责任。

三、在团队内部形成不良风气

越级管理会破坏正常工作秩序，使管理工作陷入无序的混乱之中。越级的管理者只是为了彰显自己的个人工作风格，显示自己的权威，全然不顾团队的整体利益，这种不正之风直接影响下级的工作态度，不但让他们在执行工作上感到左右为难，有的下级为了讨好他们，还会越过自己的直属上级直接向他们汇报工作，这又会引起中层管理者的强烈不满，进而影响整个团队的团结。

执行锦囊

一种事务多个领导插手来管，一个下属受多个领导指挥，各项命令常常不一致，下属的工作根本无从开展。俗话说"蛇无头不走，鸟无头不飞"，但是蛇多头也不能正常行走，鸟多头也不能正常飞翔，多头有时和无头一样，都会造成工作上的困难。管理者管理企业，就要改多龙治水为一龙治水，将多头管理改为岗位责任制。

所谓的岗位责任制指的是把每一个岗位和责任一一对应起来，明确每个岗位所要担负的责任以及所要执行的工作，避免上级领导们越过自己的岗位抢夺指挥权，不该自己负责的工作偏偏要乱指挥。某种事务只归一个部门负责，下属只归直属上级来管理，这样工作执行起来便能贯穿始终，不会因为某个领导或者其他部门越权管理而造成混乱。统一领导和统一指挥是必要的，岗位责任制便是解决多头管理的最根本的方法。

准则 58. 缺乏凝聚力，一盘散沙

在管理实践中，人们经常遇到这样的困惑。明摆着是某个部门工作有问题，而当我们明白无误地指出来的时候，这个部门经理却不愿接受，甚至心生怨气。部门间还经常因为相互指出问题而发生冲突，影响部门间的协调与配合，工作效率备受影响？

在某公司的一次月度工作会议上，针对公司生产任务完不成的问题，老总质问生产部经理。生产部经理回答说，生产任务完不成自己难辞其咎，但主要问题是公司人力资源部招不到人，上月申请招100人，实际到位的只有50多人，巧妇难为无米之炊。老总马上转而问人力资源部经理是怎么回事？人力资源部经理也是有备而来，而且早就想找机会说说工厂方面的管理问题了。他指出，上个月确实没有招够100名员工，自己有责任，但是根本问题却在于生产部门留不住员工，据统计，过去三个月总共招了200多人，试用期结束前就走了一大半。现在又处在劳务工严重不足的当口上，我有什么办法。两个部门经理你一言我一语的，而且有浓浓的火药

味,双方明确指出了对方的问题,内心都希望老总能够深明大义给自己评评理。老总一时也不知如何是好,只能打个圆场先平息争吵再说。

这样的场景肯定不是绝无仅有,在许多企业或多或少都会发生。我们可以设想,两个部门经理争吵之后都在想什么?对方明明自己做得不好,还试图把责任推给别人,好在我当时在场,否则就得吃哑巴亏了,以后要学会据理力争。因为争吵的缘故,往往双方会更加坚定自己的看法,大概不会冷静下来反省自己和各自研究解决自己的问题。

为什么会这样呢?原因说来也简单,因为我们多数人还不懂得一个"伟大"的管理道理,那就是:问题是有所有权的,它和财产所有权一样,是神圣不可侵犯的。当一个人或一个部门的问题被别人直白地指出来的时候(被人当面揭短),是十分伤自尊的事情。就好像,在麻子脸上指指点点一样让人难堪,令人不快。

改革开放三十多年来,人们越来越懂得保护或尊重财产所有权的重要意义,一旦财产所有权受到侵犯,通常都会通过法律手段依法索回所有权或要求赔偿,当然也有忍气吞声的情况。而当问题的所有权受到侵犯的时候,人们并不能寻求法律的帮助,一般情况下被侵犯一方或者会反唇相讥,以牙还牙(力量较对等或忍无可忍时);或者会忍气吞声,心怀不满(力量不对等时)。所以,在一个没有高尚文化的企业里面,管理者或员工间相互指责、相互抱怨的情况经常发生,各种矛盾和冲突不断,严重影响组织的效率。企业如此,当今的社会也是如此。

要解决这类问题,逐步培养高尚美好的企业文化,需要从以下三个方面采取行动。

一、要教育管理者和员工懂得,问题是有所有权的,要学会尊重他人对问题的所有权。在管理实践中,我们要充分认识到部门间、员工间相互指责、相互埋怨甚至相互拆台的严重危害,旗帜鲜明地反对并及时制止这种现象的发生。领导还要身体力行,改变过去那种出了问题重责任追究,轻办法研究的坏习惯。逐步养成出了问题重在研究解决问题以及防范问题再发生的好习惯。只要不是管理者或员工故意为之，就应该对问题当事人采取包容的态度。如果必要的话，还可以明确规定，部门间、同事间不允许简单指责对方的不足或问题，实在需要谈论问题的时候也必须是善意的和建设性的。只要能够持之以恒，部门间、员工间的争吵就会越来越少。

二、要让管理者和员工懂得，是人就会有问题，是人就会犯错误，学会自省更有利于问题的解决和个人的成长。要培养管理者和员工自省的习惯，除了革新过去那种爱追究责任的恶文化之外，还需要更深层次地颠覆对问题的认知。我们要视管理中的问题是改善机会，是宝，甚至是财富。看到了问题，就是看到了改善的机会，所以我们要奖励发现问题的人。在精益管理实践中，我们会适时开展全体员工找宝活动，即动员员工查找自己和自己身边的问题，为集中解决问题，快速提升管理水平创造条件。只要坚持这么做，管理者和员工从此不再惧怕问题，不再回避问题，并逐步养成自省的良好习惯。

三、设法引导管理者和员工行动起来，以主人翁的精神主动发现问题，动脑筋想办法解决问题。当我们要求尊重问题所有者的时候，人们也许会担心，尊重问题所有者会不会造成问题的搁置。而正确的思维是，尊重不等于放任，与尊重问题所有者同等重要的是，激励并约束问题所有者更主动发现问题，毫不拖延地动脑筋想办法解决问题。如果只强调尊重问题的所有者，而不能及时动员他们解决问题，不仅会造成具体问题的搁置，还会助长他们的惰性，是十分危险的。在企业内成功推行精益管理的关键，就在于通过积极运营改善机制，营造浓厚的改善氛围，促使管理者和员工在反省自身或工作中的不足和解决问题的过程中乐此不疲，快速成长。

准则 59. 执行力不等于蛮干

当老板布置一项任务时，有执行力的员工并不是第一个采取行动的人，而是第一个提出问题的人。但是有的员工在没有弄清任务之前，从来都不会发问，直接凭直觉行动，结果常常误会了老板的意思，所有的工作都等于白费力。

一个老板叫自己的员工去买复印纸。员工就去了，买了三张复印纸回来。老板大叫，三张复印纸，怎么够，我至少要三摞。员工第二天就去买了三摞复印纸回来。老板一看，又叫，你怎么买了B5的，我要的是A4的。员工过了几天，买了三摞A4的复印纸回来，老板骂道：怎么买了一个星期，才买好？员工回：你又没有说什么时候要。就买复印纸这件小事，员工跑了三趟，老板气了三次。老板会摇头叹道，员工执行力太差了！员工心里会说，老板能力欠缺，连个任务都交代不清楚，只会支使下属白忙活！

问题出在哪里呢？员工为什么不能做上司的替身，站在上司的角度想这个简单的问题。去买复印纸之前，应该就去相关部门了解一下平时都用什么类型的纸，一般一次采购要多少，然后再行动。无所不包的计划是僵化！理性的执行才是真正的执行！

执行力不等于蛮干，工作是要讲究方法的，在没有理解执行内容的情况下就机械教条地执行指令，无异于是蛮干强干，这样做工作根本什么都做不好，有时还不如什么都不干。做工作不能为了执行而执行，一定要考虑执行的结果，在执行之前要把指令弄清楚，否则不仅自己浪费了时间，还会让上级感到非常不满意。

工作效率固然重要，但是方法和技巧同样重要，因为它们常能起到"四两拨千斤"的作用。巧干比蛮干更省时省力，工作效果也更佳。大多数领导者似乎更欣赏那些在接到指令就立即执行的员工，看到他们忙碌敬业的样子，就感到十分欣慰。但有时候整日忙忙碌碌的员工未必就能给企业创造更多的价值，苦劳固然重要，但是功劳才是衡量一个员工工作价值的最终标准，埋头苦干却又不懂得动脑筋的员工经常会忙中出错，由于方法不得当常常造成事倍功半的结果。

喜欢蛮干的员工每天总是勤勤恳恳地工作，忙碌得失去了思考的时间，执行任务时什么都不考虑，像一部失去了思考能力的机器一样只是机械地按照命令开展工作，不仅工作效率低下，还有可能在蛮干中酿成大错。员工由于自身能力的局限，干工作很容易走进蛮干的误区，管理者虽然工作能力远在一般员工之上，但是也有不少人做工作喜欢蛮干，结果一个失误的决策就会给公司造成无法挽回的损失，自己的前途也有可能因此而毁于一旦。

要避免员工犯错误，先要让领导者避免错误：

一、不能授权

领导力成功的关键是学习有效授权，既要对完成任务有责任心，同时也要有权去完成事情。无论何时你准备接受一个新任务或者委派，要问自己是否你的员工有能力做这个。

二、不设立目标

目标不仅能给员工方向和目标，也能确保你的员工朝着组织的全部目标工作。和员工设立目标是任何领导的一个关键工作。结果，你和你的员工认同的目标应该是支持你组织的目标。

三、寻求快速修复

无论这个问题多难，总有快速解决方案。问题是在快速修复问题的热情里，会导致下一个需要救火的问题，我们通常忽视那个可能花更久去研发的持久的解决方案。你想作一个决定，并快速前进，但是不要过于匆忙。

四、糟糕的沟通，或者根本不沟通

对于忙碌的老板，保持与员工在最近的进展上进行沟通是困难的。随着信息现在传递的速度，员工可能了解在老板做之前，什么在组织中会继续。尽管如此，努力获得员工需要快速和有效做他们工作的信息。

五、不为员工留时间

领导力是人的工作，当员工需要和你交谈时，无论什么原因，请把你的工作放在一边，关掉电话，关注这个员工。如果你这个时候不方便，尽可能快地安排和这个员工的会面。

六、错失了让工作变得有趣的机会

无疑，做老板是严肃的事情。尽管这些责任的重担，最好的老板会让他们的组织成为一个充满乐趣的地方。你的员工花了三分之一的生命在工作。为了他们，把你的企业变成令人喜欢的。

七、不去表扬和奖励

领导者能做许多事情去认识员工，这些事情成本不高，或者不花钱，也很容易实施，只要花几分钟就能完成。当你花时间认识到员工的成就，员工的士气、绩效和忠诚度都会被提升。

不知道作为领导的你，会犯这些常见错误吗？用点心在领导力上，这些错误确实是可以不犯的。也许就是因为不犯这些错误，就能让你成为一个受人尊重，也愿意跟随的领导。

准则 60. 利益不公

企业在薪酬分配过程中能否做到公平，很大程度上决定了员工对企业的满意度。利益的蛋糕怎么分，直接影响到员工工作的积极性，有的企业之所以经常有大量人员流失其主要原因便是利益分配不公。对于薪酬分配而言，不患寡，而患不公，如果一名员工在把自己的工资和同事相比较时，感到这样的分配非常不公平，就会觉得受蒙蔽或被欺骗了，随后要么消极怠工，要么干脆离开公司另谋高就。一个优秀的管理者，一定要在团队内部建立起公平、公正的薪酬体系，只有这样才能留住优秀的员工。然而在现实生活中，薪酬不公的现象在职场是普遍存在的。其表现主要有以下四方面：

一、活干得多的员工收入反而不及其他员工

某私营企业，员工薪酬一向是不透明的，管理者禁止员工之间互相打探薪资，但是所谓"纸里包不住火"，员工私下里总有各种方法了解同事的薪水涨幅。张师傅和李师傅是两位工作技能不相伯仲的技师，张师傅为人老实忠厚，做事从不计较，干活总比别人多，而李师傅工作起来可没有那么卖力，却懂得用各种方法讨好领导，结果李师傅的工资比张师傅多出两千多元，而张师傅由于沉默寡言不受领导喜欢，尽管工作出色工资却是单位里最低的。

后来张师傅通过别人的谈话得知了大家的薪水情况，气得食不下咽、夜不能寐，一怒之下就提出了辞职。领导挽留不住，只能任由他离去。单位里少了一名勤奋肯干的优秀技师，只剩下李师傅这样只会说好话经常偷懒的技师，公司效益都跟着受到了影响。

二、多劳却没有任何额外的回报

某小型民营公司，全体工作人员只有30多人，所有人员的工资都是固定的，没有任何额外的奖励，尽管有的工作人员工作非常卖力，为公司创造了巨大效益，可是却没有得到任何回报，后来优秀的工作人员纷纷跳槽，公司只剩下了工作能力一般的平庸之辈。

三、学历高的雇员即使没有突出贡献，也可以拿高工资

某市级的一家电视台，薪酬的多寡主要取决于雇员的学历和职称的高低，高学历者即使工作表现一般，收入也会非常可观。而学历低、职称低的员工就算工作表现再突出，晋升和加薪也会非常困难，因此广大低学历的雇员工作普遍缺乏积极性，因为付出和所得严重不成正比，谁也不想付出太多。

四、谁和领导关系好，谁的工资就高

某制药企业，薪酬标准都由总经理制定，谁给他留下好印象，谁的工资就高。对于他不喜欢的员工，工作再尽职尽责工资也不会得到提升，有的人还因为不慎得罪了他而受到降薪处理。该企业员工流动非常频繁，勉强留下来的人也都是浑浑噩噩混日子，谁也没打算认认真真地工作。

薪酬不公不但会影响员工工作积极性，还会造成人才大量流失，使得有能力的优秀员工频频炒老板鱿鱼，对企业发展和团队建设造成非常负面的影响。管理者只有解决了薪酬公平分配的问题，才能激发员工工作的积极性和创造性，使其自主自愿地为实现企业的整体目标拼搏奋斗。

管理者如何建立公平合理的薪酬制度：

一、对每个岗位进行价值评估，合理划分薪酬等级。通过科学的方法对岗位进行价值评估，并依此划分薪酬等级，是体现薪酬公平性的一个重要手段。在岗位价值评估的过程中，管理者最好让更多的员工参与到评估工作中来，保证整个流程的透明性和公开性，杜绝任何暗箱操作，确保评估方案的公平性。经过员工参与设计的薪酬方案具有很好的群众基础，实施起来也不会受到抵触。

二、将薪酬分配和绩效考核的结果相挂钩。员工工资应该根据他们的业绩表现来发放，不能让大家吃大锅饭，让干得多的和干得少的拿一样的工资，更不能工作突出的员工和工作能力差的员工获得同样的薪水，因为这样不能体现出薪酬分配的公平性。薪酬应当按多劳多得分配，优秀员工工资理应高于一般员工，否则绩效考核就失去了意义，激励竞争机制也失去了它应有的功能。

三、制定薪酬管理的流程和制度，确保做到公平分配。完善薪酬体系后，一定要把薪酬设计的内容按照薪酬管理制度执行，用薪酬管理流程和制度确保薪酬方案的实施，避免受到任何因素的干扰，尤其要杜绝人为的变更，从制度上来保证薪酬分配的公平性。

准则61. 管理制度混乱，朝令夕改

工作的顺利执行离不开管理制度的保障，没有管理制度的保驾护航，执行力就会受到严峻考验。管理制度是一个企业一系列成文的和不成文的

规定，它是企业经营管理的守则，具有一定的严谨性和规范性。有的企业管理非常混乱，部分原因是因为中层主管管理无方，还有一个重要原因便是管理制度出台时不严谨，高层管理人员没有经过论证就促使漏洞百出的管理制度出台，在日后又常常朝令夕改，让员工难以适应。

  对于一名出色的管理者而言，信誉是十分重要的。正所谓一诺千金，只有重信誉、重承诺的领导人才能赢得员工的信赖，工作执行起来阻力才能降到最低。管理制度只有有章可循、形成规范才能顺利推行和实施，如果公布的规定常常被改来改去，那么这样的管理制度在员工心目中早已失去了效力，因为员工会认为今天颁布的制度不过是个临时的序曲，明天就会作废，是否遵守制度根本就不重要，管理者的威信也会由此受到影响，员工早已习惯了管理者经常性地收回成命，在大家心目中，管理者俨然就是个说话不认账的人，常常颠覆和推翻自己以前谈过的话。

  赵航在一家中型企业上班，公司共有员工200多人，年销售额约3亿元，公司成立已有9年，但是还是没有建立起严谨有序的管理制度。公司在管理上一片混乱，总经理根据自己的心情出台各种制度，今天心血来潮制定一套规章制度，明天就予以否认，或者又出台了新的制度，员工感到无所适从，常常不清楚该按哪套制度来执行工作才合适。

  总经理素以善变出名，新政策层出不穷，每套政策执行的时间都不长，员工的工作断断续续，执行起来困难重重，关于产品优惠政策也总是变来变去，为此公司失去了很多客户。赵航好不容易约见了一名重要客户，马上就到了签单环节，但是当他向客户解释公司的政策有变时，客户感到既意外又生气，结果不仅订单没签成，他还被客户狠狠地骂了一顿。

  更让赵航感到不满的是公司的考核制度也总处于变化之中，起初总经理说员工的奖金与绩效挂钩，只要能完成目标任务的员工都可获得两千元的奖金，但是到了最终考核阶段，总经理又说两千元的奖金要发给评比优胜的团队，一个团队奖金总额两千元，平均下来大家都得不到太多的奖金，有的员工认为聊胜于无，仍打算继续在公司奋斗，不少员工当月就离开了公司。公司员工频繁流动，赵航也觉得留在这样的公司里没有什么前途，也产生了辞职的念头。

管理制度对于一个公司的长远发展有着至关重要的作用，它是企业生存和做大不可或缺的重要因素。严谨的管理制度可以提高组织的协调性和管理的有效性，是约束和管理员工行为的依据，也是保证执行效果的保障。频繁地修改管理制度，员工的正常工作就会被打乱，团队绩效和执行力都会因此受损。

优秀的管理者不但能为企业制定一套科学的管理制度，而且能保证制度的持续实施，不会经常性地修改和变更制度，以此保证公司正常运营。美国著名管理学家吉姆·柯林斯在著作《基业长青》中从400多位出色的商业管理者中选出了美国有史以来最伟大的CEO，许多声名显赫的商业巨头都没有入选，上榜的10位企业家有从不把自己看作最杰出的CEO，那就是吉姆·柯林斯。但入选的10位CEO都有一个了不起的特质：他们建立了在自己离休卸任后，公司仍能持久运行的管理制度，那套实用而稳定的管理机制为企业的兴旺发达和长盛不衰奠定了坚实的基础，为企业的发展提供了源源不断的动力。

很多管理者在看待执行力的问题上，只追求速效，为了达到短期的效果，宁可牺牲制度的严谨性，这种做法无异于本末倒置。企业是一种持续经营的经济组织，长期利益永远大于短期利益，为了在短时间内提升效益就果断颠覆已有的制度，甚至频繁颠覆刚刚建立不久的制度，那么管理制度实则已经名存实亡了，因为绝大多数员工都不会把短命的制度当成自己的行为规范，愿意自觉遵守制度的可能性是非常低的。

管理者如何保证管理制度的严谨性：

一、打破"人管人"的旧模式，实行"制度管人"的管理方式。管理者不能只凭自己的主观意志来出台各种规定约束员工，而应该使管理工作变得制度化和规范化，把制度规范当作执行力的标准，而非把个人的口头命令当成执行力的准绳。当个人意愿和制度发生冲突时，不要要求员工违背制度办事，而应该自觉遵守公司的管理制度，除非现有的制度已经严重落伍不符合时代发展需要，否则不要颠覆原有的管理制度。

二、保证管理制度在执行工作中的有效性。管理制度不能只成为一纸空文，它必须落实到实际工作中。有的公司尽管有一套较为完善的管理制度，要么不去实施要么在实施过程中完全走样，这样的制度不具备任何效力，完全失去了存在的意义。管理制度在建立和出台之日起，就应该被赋予相应的效力，否则制度就会形同虚设。

三、管理制度在颁布之前要经过认真论证，尽量使其完善和严谨，避免日后频繁变更。管理者不能让漏洞百出的管理制度出台，因为这样的制度日后必将经历频繁的补充和修正，如此必然破坏了它的严谨性，也会对它的效力产生不良影响。管理者在出台管理制度时一定要深思熟虑，确保这套制度经得起现实的考验，不要频繁出台临时制度，而要为企业建立起一套切实可行的完善制度，确保它的稳定性，使其成为自己管理工作的规范和指导，同时保障员工执行工作的有序进行。

准则 62. 缺乏监督检查机制

监督检查是监测企业目标落实情况的重要环节，没有有效的监督工作目标根本就无法达成。监督是执行力的有力保障，它可以保证团队按照计划来完成既定工作，监督力度不足或者监督工作失效会给企业造成无可估量的损失。

监督可以及时纠正任务执行过程中的偏差，使团队的实际行动符合规划中的期望，工作监督如果不到位，即使目标非常清晰，执行的效果也无从保证。企业在工作中出现这样或那样的问题，很大程度上是由于缺乏有效的监督检查机制所致。监督不力，工作在落实时就会失去控制力，小问题也会发展成大问题。有的企业管理混乱，很多工作根本没有人监督，员工工作是否到位几乎无人过问，而有的企业虽然建立了一套监督检查机制，然而监督的方法不对，因此也起不到有效监督的作用。

有效的监督方式包括三种：第一种是自上而下的监督，指的是领导跟踪检查员工的工作情况，以了解其是否符合计划要求，工作进度是否与预期一致，工作质量是否达标；第二种监督是通过下级员工主动向上级领导汇报工作来实现的，指的是执行者如期向自己的上司汇报工作进度和工作情况；第三种指的是明确相关工作人员在合适的时间对工作进行跟踪监控，回馈信息或者递交各种报告等，如仓库保管员需要对库存产品进行盘点，每天记录出库入库情况，月末必须保证记录和实物数量完全相符。

影响企业监督检查工作有效性的主要因素有四点：一、监督检查工作没有做好充分的准备，整个监督过程中检查工作过于松懈，致使检查结果失实，监督工作完全就像走过场，完全失去了意义。二、监督检查工作没有做到位，问责制定不健全，只重视检查结果而忽视平时的跟踪工作，或者只重视追查问题却没有把责任归咎到任何人身上，抑或只重视评比并没有把监督结果和奖罚联系起来。三、在监督检查工作中，管理人员没有充分发挥监督作用，各部门配合不积极，影响监督效果。四、被监督对象只是应付检查，并没有落实实际工作，蒙混过关后仍继续犯错。

郭颖在一家大型连锁酒店工作，总部经常不定期会对各个分店的工作进行监察。不过每次总部派人到分店检查时，郭颖所在酒店的经理早就从其它途径得到了消息，总能在监察人员到来前做好充分的准备工作。她会让酒店的服务员把每个客房打扫得一尘不染，临时提高对服务生的礼仪要求，一连好几天都在紧急培训他们，还逼迫每人恶补英语，以便能为外宾提供更好的服务。

可是检查风头一过，酒店又恢复了原来的样子，方方面面都暴露出了瑕疵，不但服务不到位，甚至连地板都没有拖干净，郭颖对这种形式主义的检查早已感到厌烦，她想如果酒店能一直保持检查时的状态该有多好啊。

在有的企业监督检查成了一个形式,几乎起不到任何作用。有的监察人员甚至会事先通知被检查对象,这样的监督当然是失效的,有的管理者对监督工作敷衍了事,经常纵容被检查对象,这都会给企业带来非常不利的影响。

管理者如何建立起有效的监督检查机制:

一、管理者要做到为人公正,严于律己。俗话说,上梁不正下梁歪,如果管理者自身无论在人品还是工作能力都存在诸多问题,那么根本不可能建立起有效的监督检查机制。管理者如果不能做到公平、公正地对待员工,那么早已失去了监督检查别人的资格,检查结果只有是客观的才是有效的,倘若结果不真实,检查工作也就失去了效用。

二、紧紧把握检查工作的重点和关键环节。管理者要充分认识到监督检查工作的重要性,找准检查工作的切入点,把握住重点,严格执行纪律,确保监督检查工作取得实效。

三、加强监督力度,把执行情况和相关责任人的利益挂钩。监督检查工作不能忽略问责环节,问责要严肃认真,一旦检查出工作出现了严重的问题,一定要把责任归集到相关人员的头上,这是提高制度执行力的有力举措,也是使员工能有效执行工作的重要措施。

准则 63. 领导不等于领导力

关于领导力有很多误解,有人说领导力的核心是职位;有人说领导力的核心是品质;还有人说领导力就是魅力,就是影响力,就是带领团队去实现目标……

其实领导力的关键不在于你"是什么",也不在于你"有什么",而在于你"做什么"。

不管你是总经理或者 CEO,还是学校校长、医院院长,或者局长、市长，这只说明你有所谓的"领导职位"，并不说明你有领导力。实际上，担任领导职位的人往往缺乏领导力。美国知名领导者约翰·加德纳说："即使在大型企业和政府机构中，级别最高的那个人也许只是头号官僚而已。"而且，有时候，领导职位还可能妨碍发挥领导力，原因之一是发挥领导力往往要求改变现状，而担任领导职位的人是现状的受益者，从而不愿意改变。

反过来，你也许只是一名保安、秘书、图书管理员……这并不说明你没有领导力，更不说明你不需要发挥领导力。即使你在你工作的组织中处于最底层，你也需要发挥领导力。你不仅需要领导你自己，还需要对你的平级发挥领导力，甚至自下而上地发挥领导力。

领导力像爱情，领导职位像婚姻。有婚姻不一定有爱情，反过来，有爱情也不一定有婚姻。这个世界上有两种人：一种人更在意爱情，而另一种人更在意婚姻。那些为了个人能够出人头地，为了职位带来的权力和金钱而追求领导职位的人，就像"宁愿坐在宝马车里哭，也不愿骑在自行车上笑"的某电视节目中的那位女性征婚者。她们更在意的是宝马车，而非爱情。领导力更像是"爱情指南"，而非教你"如何嫁给一位百万富翁"。

当然，更在意爱情的人并非不在意婚姻；同样，在意领导力的人并非不在意领导职位。他们知道：领导职位可以是发挥领导力的最佳平台，就好像婚姻是经营爱情的最佳平台一样。他们追求领导职位，不是为了职位会带来特权、金钱、地位、荣誉，而是为了能够在领导职位上更好地发挥领导力。

执行锦囊

"4E 和 1P"计划

"4E"计划是杰克·韦尔奇花了好几年的时间才确立下来的。他发现这一计划非常有效，它经历了不同行业和国别的考验。

第一个"E"是积极向上的活力（Energy）。

关于领导力，它就是有所作为的精神、渴望行动、喜欢变革。有活力的人通常都是外向的、乐观的。他们善于与人交流、结交朋友。他们总是满怀热情地开始一天的工作，同样充满热情地结束一天的辛劳，很少会在中途显出疲惫。他们不抱怨工作的辛苦，他们热爱工作。他们也热爱享受。总之，充满活力的人热爱生活。

第二个"E"是指激励别人的能力（Energize）。

这也是一种积极向上的活力，它可以让其他人加速行动起来。懂得激励别人的人能鼓舞自己的团队，承担起看似不能完成的任务，并且享受战胜困难的喜悦。实际上，人们会因为有机会与他们共事感到万分荣幸。

激励别人并不是只会做慷慨激昂的演讲，而是需要对业务有精深的了解，并且掌握出色的说服技巧，创造能够唤醒他人的氛围。

笔者知道一位出色的激励者的例子，那就是沙琳·贝格利女士。1988年，她以财务管理学员的身份开始了在通用电气的工作。在从事各种工作几年以后，沙琳被选拔出来，负责管理通用电气交通运输产业的六西格玛品质改善计划，那是她的领导才能真正开始展现的地方。在她的热情激励下，该部门的六西格玛计划得以顺利开展，受到了公司各方面的关注。

很难详细拆分沙琳的激励能力包含哪些具体因素，这种是一种综合能力，混合了各种技能。她是一位出色的交流者，能够把各种目标清晰地表达出来。她对工作绝对认真，但是并不过分在乎自己。实际上，她还有一种幽默感，善于与别人建立互信。她的态度总是乐观向上，无论工作多么困难，都能做好。

对于自己的六西格玛项目团队的出色激励，是沙琳表现出的杰出才能之一，也使她从众人当中脱颖而出，登上了通用电气的人才快车道。在负责了六西格玛以及其它几个项目之后，她被任命为通用电气总部审计部门的领导，并最终成为通用电气自动化事业部的CEO。如今，38岁的沙琳成了有拥30亿美元销售额的通用电气铁路事业部的董事长兼CEO。

第三个"E"是决断力（Edge），即对麻烦的是非问题作出决定的勇气。

第六章·执行之病

请看吧,这个世界充满灰色的气氛。对于同一件事情,任何人都有自己不同的角度。一些精明的人能够也愿意无休止地从各个角度来分析问题,但是,有决断力的人却知道什么时候应该停止评论,即使他并没有得到全部的信息,也需要作出坚决的决定。

在任何层次的团队领导者中间,最糟糕的那种类型就是迟疑不决的人,他们总是说:"把事情推迟一个月,我们再好好地、认真地考虑一下。"还有另外一类人,他们明明同意了你的建议,但是等其他人来到他们的房间以后,他们的想法又改变了。我们把这些缺乏主见的人叫作"首鼠两端的老板"。

沙琳说,在多年的管理实践中,我也用过一些非常精明的人。他们中许多人是从咨询业过来的。不过,我发现其中有的人在做决断的时候遇到了较大的困难,尤其是在他们进入业务部门以后。因为在许多情况下,他们都能想到太多的备选方案,这反而妨碍了他们下决心。这种优柔寡断的性格把他们的团队带进了不安定的状态,最后甚至成了自己的致命伤。

上面的问题自然把我们引导到第四个"E"上面,那就是执行力(Execute),落实工作任务的能力。

第四个"E"似乎是显而易见的事情,但是好些年以来,我们在GE只关注到了前三个"E"。我们以为,具备前三个"E"的人就已经不错了,由此可以选拔出几百名员工,并把大多数人归为"很有潜力"的类型。

在那个时期,我常到业务现场去参加人事评议,同行的还有通用电气负责人力资源管理的老板比尔·康纳狄(Bill Conaty)。在评议会上,我们会查阅一张单页资料,那上面有每一位团队领导者的照片、他的老板所做的业绩评定,此外还有三个圈,分别代表上面的一个"E"。这些圆圈会被涂上一定面积的颜色,以代表该员工在相应的指标上所展示出来的实力。例如,有的人在"活力"上面可能得到半个圈,在"激励"上面得了一个圈,在"决断力"上面得到1/4个圈。

然后,在为期一周的中西部地区视察结束后,比尔和我飞回总部。他一页页翻看那些"很有潜力"的员工资料,发现它们大都有三个被涂满的圆圈。于是,比尔转向我。"你知道,杰克,我们肯定遗漏了某些重要的指标,"他说,"以现有的指标来看,这些人都非常出色,但他们中的一些人业绩却很不好。"

被我们遗漏的东西正是执行力。

结论出来了。你可以拥有积极向上的活力,懂得激励自己周围的每一个人,能够做出坚决的判断,但你可能依旧不能跨越终点。执行力是一种专门的、独特的技能,它意味着一个人要知道怎样把决定付诸行动,并继续向前推进,最终完成目标,其中还要经历阻力、混乱,或者意外的干扰。有执行力的人非常明白,"赢"才是结果。

如果某位应试者具备了以上所有的"E",那你最后还需要看一点,他有没有那个"P",激情(Passion)。

所谓激情,我的意思是指对工作有一种衷心的、强烈的、真实的兴奋感。充满激情的人特别在乎别人和发自内心地在乎同事、员工和朋友们是否取得了成功。他们热爱学习、热爱进步,当周围的人跟他们一样时,他们会感到极大的兴奋。

有趣的一点是,那些富有激情的人并不是仅仅对工作感到兴奋,他们常常对周围的一切都充满激情。他们是体育比赛的球迷,是母校的狂热拥护者,或者对政治充满兴趣。

无论怎样,他们的血管奔流着旺盛的生命力。

准则64. 屡次犯同样的错误

人非圣贤,孰能无过,没有人能做到一生都不犯错误,工作中偶尔出现失误也是人之常情。第一次犯错可能是因为经验不足,对新工作还不是十分熟悉，所谓不知者无罪，这时犯错是可以原谅的；第二次犯同样的错误就属于太不小心了，有心的人绝不会在同一个地点连续摔两次跤；第三次犯同样的错误就有点让人难以理解了，屡次犯错屡教不改则是没有责任心的表现。

工作认真的人同样的错误只会犯一次，因此一次失误足以让其认识自己工作中的问题，下次遇到同样情况时就会变得更加谨慎，而不停地犯同样错误的员工显然没有把工作放在心上，出现问题后马上就把所有的经历抛诸脑后，下次遇到同样的问题又掉进错误的陷阱里了，把工作交给这样的员工来执行管理者怎么可能放心呢？

李瑾是一家汽车公司的高级主管，她手下的一名行政人员每次在第一次做错事时她都提醒那名员工下次要注意些。可是那名行政人员却接二连三地犯同样的错误，每次受到批评总有一大堆辩解的理由，这让李瑾感到分外恼火，后来只好把这名屡教不改的行政人员调到了别的部门。

李瑾非常赏识销售员小王，他虽然年纪小，但是工作态度却比那名调走的行政人员要强百倍。小王刚来公司时销售业绩排在最末，短短一年之后他就成了整个团队的销售冠军，他的销售业绩一直非常稳定，几乎月月夺魁。当公司招进了一批新员工时，李瑾吩咐小王向大家分享销售心得，小王翻开了一个厚厚的黑色笔记本，里面详细记录了他和客户沟通时犯下的每一次错误，以及犯下错误后他总结的经验和教训。

犯错误虽然会让人沮丧，但是它却能让人警醒，使我们清醒地认识到自己的不足，从而更好地弥补自己的弱点，在下次遇到同样的难题时避免走进同样的误区。但是人们对待错误的态度却各有不同，有的人对自己犯下的错误毫不介意，就像案例中的那名行政人员一样，总是犯同一个错误，而有的人在第一次犯错时，就能虚心思考错误产生的原因，使其成为自己的经验和教训，并告诫自己以后不可犯同样的错误，从而提升自己的执行力和业绩水平，案例中的小王便是这样。作为管理者，要教导员工避免在同一个问题上出错，绝不能纵容他们屡教不改的坏习气。

最卓越的 >>>> 管理准则

有一次希尔顿在去日本东京的途中，乘坐飞机时一位女记者问他："希尔顿先生，您能取得这么了不起的成就，请问有什么经营技巧吗？"希尔顿并没有正面回答女记者的问题，而是微笑着对她说："等你抵达东京以后，可以到我的旅馆入住，离开时请把感到不满意的地方告诉我，你下次再光顾旅馆时，我们绝不会犯同样的错误，一定能令你满意，这或许就是我的经营技巧吧。"

古语云，知错能改善莫大焉。犯下错误不要紧，这说明我们的工作还有需要改进的空间，我们的业务水平还有继续提升的必要，纠正犯过的错误本身就是一种进步，因此它从根本上提升了你的工作水平，希尔顿的经营理念无疑是正确的，管理者只有及时纠正了员工屡次犯同样错误的弊病，才能使其真正成长起来，各项工作才能得以顺利进行。

管理者应如何对待屡次犯同样错误的员工：

一、首先要弄清员工是否以同样的方式犯错。一个员工犯同样的错误所呈现的形式未必完全相同，管理者应对此加以区分，并区别对待。如果员工是以一模一样的方式犯错，说明他对之前的错误一点也没放在心上，是一种对工作没有责任心的表现，管理者要对这类人严加处理；如果员工是以另一种形式犯同样的错误，说明他做事死板，不知变通，未必是工作不认真造成的，管理者对其指点一下，让其以后改正便可。

二、员工第一次犯错时，管理者要教会其处理方法。员工第一次犯错时，也许并不能找到真正的解决之道，管理者要教会员工在同样的情况下如何避免犯错误，使其找到相应的解决方案，这样下次遇到同样棘手的问题时，员工就会清楚该如何处理问题了，一般而言，不会再犯下类似的错误了。

三、分析员工屡次犯同样错误的原因，找到症结所在。员工屡次在同一个地方犯错，可能是他个人的原因，也可能是因为管理本身存在问题。如果是因为管理工作存在问题，就算你辞退了经常犯错的员工，新上任的员工仍然会继续犯同样的错误，因为问题本身并没有得到根本的解决。管理者要经常反省自己的管理方式，如果自己团队中的多名员工都出现屡次犯同样错误的现象，这极有可能是你管理不得当的征兆，及时排查自己在管理工作中的问题，不要一味责怪员工。如果是员工在同一个问题上已经犯了 N 次错误，原因在他自己身上，管理者可根据实际情况给予一定的惩处。

准则 65. 不重视企业文化

企业文化是一个企业的灵魂，它包含着企业的人文精神和价值观，是促进企业不断向前发展的助推器，也是激发员工使命感的催化剂。企业文化同时也是一个企业信念的基石，它可以给员工带来归属感、责任感和荣誉感，优秀的企业文化会使整个组织自上而下形成一种清新之风，使管理者和员工自觉地把企业的核心价值观当成自己的价值观，为了同一个梦想和同一个目标而奋斗。

企业文化绝不是一种空泛的思想，也不仅仅是一种价值观，有了它企业就拥有了一种强大的执行力。没有企业文化，团队就没有凝聚力，很多工作都很难执行和开展下去。因此从某种程度上说，企业文化比管理更为重要，管理上存在问题，还可以慢慢调整和纠正，但是一个公司如果没有企业文化或者企业文化存在严重问题，整个公司的发展就会陷入困境，员工也会迷失方向。

企业文化是一种无形的巨大力量，它在潜移默化中影响每一位员工，优秀的企业文化就像润物细无声的春雨，可以给整个企业和团队带来蓬勃发展的力量，而糟糕的企业文化则像恼人的雾霾，让企业和团队失去生命的活力。

红蜻蜓集团董事长钱金波认为，企业文化具有两种力量，一是监督力，二是止滑力。如果一个企业的企业文化已然获得了员工的认同，那么员工的行为便会在无形中受到它的监督和制约。假如他的行为和企业文化相悖，便会一致受到大家的抵制，因为团队中的每位成员都已经成为了某种文明理念的监督者以及践行者，不但自己会自觉遵守企业的各项制度，还会帮助企业来维护秩序。如果一个公司暂时陷入经济困难，经过良好企业文化熏陶的员工一般不会迅速离企业而去，因为他们在精神上认同了企业，就会在行动上与企业同舟共济，在某种程度上员工的做法减缓了企业继续下滑的速度，所以具有止滑作用。

很多公司难以发展壮大，根本原因并不是资金和实力问题，而是因为在组织内部建立起健康良好的企业文化。当今社会企业文化越来越受到重视，但是不少中小型企业在打造企业文化时已经陷入了文化误区。以为每天组织员工唱歌、跳舞、喊口号，就是为公司建设了企业文化，这种观念太过肤浅了，企业文化并不是表面文章，也不是简单的形式，任何空洞的表象都是伪文化，它不仅不能带来执行力的提升，还会让员工陷入一种盲目的狂热中，对于整个团队是一点好处也没有的。我们经常看到有些公司秉承空泛的虚假的企业文化，企业未来的愿景是极其模糊的，价值观是混乱的，目标远在天边不可实现，宗旨也是完全错误的，这样的企业文化对于企业而言无异于灾难。

美国的安然公司破产倒闭，在业界曾引起了不小的轰动，关于该公司走向终结的原因，各大媒体做过很多评论，最为主流的观点还是归结于"诚信"这个古老而又常新的话题上。绝大多数报道都一致认为安然公司缺少诚信的企业文化。

我们知道诚信是一个企业发展的基础，没有诚信企业即使做强做大，也很难继续保持辉煌的战果。安然公司在2001年之前发展突飞猛进，在股票市场上声誉甚佳，但是公司不具备继续发展的潜力，业务绩效开始下滑，他们很怕投资者知道实情，更担心公司在业界的地位不保，尤其不能忍受一手造出的美梦就此破灭，于是他们开始造假欺骗投资者，诚信破产以后，他们的企业也破了产。

企业文化对整个企业的发展具有导向作用，其核心价值观和经营哲学可以使企业立于不败之地，也可以使企业瞬间破产。没有健康优秀的企业文化，企业或许可以兴盛一时，但最终都逃不过短命的下场，安然公司的破产便说明了这一点。一个企业想要长盛不衰，必须为自己量身打造出最契合时代要求的企业文化，否则企业早晚有一天会由盛转衰。

海尔集团的成功就是因为集团公司有很好的企业文化。在张瑞敏到任之前，海尔一直连年亏损，张瑞敏上任后立的第一条规矩就是"不准随地大小便"，从此企业从混乱的管理模式中解脱出来，走上了"以规治企"的道路。张瑞敏在物质匮乏的年代里，为了给员工灌输"零缺陷"的理念，一连砸碎了17台不合格的冰箱，使员工明白了严把质量关的重要性。海尔集团还有一条重要理念——如履薄冰、永远创新，员工们在这条理念的指引下，永远保持积极创新的心态来工作，公司发展蒸蒸日上。

如果把一个企业比作一棵参天大树，那么企业文化就是深埋在地下的根基，只有拥有优秀的企业文化，企业才能枝繁叶茂，否则就会走向枯萎。作为管理者，一定要注重企业文化的建设，因为公司拥有了优秀的企业文化，就会获得源源不断的发展动力，几乎没有什么事情是做不好的。

打造企业高绩效文化三部曲：

一、建立企业文化的共识以及衡量指标

当你询问任何优胜企业的团队，"什么是企业业务目标的重中之重"，你很可能得到这样的答案，比如"让市场份额提升10%"，或者是"削减15%的成本"。然而，如果你继续询问"什么是企业文化建设目标的重中之重"，你将听到各种各样不着边际的答案。我们的调查表明，高绩效文化的特点可以归结为较好的统一整合能力（让企业愿景更清晰、战略更明确、员工行为更统一）、较好的执行能力（形成得到更多拥护的行动方向，将冲突降到最低）、较好的更新能力（持续改进自己以超过竞争对手）——这是"组织健康"（Organizational Health）的三个衡量因素。那些采用了这种企业文化定义的企业发现，如此明确的描述对企业很有帮助,让企业能够找到相应的工具对这些具体内容进行衡量。他们进一步发现,企业文化不再是难以衡量和管理的,企业可以采用一些方式像严格管理业绩一样管理企业文化。

二、聚焦于少数几个最重要的企业文化转变点

我们发现,如果企业希望改变企业文化,在12个月到18个月的时间里,锁定的工作内容少于五项将取得较好的成效。将工作重心聚焦在少数几个点上,有利于促使每一个员工聚焦于最有利于实现目标的转变上。

比如,澳新银行的高级管理团队,首先建立了一套工作目标:提高市场份额,建立公开和诚信的企业文化,树立员工"能做到"的责任心。相关工作开展18个月后,澳新银行领导人感觉到企业文化在一些具体的内容上有了很大的改进,接着在随后的18个月里,继续推进其它工作,包括建立企业创新文化,进行人力资源开发,以客户为中心。如果不是采用逐步实现的做法,一开始就针对许多目标,那么很有可能削弱组织工作的成效,无法取得很好的效果。

三、对企业文化转变工作和企业改进工作进行整合

大多数员工工作都很忙碌。这就意味着如果将企业文化的转变工作作为一个独立的工作项目通常是很难取得成功的。我们发现,那些最终在企业文化转变工作中取得成功的,都必须很好地将这项工作和企业追求的业务目标结合起来。但是在此之前,你必须明确地对自己的企业文化进行定义。

比如,在第二个18个月企业文化项目中,澳新银行引进了销售激励项目和训练项目,以便让员工取得更好的业绩,同时帮助形成人力资源开发的企业文化。此外,澳新银行领导人确保做好一件事,当天的工作结束前,让各个分行召开的员工会议不仅仅是关于"数字"的会议,同时分享每个人的故事,讲述如何与客户互动并建立关系的故事。通过这样的方法能够让员工以客户为中心,改进工作方式。每个分行的培训效果以及客户聚焦情况,都将纳入分行经理的评估表。而销售人员激励奖金的多少,除

了与业绩有关，也与员工的企业文化表现有关。

如果能够很好地执行，遵从这三个步骤的企业文化转变项目不仅能让企业的整体业绩得到提高，同时可以为员工创造一个令人愉快的工作环境。对于许多管理者而言，成功地开展一个企业文化项目，是自己职业生涯最值得做的事情，因为这能够让他们将人性因素和商业目标整合起来。

准则66. 当考核无法带来执行力的时候

绩效考核对于人力资源管理来说是重要的，其考核标准也有相应的准则。根据调查，绩效考核是人力资源管理的一项核心职能，但却有高达30%～50%的员工认为企业绩效考核体系有问题。有效的绩效考核系统的建立被列为国内企业十大管理难题之列。

从绩效管理体系的完备性、管理心理学和组织行为学原理来分析绩效考核失效的原因，可以分为客观和主观两方面。

客观原因：主要是因为绩效管理体系完备性的缺失，包括对打分偏差现象的前馈控制和反馈控制的力度、手段不足，以及绩效考核系统本身对打分偏差结果的纠偏能力不足。例如，考评人不能真正领悟绩效考核指标/标准的含义，考评人不能准确把握打分等级与绩效水平之间的对应关系，等等。

主观原因：除了客观原因外，也有很多主观原因导致了绩效考核失真的产生，甚至是许多企业出现问题的最主要的原因。例如，管理者对待考核的工作态度不严肃，或者由于考评人不理解绩效考核的真正目的和用途，对待绩效考核持轻视态度等。

绩效考核失真应对策略：

一套绩效管理制度要想取得预期的效果，应在方案的设计和执行两方面都做好。基于上述分析，可采取的应对策略有：

一、完善绩效考核制度

1. 将考核性与发展性的功能分开实施。管理上，考核应该同时兼具过去导向的考核性功能，以及重视未来潜能开发的发展性功能，在两个不同时段的时间来进行，使用不同的量表，以获得个别的考核功能。

2. 将考核标准与用途分开化。考核标准是落实企业文化的一种工具，员工事先了解考核标准，才有工作追求的目标。在绩效面谈沟通时，双方都能明确地抓住重点，避免产生绩效面谈后的工作低潮与愤愤不平。

3. 将量表打分法与关键事件法结合。纯粹的量表打分法主观性太强，只有将关键事件法结合到打分法中，对于每一个等级的打分必须列举出相应数量的关键事例来佐证，这样才会减少不同打分者的打分差异，同时使得考评人在平时就会关注、记录下属的工作绩效。

4. 考核制度的检讨。定期检讨整体绩效考核制度的有效性与准确性，诊断考核流程的缺失与限制，将结果回馈至整个评估系统，通过不断修正、改进，制定出一套适当的考核制度。

二、加强考核过程的控制

1. 持续性且常态的观察。确保考核者对受考核者是进行过持续性且常态的观察，而不是在正式规定的考核期间，例如半年或一年才进行观察一次。

2. 考核资料的搜集。考核评分前应尽量搜集许多工作上表现的具体资料作为评分的参考。除了直属上司之外，员工自评、同僚、顾客或其他单位主管的考核数据搜集，也可以使考核结果更加周全、正确与公平。

3. 考核者的专门训练。对考核者施以适当的训练，让主管了解评估过程的理论基础，并且知道各种衡量错误的来源。

4. 评估考核的时机选择。考核频率的次数太多或太少，都有可能使考核流于形式化，失去考核意义。因此，宜以定期考核为主，平时考核为辅，使绩效考核更能掌握时效，发挥功能。

5. 结果的反馈。反馈可以减少角色的暧昧，并增加工作满意度，还可以明确引导部属的行为。所以，考核的结果应通知员工本人，并和员工薪金挂钩，同时考核者应与员工沟通，共同面对问题，解决问题。对于不服考核结果者，应给予申诉机会，消除员工不满的情绪发生。

6. 对打分数据进行纠偏处理。如果上述前馈控制、过程控制措施还是没能完全杜绝打分偏差的出现，就必须有后馈控制措施来对已经出现的偏差予以纠正。

准则67. 只想到自己，对任何事情不积极主动

在中国独生子女众多，不少在温室中成长起来的年轻人较为自我，缺乏自制力，而且没有自我管理的意识和能力。走上职场以后，他们仍改不了以自我为中心的习惯，不愿主动沟通，凡事都较为被动，对别人漠不关心，对待工作缺乏热情和积极性。在有的公司，即使有客人来访，员工也不愿意主动打招呼，更谈不上热情招待了。还有的员工只做自己手头上的事情，从不主动去做其它事情，从来没有把自己当成公司的一分子，也从不考虑不同工作内容之间的关联性，总之完成自己分内的事就可以交差了，对公司的其它需要基本无视。

彼得·德鲁克最后一部著作对21世纪的人类行为作出了反思，得出的结论是现代人越来越缺乏自我管理。自我管理包括四方面的内容：

一、作为员工，要认清自己有哪些优点和强项，并思考如何发挥自身的优点和强项。

二、总结自己在日常工作中采用的方法，分析哪些方法是自己感悟到的，哪些方法是通过向别人取经学习到的，哪些方法是在公司以外的场合悟到的。

三、回顾自己曾经为谁提供过帮助，与谁主动沟通过，扪心自问自己真正关心过公司吗，是否主动关心过同事或者其他人。

四、作为员工需要清楚自己工作的目的是什么，一生的目标是什么，希望在公司里获得怎样的发展，能对自己所在的公司贡献什么。

彼得·德鲁克所描述的自我管理还是颇有见解的，很多员工缺乏自我管理的精神，每天工作时只想着自己，几乎把自己当成了与公司不相关的独立个体，不愿意主动与他人沟通，也不想把自己的工作与其它工作连接起来，在这种状态下工作是不可能做出任何成绩的。

如果每个员工都没有自我管理的能力，对待工作一点激情都没有，也不明白自己在团队中所扮演的角色，总是关起门来自己造车。不了解他人与自己以及他人的工作与自己的工作之间的关系，这样的团队恐怕连一个最简单的方案也执行不了。如果把公司比喻为一家工厂，把公司所有有形的产品和无形的服务比作出产的机器，把每位员工的工作成果比作他们制造出来的零部件。我们知道一台机器是由众多的零部件组装而成的，部件与部件之间必须是严丝合缝的，否则机器就要出故障。如果团队的每个员工都只关注自己的工作，从不主动与其他成员沟通合作，他们必然不会考虑自己制造的零部件成为机器中的一部分之后会发挥怎样的作用，那么由这样的员工共同生产出来的机器能正常运作的可能性是极低的。

易晓珊是一名行政管理人员，负责在系统中录入有关销售方面的各类信息，本来工作量就非常大，销售员又不肯主动配合自己的工作，这让她感到非常苦恼。每次都是她催促销售员提交各类表格和回单，很少有人主动上交这些东西，有的销售员催促多次之后才能把她要统计的数据资料上交上来。

在公司例会上，易晓珊多次提出销售部门执行力差的问题。可是销售员们却不把她的意见放在眼里，私下里还说没有我们公司哪里来的利润。行政部门是靠销售部门来供养的，我们做好自己的本职工作就可以了，哪有那么多多余的时间来配合你的工作。易晓珊听到这种论调非常生气，她认为公司是一个整体，各项工作需要大家主动配合才能得以开展，可是员工们却意识不到这一点，做工作只想自己省事，凡事都不主动，一点也不在乎给别人的工作带来了多大的麻烦。

管理者如果遇上案例中这样的员工，各项工作开展起来都将障碍重重，团队成员之间懂得配合和分工协作才能把工作做好，如果互相之间不能主动配合，工作的衔接都要靠他人不断催促才能勉强完成，不但降低了整体的工作效率，其工作品质恐怕也难以得到保证。员工对待工作的态度直接影响执行的效果，工作态度消极，执行力便难以保障，如果管理者不能打破团队成员之间的隔阂和壁垒，任由他们在私心的驱使下以"当一天和尚撞一天钟"的心态来工作，那么团队的目标是不可能达成的。

执行锦囊

一、管理者要想清除员工过于自私，对工作不愿主动沟通合作的弊病，首先必须要让员工时刻谨记自己应当承担的职责。工作内容并不完全等同于工作职责，有的员工只愿意完成上级交代给自己的工作内容，对与此无关的事情漠不关心，就算有的事情在自己的工作职责之内也不想主动插手，这样做显然是不对的。管理者在下达工作任务时，不但要讲清工作内容，还要强调每个人应当承担的工作职责，告诫员工不要把目光局限在工作内容上，做事情要从团队整体利益出发，主动去承担一些工作，尤其要懂得配合别人的工作。

二、管理者要培养员工的主人翁意识，为整个团队注入融合动力。优秀的管理者会让团队中的成员成功从被动的打工者的意识中脱离出来。让他们觉得自己就是企业的主人，把工作当成事业来做，而不是仅仅当成一种谋生工具或者当成负担，只有这样他们才能真心关注企业的发展和团队的进步，并愿意为此尽自己的一份心和一份力。

三、管理者要成功使员工形成大局观，让他们自觉地以大局为重，认识到主动沟通合作的重要性。管理者要纠正员工的狭隘观念，培养他们的全局观念，让其充分意识到每个人的工作对于其他人是如何产生多米诺骨效应的。一个环节出问题就会影响到整体，每个人的工作都不是各自割裂的，它们之间是紧密相连的，团队成员的工作对于企业的现在和未来起着至关重要的作用，只有紧密配合的团体才能共创佳绩。企业发展壮大了，员工才能得到更多的福利，如果每个人只一心想着自己，工作积极性不高，企业效益就会不断下滑，团队的士气会越来越低落，那么个人的利益也将失去保障。个人与团队其实是整体和局部的关系，整体垮台了，局部的存在也便失去了意义。反之，如果局部能协调发挥作用，整体就会得到良性发展，局部也会因此受益。

准则 68. 缺乏危机意识

19世纪末，美国康奈尔大学曾经用青蛙做过一次非常著名的实验。研究员把一只青蛙放进了热气翻滚的开水锅里观察它的反应，青蛙在命悬一线之际敏捷地从水锅里跳了出来，侥幸保住了性命。半小时之后，研究员在锅里放进了冷水，将那只死里逃生的青蛙放进去，青蛙舒舒服服地在水里游弋，随后慢慢用炭火加热锅底，冷水慢慢地热了起来，青蛙似乎很享受那份温暖，根本就没有意识到什么危险，等到它感到水太烫了，却早已没有了奋力跳出锅的力气，最后被烫死在水锅之中。

这个实验说明缺乏危机感是非常可怕的。危机并不是显而易见的，我们生活在一个渐变的环境当中，如果我们缺乏敏锐的洞察力，就会被表面的风平浪静所迷惑，最终被海底暗涌的波涛所击中，酿成无法挽回的可怕后果。作为团队的领导者，必须时刻为即将到来的危机做好充分的准备，等到危险来临的那一刻才做出反应，就已经到了无力回天的地步了。领导者不能安于现状，要主动发现问题和解决问题，把所有可能出现的危机消灭在萌芽状态中，以最快的速度和最为稳妥的方案适时化解难题，避免让企业遭受不必要的重大损失。

未来是不可预测的，对于企业而言，不仅外部环境具有很大的不确定性，内部经营管理也存在着各种隐患，风险是不可避免的。因此管理者必须具有危机意识，只有这样遇到新的情况或突如其来的变化，才能做好充分的应对准备，危机降临时，才能把损失降到最低或者干脆避免损失，让企业避开迎头的风浪，稳步向更开阔的水域行进。很多企业经营成果毁于一旦，并不是因为重大决策上出现了失误，而是因为缺乏必要的危机意识，应对危机的能力太差。

雀巢公司是一家享有盛誉的知名企业，其出产的咖啡非常畅销，乳制品在世界各地也广受欢迎。1977年，美国奶制品行动联合会会员号召广大公民坚决抵制雀巢产品，他们声称雀巢公司无视消费者利益，为了自身利益故意忽视人造乳品在营养方面存在的缺陷，并误导大众。由此掀起了一场声势浩大的"抵制雀巢产品"的运动，雀巢公司陷入危机，在接下来的十余年里，雀巢婴儿奶粉销量持续走低，公司损失惨重。

雀巢公司在危机处理方面失利，欧洲以生产奶制品和肉类制品为主打产品的企业在危机管理方面也显得十分力不从心。我们知道欧洲的畜牧业十分发达，市场对于奶制品和肉类产品的需求非常旺盛，这两大产业一直以来发展势头不错，其核心产品不仅供应本土市场，还成为世界市场上的畅销货，但是一场席卷欧洲的疯牛病给欧洲的畜牧业带来了沉重的打击，不少公司在这场毁灭性的危机面前走向了破产，有的苟延残喘难续昔日辉煌。

一些和畜牧业没有关联的产业因为使用了动物制品，也在这场重大的危机中受到了重创。含有牛骨胶成分的名牌化妆品受到了波及，以牛血作为澄清剂的法国红葡萄酒也受到了严重影响。在突如其来的危机面前，许多企业从此一蹶不振，即使还不至于濒临破产，其蒙受的经济损失也是非常巨大的。

如今，领导者越来越重视企业的危机管理，危机是不可预测的，其破坏性是不容小觑的，一场巨大的危机足以吞噬企业的生命力，使一个具有相当竞争力的企业走向衰亡。身居高位的领导者其对危机的处理能力直接关乎企业的生死存亡和长足发展，所以必须对外部和内部存在的各种风险具有清醒的认识，并给予其足够的重视，只有这样当危机真正到来的那一天，管理者才能迅速采取行之有效的决策，成功控制危机的蔓延，帮助企业脱困。

执行锦囊

面对变幻莫测的环境，有的管理者有着敏锐的判断力和深刻的洞察力，能够及时发现危机和潜在的风险，从而做到处变不惊，采用积极的策略成功化解危机。而有的管理者却对危机不敏感，甚至有些麻木，危机降临时顿时阵脚大乱、疲于应付，搞得团队内部人心惶惶，致使危机延续了很长时间，企业元气大伤。管理者必须懂得汲取教训，时刻保持警觉，高度关注复杂多变的市场环境，同时不要忽视企业内部可能存在的各种隐患，及时果断地对各项策略进行有力的调整，使企业避开危机或者将危机完全消解。

管理者除了平时多做准备以外，还要具备应对危机和处理危机的能力。危机爆发往往是瞬间的事情，管理者是否能在较短的时间内找到应对之策直接影响到危机处理的结果。

美国的一家制药公司因为危机管理得当，最终挺过了难关。这家制药公司主营产品是泰莱诺止痛片，市场占有率高达40%，后来芝加哥有7人因服用此药而身亡，据说在药品中发现了毒性奇高的毒氰化钾成分，这个爆炸性新闻立刻引起一片哗然，人们不敢再服用泰莱诺止痛片。危机爆发第一个星期，公司全面配合警方调查，警方在含有氰化钾成分的泰莱诺上面发现了针孔，这说明有人故意把有毒成分注入产品内部，调查结果显示公司产品没有任何问题，公司只是被陷害了。

调查完毕后，公司立即发布广告澄清事实，并租用卫星频道在20多个州举行新闻发布会。第三个星期，公司又发布了大量的广告，还向顾客发送优惠券，专门为患者设立热线电话以便其咨询，并成立专家组到全国各地巡回演讲，危机过后，公司不仅没有倒下，反而更加受到消费者信赖，逐步发展壮大起来。

当危机到来时，管理者绝不能逃避，危机不会自动解除，也不可能随着时间推移而消失于无形，越拖延处理危机就会越严重，管理者必须主动采取应对之策，积极制订出破解危机的应变方案，否则后果就会不堪设想。

第七章

执行之方
—— 与其满堂灌输，不如个别开药

准则 69. 了解你的企业和员工

随着生活节奏的越来越快,很多人只顾表达自己的想法,而忽略了倾听的重要性。在为人处世中不懂得察言观色的人,最终很难取得皆大欢喜的结果。所以,在我们学会怎么运用"揣摩之术"前,先要学会用耳朵去倾听。上帝之所以给了我们一张嘴和两个耳朵,就是为了让我们多听少说。

从前有一个国王治国有方,国家在他的统治下,国力非常强盛。一天,从远方的一个小国来了一个傲慢的使臣,他代表小国的国王进贡了三个金人,每个金人都是纯金打造,工艺精巧,光彩夺目。大国国王看了使者的贡品非常高兴,问这位使者想要什么赏赐。不料这位使者却说,自己不要赏赐,只希望国王能够回答自己一个问题,就是这三个金人哪个最有价值。

国王被这个问题难住了,因为他用了许多的办法,始终无法得出答案。不论是重量、成色还是做工,这三个金人的价值都是一模一样。国王只好召集文武百官,让他们想想办法。文武百官又分别尝试了各种办法,还是没法回答出问题的答案,最后,有人推荐说,上一任宰相见多识广,虽然如今退休在家,但是如果把他请回来,也许会有办法回答这个问题。

第二天,小国的使者傲慢地站在国王的大殿上,问道:"不知国王能否回答我提出的问题。"国王说道:"不要急,我马上让我的宰相给你答案。"说着,看了看一旁的老宰相。使者这才注意到,大殿上多了一个须发皆白的老人。只见这位老人胸有成竹地拿着三根稻草,走到三个金人面前。他将第一根稻草插入第一个金人的耳朵里,结果稻草从金人的另一个耳朵掉出来了。他又将第二根稻草插入第二个金人的耳朵里,结果稻草从金人的嘴巴里掉出来了。最后,他将第三根稻草插入第三个金人的耳朵里,结果稻草掉进了金人的肚子,什么响动也没有。老宰相指着第三个金人对使者说:"这个金人是最有价值的!"使者脸上马上消失了之前的傲慢神色,站在一旁默默无语,肯定了老宰相的答案。

国王对宰相的方法十分不解,便问宰相说:"为什么第三个金人最有价值呢?"

宰相回答说:"第一个人左耳朵听,右耳朵冒,根本无法听从别人的意见,所以毫无价值;第二个人口无遮拦,听什么就说什么,不但没有价值,而且容易惹祸上身;只有第三个人,懂得倾听的重要,听了之后守口如瓶,所以他是最有价值的人。"国王听后,深深被宰相的道理所折服,从此更加尊重这位已经退休的宰相了。

所以,懂得倾听的人才是最有价值的人,倾听也是掌握"揣摩之术"的第一步,是取得信息最可靠的途径,是通往他人内心最有效率的桥梁。

执行锦囊

上司最痛恨的是下属的不诚实。作为下属,最痛恨的就是上司像"耍猴"一样地耍弄自己,这很容易失去下属对你的信任。

一、不要欺骗下属

不要欺骗自己的下属,特别是不能为了个人的目的而欺骗下属。有时为了未来的利益,为了集体的利益,我们需要有些隐瞒,甚至是欺骗,但为了个人的目的是不应当的。我们可以原谅前者,但绝不会谅解后者。

有的领导可能觉得耍一些不起眼的小手段,下属不会感觉到。其实他错了,人心是一样的,你想得到的东西和想避免的事情,作为下属也是一样的。有的人喜欢把自己内心的想法隐藏起来,却以另一套说法来迷惑大家,他以为大家不会知道他心里的想法。实际上大家心里跟明镜似的。就如同我的一位朋友说的一句话:"不要以为别人都是傻瓜"。领导并非因为职务高就比下属更聪明。

也许有的时候,大家一时不清楚,但随着事情的发展,一切也都会昭然若揭。一旦下属明白自己受到了欺骗,特别是受到伤害的情形下,下属会感到羞愧和愤怒,上司的权威和信誉也就走向了没落。

正如原国际电报电话公司总裁赫拉尔德·格尼恩在《领导的艺术》中

这样说道："在整个管理梯队上，一个管理人员只要对他的一个下属口是心非、耍两面派手段，在关键的时候嘴里是一套而做起来又是另一套的话，那么他就永远地失去了这个员工对他的尊敬，永远也不要再期望这个员工会对他忠诚。"

二、不要操纵下属

上司为什么要操纵自己的下属，一般情况下是因为自己要达到的目的不够"阳光"，太自私。要么说出来，会影响自己的声誉和形象；要么说出来会打击下属的热情和忠诚，甚至会遭到下属的拒绝。

笔者见过这样的一位领导，喜欢在自己的身边培植几个忠心耿耿的人，并通过小恩小惠来笼络他们，这并没有什么不对的。但问题是，他常常利用他们去做一些"下三烂"的活，比如打举报电话、写匿名信等。他的下属明知这样做会给自己的人际关系惹来很大的麻烦，甚至会由此结下难以化解的恩怨，但却没有勇气拒绝，这给下属的心理带来了很大的压力。

作为领导，一定要有责任感和道德感，不要指示或暗示下属从事一些可能给下属带来职业风险的事情，这很容易陷下属于两难的境地。一方面，下属不想拒绝上司，这有可能会得罪上司；另一方面，如果听从上司的安排，弄不好会得罪他人或成为上司的替罪羊。

那些经常让自己的下属陷入两难境地的领导是不会得到下属的忠诚的，只要有机会下属就会背弃你，因为你已经在责任和情感上背弃了你的下属。

那么，究竟应该怎样倾听才能够获得良好的效果呢？毕竟每个人都长着一对耳朵，而很少有人懂得应该怎样去用它们。听与倾听的区别就在于：听是一个人本能的生理行为，只要耳朵没有问题的人，都可以听；而倾听则是一个人的心理行为，要想学会倾听，必须掌握倾听的三个技巧：

1. 要在内心里尊重对方

不管我们的身份如何，我们在内心里都应该尊重我们身边的每一个人。只有我们相信身边的每一个人都能够提出有用的意见，能够对我们的发展提供独一无二的帮助时，我们才能够有效地倾听别人。因为，只有尊重别人，才能赢得别人的尊重，从而才能听到来自四面八方的好主意。

2. 在倾听时学会引导

有些时候，态度尊敬并不足以听到对方的全部对话，从而也就不足以判断对方的真实意见。所以，为了通过对话了解别人的真实想法，获取充分的信息，引导在倾听中也显得十分重要。

那么，究竟什么时候应该倾听，什么时候应该引导呢？最理想的对话是：80%的时间由对方说话，20%的时间用来自己引导。在引导别人时，可以直接提问，也可以说出自己的看法，甚至只是注视着对方的眼睛，然后点头微笑。但是有一点一定要记住，就是在尊重对方的同时，要让自己说的话有意义。所以，在引导过后，一定要保持安静，学会控制打断别人的冲动。因为，如果总是忙着说，那么就会无法真的倾听。

3. 不要盲目下结论

在倾听时，另一个重大的敌人就是在没有完全听懂对方的话之前就盲目下结论，这样难免会给人留下武断、毛躁的印象，从而影响了沟通的质量。一个好的倾听者应该有足够的内心去让人把话说完，同时应该有开放的心胸去找出对话中更多的可能性。

如果有人对你倾诉其实是一件很幸运的事情，这说明了对方把你当作可以敞开心扉的人。换句话说，如果周围的亲朋好友在面对你时都讳莫如深，那么你才是你交际中的最大失败。鬼谷子说："古之善摩者，如操钩而临深渊，饵而投之，必得鱼焉。"所以，不要再做一个滔滔不绝、喋喋不休的人；而要学会用心倾听，察言观色去钓出对方的心里话。这样你才能够在为人处世中揣摩出对方的心理，从而达成自己的目的。

准则 70. 出门看天气，管理看情绪

国内某知名网站最新的一项关于职场人压力状况的调查显示：48.6%

的职场人表示压力很大，44.4%的职场人表示压力处于一般状态，完全没有压力感的职场人只占7%。在当前的整体职场高压氛围下，如何引导员工释放压力以及由其而导致的不良情绪？

常言道，"怒伤肝、气伤脾、悲伤心、忧伤肺、恐伤肾"。从个体角度来看，不良情绪是一种心理疾患，它会伤害了自己，使自己失去真正的快乐；从群体角度来看，不良情绪是一种流行病患，这种情绪感染具有人际间蔓延的特性，必须加以舒缓、引导和输导，对企业员工进行情绪管理。

情绪管理是指通过研究个体和群体对自身情绪和他人情绪的认识、协调、引导、互动和控制，充分挖掘和培植个体和群体的情绪智商、培养驾驭情绪的能力，从而确保个体和群体保持良好的情绪状态，并由此产生良好的管理效果。

执行锦囊

一、营造情绪氛围，提升个体感受

每个企业都有一定的组织氛围，如愉快的工作氛围、沉闷的工作氛围、复杂的人际关系等。这种组织情绪会影响员工的工作效率和心情，甚至会成为一个员工是否留在企业的原因。整个组织的情绪氛围会影响和改变员工的情绪，尽管员工和组织的情绪是相互影响的，但是组织对个体的影响力量要比个体对整个组织的影响力量大。因此，从企业发展的角度来看，必须要营造企业良好的情绪氛围。

二、建设企业文化，理顺组织情绪

在现代企业中，企业文化已经逐渐成为新的组织规范。事实上，企业文化对员工不仅具有一种强有力的号召力和凝聚力，而且对员工的情绪调节起着重要作用。一般而言，员工从进入企业起的那一刻便开始寻求与企业之间的认同感，如果企业文化中有一位员工愿意为之奋斗，那么这个企业就能够激励员工超越个人情感，以高度一致的情绪去达成企业的目标愿景。在核心价值理念中，像惠普公司"尊重个人的主观精神"，默克公司的"我们从事保存和改善生命的事业"等，激励了一代又一代惠普人、默克人热爱自己的公司和事业，共同追求公司的基业长青。

三、开放沟通渠道，引导员工情绪

积极的期望可以促使员工向好的方向发展，员工得到的信任与支持越多，也会将这种正向、良好的情绪带到工作中，并能将这种情绪感染给更多的人。企业必须要营造良好的交流沟通渠道，让员工的情绪得到及时的交流与宣泄，如果交流沟通渠道受阻，员工的情绪得不到及时的引导，这种情绪会逐步蔓延，影响到整个团队的工作。

四、匹配工作条件，杜绝消极情绪

工作环境等工作条件因素对员工的情绪会产生很大影响，在实际的工作中，需要将工作条件与工作性质进行匹配，从而避免其消极情绪的产生。如 IT 行业的工作具有强烈的不确定性，非常强调员工的团队合作能力。因此，办公室环境应设计成开放式结构，在办公用具的摆放、员工工作空间等方面可相对宽松，有利于团队成员间的交流；又如广告业的工作特点是创新和个性化，因此，墙体的颜色可刷成利于激发灵感的颜色。培训情绪知识，增强员工理解。

情绪心理学家指出，情绪知识在决定人们的行为结果时可能起到调节作用。情绪知识是员工适应企业的关键因素，企业可以通过针对性的"情绪知识"培训，增强员工对企业管理实践的理解能力，激发员工的工作动机以适应组织的需要。

准则 71. 确立明确的目标和实现目标的先后顺序

对于高绩效管理模式的成功运行来说，仅仅确定目标是不够的，目标确定的真正挑战在于上下级对设定的目标的共识。目标设定工作的是以目标达成共识为终结。

我们通常可以看到创业初期的企业成长速度很快，从员工到老板的所有人都十分努力地开展工作，而发展到了一定的规模，人数多了、资金充足了、环境好了，企业整体的竞争力却降低了，内部出现的权力斗争、人浮于事、消极怠工等不利于企业发展的现象开始逐渐出现。通常企业会选择大刀阔斧地改革或采用圆滑的太极拳将矛盾打压或转化出去，这必然会产生阵痛。这说明了第一个问题：个人目标和企业目标是在不断变化中保持相对的异同，当个人目标与企业目标一致时，企业会高速发展；反之就大相径庭。

但凡希望将企业作为事业来经营的领导者，在企业创建之初都会为企业设定相应的文化，比如："高高兴兴上班来，平平安安回家去"；"勤奋、务实、诚实、有信"；"顾客永远是对的"；等等。每一个到来的新员工都会由学习企业的发展历史开始熟悉自己的工作，不断地接受这同一个目标直到离开这家企业。这一目标的确认有很深刻的时代背景，比如说"高高兴兴上班来，平平安安回家去"即是因为这家企业是以生产为主的，可能是煤炭、可能是钢铁，或者是其它的较为危险性的职业，这时平安就成为第一目标，是时时刻刻都要强调的东西。随着时代的进步，生产流程的标准化，安全系数的提高。记得某大型煤炭企业就将在墙上挂了几十年的这句话改成了"高高兴兴上班来，心满意足回家去"。这就表明企业员工的需求提高了，已经不单单满足于应有的平平安安还要求获得更高层次的价值。目标是随着时间不断升级的，不能按照同一标准来衡量不同时代的人的需要。

如果你像我一样，一天中只有数量有限的时间和精力去完成你所需要完成的事情并且又在同时想要去追寻你的更大的目标。那就学习一种简单的将会帮助你以尽可能最精简的方式创造美好生活的四步骤策略，为达成目标做准备。

帮助执行团队达成目标的四个步骤：

一、知道你所期望的结果。当你使用汽车的导航系统时，你是否会输入所有你并不想去往的地方，还是只输入一个你想去的地址？很明确，知道你所想要的结果是至关重要的。你想要实现什么？你在追寻什么？你希望它是怎样的？这是目标达到第一步。现在不是态度随意、语意模糊，甚至是谦虚的时候。试想一下，你擦拭神灯并得到了一次机会来要求获得你所想要的东西，要清晰且具体。

二、采取行动。达成你的目标以及创造一个更美好的生活的最好的建议是什么？行动起来，切实地去做。不要落入必须知道开始行动所需要的最佳的做法的陷阱，因为这会导致拖延。事实上，这是我们很多人所使用的因此就不需要开始行动的一个借口。

分析1001台跑步机以找到最佳的功能组合远没有去健身房并开始在跑步机上锻炼那么可怕。你可以在工作的会议中看到这样的动力形态，让我们安排另一次会议来讨论我们所需要去做的一切事项而不是实际开始行动。但是，我们为什么会陷入这个无所作为的陷阱中呢？因为它是安全的。我们害怕可能会做错某些事。灵感是变幻不定的。你可能会在前一分钟感觉到了它，然后，噗，它在下一分钟就消失了，除非你以行动来培育它，采取行动并开始进行。扔掉金属护手而去做某些事情甚至是错误的事情，要比把它留在你的脑海中并失去灵感要更好。

三、关注反馈信息。还记得当你还是孩子时玩过的冷或热游戏吗？如果你玩那个游戏不移动自己的位置，会怎样呢？你就永远都不会知道你距离奖品是更近还是更远了。如果你把想法留在脑海中太长的时间并试着去分析每一个可以想象到的下一个步骤，你就将永远不会知道你的道路是否能引导你更接近还是更远离目标。采取行动是你怎么得到反馈信息的方式。你要迈出第一步，因为即使你错了，那它也将会向你提供宝贵的反馈意见，以便让你可以调整你的方法。

四、行为灵活。如果你发现你的行动不会引导你达到你所想要的结果（或者是不如你所希望的那么快速），那你就必须让你的方法变得灵活。这是在整个目标达到过程中，一以贯之的东西。仅仅注意到你所在做的工作行不通是不够的，你还需要调整你的策略。如果你在上述的游戏中不断听到"冷"这个词，那就停止继续朝那个方向前进，即使你已经投入了大量的时间和精力。停下来，转身，并在不同的方向上迈步前进，直到现实情况距离你想要的结果更近了。

无论你是正在开始运营一家新的公司，负责推出一项新的产品，希望与你的配偶重建关系，希望变得更健康，还是希望创造最好的生活，遵循上述四个步骤，它们将会帮助你更快、更有效地实现你的目标。

准则 72. 管理员工，就是管理他们的时间

长久以来垂直型组织结构造成了部门各自为政的现象，使得客户的需求很难进入公司内部，或者由于管理制度、衡量标准等原因造成各部门难以很好地合作为客户创造价值。企业必须打破外部边界、部门边界、层级边界、制度边界，才能真正建立合作型高绩效组织，实现客户价值，提升组织绩效。

先认清一个事实：你为自己设下的每个重要目标，都要花费很多时间去实现它。

在某种程度上，你会为事情没能进展更快而沮丧。你会感到疲乏而最终筋疲力尽地想要放弃。然而，慌乱并不能带来任何帮助。在困难时期保持积极性的确很难，你甚至会有想要退出的想法，但是如果你能耐下心来，你的坚持不懈会看到回报。

可以用以下 5 种方法来提醒自己有全局观念，同时不要太过容易就放弃。

一、制定一张实际可行的时间表。这句话的重点在于"实际可行"。如果你没将为实现目标而采取的步骤，以及期望实现目标的时间落实到笔头上，那么按照计划行事将会变得困难。与此同时，记得要保有灵活性，要知道因落后于预定计划而产生的自身愧疚感，是没有任何实际作用的。在通往成功的道路上，总会有你意想不到的一波三折。经常回头看看你的时间表，并根据需要随时对它进行更新。

二、与志趣相投的人待在一起。无论是工作时间还是闲暇时光，花些时间与那些有着积极人生观的人相处，将会是一件非常鼓舞人心的事。远离那些自甘认输和通常都持消极态度的人，因为他们的态度将不可避免地

对你产生影响。与家人、朋友聊聊你的志向同样很有帮助。那些与你志趣相投的人将会很想与你就兴趣的共同点展开讨论，他们或许可以给你带来具有建设性的观点。

三、永远不要停下学习的脚步。在处理大订单的过程中，有几本书能使人重获灵感。大卫·施瓦兹（David Schwartz）的《大思想的神奇》（The Magic of Thinking Big）就是其中之一。阅读那些来自成功人士的建议，可以激发你的热情。与此同时，让自己进行适当的休息，或让自己沉浸在另一个话题中来帮助减轻思想交流的疲乏感，都是不错的选择。你每迈出一步都要从各个角度进行考虑，这点非常重要。还有，不要关注鸡毛蒜皮的小事！

四、为自己挤出时间，关心你自己。做一些让自己开心的事来为自己充电。当不堪重负并感到挫败的时候，远离那些困扰的事情同样也很有帮助。当头脑清醒时，在制订解决方案并着手对事情进行处理的时候会更有效率。如果你只是将注意力全部集中在实现自己的目标上的话，那么你将不会享受这段创业旅程。实际上，在整个过程中，有很多可以享受的胜利。如果你被野心消磨殆尽，那么你将错过对生活的享受。

五、设定不止一个目标。在你生活的其他领域也设置一些目标去实现，例如健身或是健康管理，这将会使你保持愉悦的心情并带给你足够的信心。你可以将你打算去做的事情逐一实现，这只是时间的问题！如果你手头还有别的事情要忙，对工作成功的追求就不会让你感觉压力特别的大。并且你在其他领域如何实现目标中得到的收获，也将会告诉你如何直击职业目标的核心。请将这些牢记在脑海，别忘了为自己进行庆贺！

准则73. 如何让自己成为有领导力的领导

领导力不在于你"有什么"。你有MBA文凭，你有很高的智商，你有很高的情商，你正直、诚实、勇敢、公正。有这些当然是好事，但是，有这些也并不说明你有领导力。过去几十年，领导力研究中最大的共识就是：卓有成效的领导者各种各样，在教育、能力、个性、品质这些方面没有什么共同点。詹姆斯·马奇在斯坦福大学被称为"教授的教授"，在管理领域被评为"大师的大师"，是组织管理领域最知名的学者之一。他说过："领导者没有什么共同点。我认为证据很清楚，从个性、技能、智力、训练这些方面而言，很难说有什么东西能够前后一贯地把它们区别出来。"

人生中很早就作的几个决定，可能会影响到你是否成为一个领导者，它们的影响大于我们现在已知的任何其它因素。第一个决定是谁当你的父母；第二个决定是你在什么地方和什么时候出生；第三个决定是你的性别是什么。这些决定说明了绝大部分的差异。其它因素只是个体差别而已。

我们无法预测谁将成为领导者，也没有哪个机构敢说拥有什么物质就一定会成为好的领导者一样。所以，不管你是谁，你都有可能有效地发挥领导力，有力地影响周边的人。领导力像爱情。你不需要有大学文凭、房子、车子才可以有爱情，你不需要外向、风趣、多才多艺才可以有爱情，关键不在于你有什么，而是在于你做什么。

卓有成效的领导者的共同点，是他们做这十件事情：承担责任，解决难题，密切联系群众，讲故事，当老师，从失败中学习，反思，深思，认识自己，成为自己。

领导力实际上是个动词，就像爱情实际上是个动词一样。如果你做这十件事情，你就是在发挥领导力；如果你持之以恒地做这十件事情，你就是在修炼领导力；如果你能够得心应手地做这十件事情，你就成了卓有成效的领导者。

这十件事情，就是卓有成效的领导者的"家族相似性"。而且，他们的"家族相似性"很强。也就是说，他们中的大多数人，都做好了其中的大多数事情。在这个家族中，很难找到A和D哪方面都不像的例子，尽管他们做得好的事情不会每一件都一样，但肯定有共同之处。

真正的家族相似性往往是天生的，是基因决定的。而领导者的家族相似性是行动造就的。是否成为领导者，是你的选择，只要你努力去做十件事情，你就可以加入卓有成效的领导者这个大家族。

建立自己的立体领导力

一、领导力是立体的，不是单面的：相对而论，强有力的领导者在意识到全维度领导力需求的时候，不只是按照自己的喜好去完成领导力的建设，也能按照领导力的需要补足自己的不足。

二、领导力的长度：领导者需要具有对于行业、形势与关键要素发展的长远预期，并建立有自己适当的预测系统，从而能够对于组织与运动的发展方向做出富有远见的判断。领导者的长度表现在能够发现通常的业务操作者不会重视，或者难以顾及的具有未来重要性的关键事物，并给予适当的培育与关注，从而培育自己的超前竞争力。人们会争论未来竞争力对于当前资源的占据，领导者也需要能够适当地解决资源分布规则。

三、领导力的高度：能够站在超越本组织、本行业、本领域的基础上，发现关系本组织与本行业发展的条件、挑战、机会与联系。有高度的领导者，善于寻找发现问题与处理问题的独特角度，从而提供某些思考与解决问题的特殊途径与做法。领导力高度与领导力创新往往有很大的联系，很多草根创业者往往缺乏领导力高度，从而导致组织在一定的发展阶段之后陷入瓶颈。

四、领导力的宽度、规模业务与事务的管理与领导需要多样的技能、风格、才具的人才的参与与合作，领导者需要最大限度地发现、协调、容纳这样的人才，为这样的人才提供适当的生存与发挥空间。有宽度的领导者未必样样是能人，但是能接纳与融入更多样的能人，从而让组织能力具有丰沛性与多样性。有宽度的领导者往往让人感到他们很懂得欣赏人才，也会懂得界定人们之间适当的行动范围，有不拘一格的特点又有基本的原则性。他们往往是一些让很多种人很喜欢与他或者她一起工作的人格类型。

五、领导力的厚度：领导者享有自然的尊崇，因为他们的位置的特点与他们拥有的资源决定力。领导者的厚度要求在上的领导者具有对于在下者的体察力，在自己有明确的选择与主张的时候又要有对于异见的体察与容纳能力。在上者的谦卑，有才者的学习，权威者的让步，得理者的体谅，有意识地分享资源，慷慨地牺牲，有胆魄地为他人担当，这些都在加强领导者的德望。尽管领导者的厚度往往是传统领导者很强调的特色，在新一代领导者中，有厚度的领导者呈现出格外的魅力与稀少性。

准则74. 考核出执行力

绩效考核是一根指挥棒，它决定了企业行为、管理者行为和员工行为。银行股改上市后，要把公司治理贯彻落实到人、到事、到岗位，让我们的效益"绿色"起来，让我们的人际"和谐"起来，让我们的企业"长寿"起来，企业年终考核就必须重视过程考核。

但仅有结果考核是不够的。毫无疑问，搞市场经济企业要的就是结果，人们再也不会去干不赚钱的买卖了。但以结果论英雄的绩效考核，看问题是看"点"，它既不看"线"也不看"面"，存在诸多片面性，隐藏了不少矛盾和问题。

一、引诱造假。2002年，美国上市公司频频爆发诚信危机，这一切背后都隐藏了一个不争的事实：董事会把CEO当作赚钱的"机器"和"工具"，一年比一年高的利润指标压得CEO们喘不过气来；CEO的高薪激励制度，使得他们变得越来越贪婪，不断透支公司价值，制造出一个个惊人的"业绩"。任何管理者都知道一个简单的道理，奖罚一个承包了一亩地小麦的农民，他的小麦亩产量不会因此增加一倍，如果你非要他亩产增加一倍，他就只好想别的办法"增产"了。上市公司造假，既有来自董事会的外在压力，也有来自CEO的内在动力，如果企业目标考核只考核结果不考核过程，上市公司这种造假行为的制度性缺陷，就不能得到及时发现和纠正。

二、掩盖真相。现在百年老店越来越少，短命的企业和企业家越来越多，原因之一就是我们考核体制存在问题。现在企业年终考核主要是考核看得见的"结果",因此大家都热衷做"地上"工作。上市公司看得见的"结果"是价格（市值），它是"虚"的，受企业外部市场因素、政策因素、国际因素的影响，做的是"短线"和"投机"；上市公司看不见的"结果"是价值，它是"实"的，决定它的是企业内部产品、技术、管理等因素，做的是"长线"和"投资"。

股市价格总是围绕价值上下波动，这是市场常态，企业经营的"结果"并不等于股市变化的"结果"。如果企业把人民币升值、石油价格上涨、投机者炒作带来的股票上涨，也当作企业的盈利能力和竞争能力，这就大错特错了。并且，这种虚假的市场繁荣和突如其来的一夜暴富，会更加助长 CEO 的赌性和盲目扩张。

三、割裂整体。打个比方，一个企业掘井找油，一个员工挖了九百九十九米没挖到就退休了，另一个员工接着挖，挖一米就挖到了，如果以结果论英雄来考核的话，挖九百九十九米的员工没奖，挖一米的员工有奖，这显然是不公平和不合理的。把一个不能分开的东西硬要分开来考核，不是以组织绩效论英雄而是以个人绩效论英雄，这样的公司是难以走得长远的。巴菲特有一句名言，只有潮水退去，才知道谁在裸泳。企业重视和加强绩效过程考核，就是要发现和抓住谁在企业"裸泳"！

流程决定结果：

制度是文字性的东西，在管理中如何将它由无形变有形、由分散变集中、由软变硬、由随意性变统一性，就要求将制度转变为企业组织、流程和程序；另一方面，当成长型企业发展到一定阶段，经营积累下来的经验曲线也就会固定化为一定的办事习惯、风格和原则。因此，对企业流程进行考核，就像要定期对汽车进行检查维修一样，管理者也需要定期对企业流程运行情况进行"检查维修"。

简单地说，流程就是以客户需求为出发点，输入一定资源，以最短最优的中间环节，输出一定结果，实现价值增价的过程。根据活动的内容可分为工作流程、业务流程和管理流程；根据活动的环节可分为前台、中台和后台；根据活动在价值可分为创造价值的流程和支持服务的流程。中国银行业正在进行流程再造，目的就是要由以产品为中心的部门银行转变为以客户为中心的流程银行。

一、机构扁平化。机构扁平化就是从客户需要出发，通过简化和优化，减少中间环节，直接贴近客户，把企业组织机构由金字塔形变为直接为客户提供一站式、"套餐式"、全方位服务的扁平化组织。位列全美第十八人寿保险公司的MBL，过去投保的整个流程需要30个步骤，跨越五个部门，需经过19位员工之手，整个过程需要5~22天。有人推算这其中真正创造价值的仅有17分钟，僵化的处理程序促使大部分时间耗费在部门间的信息传递上。实施管理流程改造后，MBL削减了100个原有的职位的同时，每天工作量增加一倍，处理一份保单只需4小时，即使复杂的任务也仅需2~5天。

二、组织垂直化。流程银行的组织架构，由职能制转变为事业部制。职能制的组织，是以产品为中心，以总、分、支行为基础，按照研发、采购、生产、销售来搭建结构，实行"分块"考核的机构，又称为"部门银行"。事业部制的组织，是以客户为中心，以前、中、后台相分离，按照个人客户、公司客户、结构客户等来搭建结构，实行"分条"考核的机构，又称为"流程银行"。在垂直化的流程银行中，前台营销和服务、中台审批和监控、后台核算和管理。任何人都必须按程序办事，实行流水作业，一项业务不可能由一人从头办到底，前台一个人"干"，中后台两个人"看"。流程银行职能相互分工，相互监督，有利于提高工作效率，提高服务质量，降低费用成本，加强风险控制。

三、管理标准化。标准化使工序成为科学。虽然流程和标准不能产生艺术品，但是能稳定地产生一定质量的可预见的产品。员工好的绩效，有的是靠严格的操作规范和程序生产出来的。有的则是靠自身技能和主观努力生产出来的，从"结果"上来看没有区别，但从过程上来看其意义显然不大一样，后者不具有普遍性和持久性。

四、导向客户化。银行流程由以产品为中心、以领导为中心、以管理为中心转变为以市场为中心、以客户为中心、以业务为中心。流程银行就是要找到流程的利润点、风险点、衔接点和控制点，让流程来规范人、约束人、管理人，保证企业像工厂生产产品一样，把所需要的"结果"按照预期的要求，有计划地生产出来。

准则 75. 考核不是那么难，也不是那么简单

企业年终考核，不仅要有好的结果，而且还要看好的结果是怎样来的，来得干不干净。因此，企业过程考核首先是要考核企业制度执行的情况。好的制度一定会产生好的结果。好的分配制度既可防止腐败也可提高效率。如果企业离开制度去考核结果，就有可能导向员工为了结果可以不择手段。制度是规则和程序的集合，是维护企业有序运行的保证，是企业价值观的强化手段，也是每一个管理者和员工道德建设的"底线"。一个严格、规范、成熟的企业，是在一切按制度办事的管理中成长起来的。制度高于一切，让制度来守护我们的"家园"，本身就是我们要追求的结果。

让制度来制约过程，就是要把问题解决和消灭在过程之中，而不是到企业年终考核时，发现问题再去惩罚员工，引导管理者的管理由事后管理转变为事前管理，由"消防"队长转变为"防火"队长。

过程考核从抓执行力开始

有好过程一定有好结果。如果好过程没产生好结果，要么是你的过程还不够好，需要进一步改进；要么是外部不确定性环境影响，下一次继续坚持做就会有好结果。如果不好的过程产生了好结果，这说明这种结果是偶然得来的或是投机取巧获得的，不可能重复，不具有普遍性和必然性。在中国经济高速发展的初期，虽然一些企业也有一些好的结果，但这些结果主要是靠机遇加运气，我国经济开始走上微利时代和规范化以后，制度、流程和技术就比结果更重要了。

一个成功的企业，5%在于决策，95%在于执行。一个不执行的制度、

流程和技术和一个执行不好的制度、流程和技术，比没有制度、流程和技术更坏，加强对企业制度、流程和技术执行力的考核尤为重要。加强过程考核，就是考核企业制度、流程和技术的执行力，检查制度、流程和技术在运行中还存在什么问题，企业如何更进一步去坚持它、完善它、改进它，把我们好的结果用制度、流程和技术更进一步固定下来，使企业更好地去坚持好的成果、巩固好的成果、发展好的成果。百年老店，就是把一个好的企业管理制度、流程和技术，坚持一百年、执行一百年、捍卫一百年的企业。

当一个人在同一个地方出现两次以上同样的差错，或者两个以上不同的人在同一个地方出现同一差错，那一定不是人有问题，而是这条让他们出差错的"路"有问题。企业绩效长期上不去，员工工作老是出差错，此时，作为问题的管理者，最重要的工作不是去管人，不要一味地要求他们赶快出成果、不要重复犯错误，而是要去修"路"，即修改企业的制度、流程和技术去解决企业的绩效问题和员工的差错问题。

准则 76. 模仿加改良等于创新

及时发现并有效创造客户价值是高绩效组织的重要特征。现在客户的需求与对价值的认知都在迅速改变当中，企业如果想在这样的环境中取得成功，就必须找到客户的真正需求，并把它整合到组织体系中。首先，企业必须持续不断地监督、了解客户对理想价值的看法；其次，企业必须明确相应的组织能力，以便提供该价值；再次，企业必须整合组织资源，调整组织模式，确保组织能力的提升。

在20世纪的很长一段时间，有四个关键的因素影响了组织的成功：规模、清晰的角色、专业化、控制等。然而，微处理器、高速信息公路的出现，从根本上改变了成功的基础，速度、灵活性、创新等成为新的成功因素，对旧的成功因素的绝对专注已变成了一种障碍。

长久以来垂直型组织结构造成了部门各自为政的现象，使得客户的需求很难进入公司内部，或者由于管理制度、衡量标准等原因造成各部门难以很好地合作为客户创造价值。企业必须打破外部边界、部门边界、层级边界、制度边界，才能真正建立合作型高绩效组织，实现客户价值，提升组织绩效。

建立高绩效组织的步骤：

一、目标设立——为客户创造价值是组织建设的目标

要确保企业不辜负客户的期望，企业应该找到目标客户，了解他们对服务与价值的期望。然后，企业便可以通过发展策略、取得差异化的能力和相应的组织建设，提供客户理想的价值。

二、能力定位——进行组织能力定位，整合资源以服务于客户

组织能力可以使公司占据有利的市场位置，使其不受竞争对手的威胁。具体来讲，组织能力主要表现在质量、速度、可靠性、柔性、成本等方面。市场的激烈竞争要求企业必须进行市场细分并定位自己的企业，必须对市场中可以被有效服务的、最具吸引力的那部分客户进行识别，而不是在向所有可能的客户提供服务方面进行竞争。

三、模式设计——调整公司业务范围，建立战略控制点

为确保组织能力的实现，企业有必要重新审视自己的业务范围和实现方式，适当调整企业的资源、网络和体系等，强化获得竞争优势的战略控制点，并建立相应的组织模式来保证组织获得相应的能力。

四、结构调整——穿越公司外部边界，与客户和供应商建立伙伴关系

现在的市场竞争是价值链之间的竞争。企业必须建立扁平化、市场导向的组织，保持简洁、迅速、高效，让有能力的人上前线，奖励体系向一线员工倾斜，并且从整体的角度促进价值链的合作和信息交流。

五、流程优化——穿越公司部门边界，保持业务流程至上

传统的筒仓型组织结构形成了不同部门间的墙壁，致使部门合作困难、工作周期拉长、组织整体目标被后置等，企业必须建立跨部门的核心流程，围绕核心流程定位工作，通过目标团队处理流程，为流程提供支持

性共享服务平台。

六、领导力发展——穿越公司等级边界，建立分布式领导团队

等级边界是地位、职务、权力的天花板和地板，过多的审批延迟了客户的请求和创新，对市场不能做出迅速响应。企业必须向一线下放权力的同时，还须建立行动原则和决策程序，形成一支分布式的管理团队。

七、员工激励——穿越公司制度边界，营造高绩效员工文化

新的组织方式和管理方式需要相应激励制度体系的匹配，并通过整合各种制度聚焦流程文化，通过共享信息、培养能力和报酬系统等，促进高绩效员工文化的形成。

准则 77. 经常与他人探讨

最优秀的公司和机构都会鼓励和支持管理高层、部门内部和部门之间的团队合作。优秀团队的秘诀并不是把最有经验、最聪明的人放在一起那么简单。下面是打造优秀团队的五条建议：

一、努力推广随意性的交流——会议未必有用。在洛杉矶护肤品公司（Beautycounter），公司 CEO 格雷格·伦弗鲁为了促进团队合作，鼓励五个人的高管团队花更多时间进行一对一的谈话。比如在办公桌前五分钟的简短对话，或者一起喝一杯咖啡。她尽量限制参加对话的人数，避免冗长的电子邮件、事先安排好的电话呼叫和漫长的正式会议。相反，她选择了简短的站立式会议和小组碰头会。

这与最初的情形截然相反。当初，她发现自己几乎整天都在开会。现在，她的团队配合更默契，工作效率更高。她说："这些做法帮助我们保持同步。人们可以做到果断，也可以保持灵活性，而且不会再被无休止的繁文缛节拖累。"

良好的沟通是涉及团队合作的标准说辞。但麻省理工学院（Massachusetts Institute of Technology）的研究人员发现，在全部工作时间内，

鼓励随意的对话对于打造优秀团队至关重要。麻省理工的研究人员使用带有传感器的徽章，在数十家公司捕捉人们的肢体语言、手势和语调。结果，研究人员可以根据沟通方式，非常准确地预测出一个团队的绩效。表现最差的团队花更多时间坐在一起开会，团队中有一位占主导地位的成员，或者人们只是在说或听，却无法两者兼顾。

事实上，麻省理工学院的亚历克斯·桑迪·彭特兰表示，在走廊或休息室进行的非正式对话对团队工作效率的重要性甚至超过了团队成员的智商、技能或经验。他发现，优秀团队的成员不会只注重内部交流。更有创意的团队会经常与其他部门沟通。而这是许多人都忽视的事情。彭特兰说："组织结构图显示你应该与这六个人沟通，但如果你仅限于和这六人沟通，那么你最终可能被同样的创意堵住思路，结果无法产生新的想法。"

二、抛弃等级制度。卡耐基梅隆大学的团队合作研究员安妮塔·伍利表示，虽然大多数领导者认为他们应该负责发号施令和制定议程，但实际上，团队需要他们作为促进者，挖掘所有团队成员的潜力。最优秀的团队在外人看来可能并没有明确的负责人。事实上，许多团队根本不需要领导者。

纽约的俄耳甫斯室内乐团就是一个例子。40年来，这个乐团举行音乐会从来不用乐队指挥。对于演奏曲目、演奏方式、加入乐团的人选以及巡回演出的地点和时间等问题，乐团的34位音乐家可以各抒己见。乐团执行理事克里希那·契亚格拉杰说："举办一场音乐会无非就是管理一个短期项目而已。"乐团会选出一个核心团队，监督每一首曲目的练习和表演，而且每三年选出三位艺术总监。任何人都可以发表意见，同事互相评价工作绩效。

契亚格拉杰表示，并不是所有决定都能达成共识。但这个乐团有职业乐团最高的工作满意度，并迅速成为全世界最优秀的乐团之一。按契亚格拉杰的说法，乐团独一无二的表演"令人心潮澎湃"。他说："你能看得出，他们呼吸与共，彼此期待，共同进退。它是一股巨大的力量。"

三、寻求非传统的多样化。P.J.佩雷拉在旧金山为自己的广告公司

Pereira & ODell 招募员工时注重的是超越性别与种族的多样化。他招聘的依据是求职者的个人背景。他曾聘用过一位酿酒行业的资深人士、一位音乐制作人、一位好莱坞编剧，甚至还有一位曾经做过面包师的捕鲨手。通过将不同观点熔为一炉，这个团队往往能够找出意想不到的联系，诞生各种新颖的创意。这种组合为 Pereira & Dell 制作出许多优秀广告作品，帮助公司赢得了许多大牌客户，如租房服务网站 Airbnb、英特尔 Intel 和 Skype 等。佩雷拉说道："帮助一家公司最简单的方法便是跳出固有思维模式，召集一批有着不同生活经历的人。"

一项围绕"思想多样化"的新研究为佩雷拉的理念提供了依据。研究显示，由具有不同背景和认知方式的人组成的团队更愿意分享观点，能够作出更好的决定，带来更多的创新。事实一次次证明，多样化是使团队能够解决棘手难题的关键要素。

准则 78. 提升士气，增强团队向心力

士气对于一个团队而言非常重要，它代表着团队的整体精神状态，决定着整个团队的斗志。士气高昂的团队可以高效迅捷地完成自己的本职工作，而士气低落的团队就像无心恋战的士兵，整体没精打采，几乎没有任何战斗力。管理者应当格外留意团队的士气变化，保障工作高效顺利地执行。团队的整体状态并不是始终一致的，在不同时期可能会出现不同的变化，作为团队领导者应时刻保持警醒，对团队成员士气低落的征兆有所察觉，并及时调整工作氛围。

你的团队是不是近期缺乏工作激情，员工表情木然、工作起来心不在焉？团队成员是否有什么反常行为，比如比以前更爱发牢骚，遇到小事情更爱恼火等？从各种迹象中你是否发现大家对现状普遍感到不满，致使整个团队的情绪都很低落？每次你精神饱满地宣布工作任务时，员工的反应如何？是积极响应还是默然无应？通过以上问题，你可以检测一下自己的

团队是否进入了士气低落的状态。

如果你已经很确定目前团队确实士气低落，那么首先要查清引起员工士气低落的原因在哪里，然后对症下药找出解决的办法。想要让一个士气低落的团队在一夜之间脱胎换骨变成精神抖擞的精锐部队显然是不现实的，员工士气低落不是一天内造成的，也不可能在一日之内解决。造成大家士气低落的原因有很多种，你需要明察秋毫、具体问题具体分析，不要生搬硬套其它团队的解决方案。

有时团队成员处于消极状态，与你本身的管理工作有关或者是项目本身引起的，比如你的管理模式存在诸多问题，使大家无法顺利开展工作，团队成员承受着巨大的挫败感，因此心绪不佳；抑或项目执行起来难度太大，远超出了他们的工作能力，大多数员工感到力不从心，压力过大，所以工作状态出现了问题；还有可能是公司不景气，近年来利润大幅度减少，裁员时有发生，员工担心失业，因此工作起来总是分心。

管理者要想查明团队士气低落的真实原因，必须做一个好的倾听者，通过倾听来了解员工的真实想法，是找出问题根源最直接、最简单的有效方式。管理者在和员工沟通时，不要立即气愤地批评他们工作不在状态，而要想方设法弄清造成他们工作状态不佳的症结所在。首先可以先对员工对于公司做出的贡献表示肯定，毕竟他们为公司的发展出过力，然后指出大家现在的工作状态存在问题，希望每位员工都能认识到这一点，作为团队的领导者，要当即表明自己愿意与大家共渡难关。

团队的士气决定团队的绩效，士气旺盛的团队无论遇到多大的困难，都能同心同力地解决，几乎可以所向披靡、无往不胜。而士气低沉的团队即使没有遇到任何阻遏，也会作茧自缚，连最基本的工作都不能执行到位。作为团队领导者，除了通过谈心来了解情况外，还要采取必要的措施提升员工的士气。

提升团队整体士气的工作不是一蹴而就的，你不可能让一群无精打采的队伍马上变得激情高涨。要想解决根本问题，必须从根源上消除让大家低落的原因，这是一个长期过程，管理者可以根据自己团队的情况来制订一个解决方案。

每位管理者在激发团队士气上所采用的方法都不尽相同，有不少管理者喜欢举办比赛、在团队中树立榜样或者开誓师大会等，有的措施或许奏效，而有的措施却治标不治本。管理者要明白想要提升团队的整体士气，增强团队的向心力，并不是让团队成员在短期内精神高涨，而是要让他们长期保持一个良好的工作状态，三分钟热血式的士气大增几乎是毫无意义的，你必须采取一些措施从根本上来激发团队的工作热情。以下三点建议可供参考：

一、管理者要诚恳地倾听员工的建议，鼓励员工畅所欲言地表达自己的意见，以此了解他们内心的想法。如果员工意识到自己的建议受到重视并有可能被采纳，士气就会有所回升。管理者一定要保证自己与员工的交流渠道是畅通的，不要忽视员工的感受，更不要把员工当成无条件执行自己指令的机器，你必须知道他们是如何看待目前的工作的，以及自己应该在工作中扮演怎样的角色，如何帮助大家进一步改进工作，改善不良的工作状态的等。

二、为员工提供学习新技术的机会。比如你可以让团队成员进行角色轮换，给予他们学习新技能和新知识的机会，提升他们的工作积极性。对于一名员工来说，长期从事毫无变化的工作，有可能进入职业倦怠期，倘若晋升可能性不大，工作就会越来越没有动力，通过角色互换可以让他们在新的工作岗位上找到新鲜感以及挑战自我的激情，有助于其改善消极的工作状态，还可以为企业培养备用人才提供保障。如果一名员工拥有至少两项技能，即使团队人员流失，仍可以保证工作的有序进行。

三、为员工营造快乐的工作氛围。有的管理者认为高温高压的工作环境最能激发员工的潜能，这种观念显然是错误的。几乎没有人能在身心极度不愉快的状态中出色地完成工作，而快乐的工作氛围才能培养出快乐的员工，快乐的员工才能发挥出自己的最高水平。管理者必须谨记这一点，并积极创造一些增强员工幸福感的机会，为大家营造一个快乐和谐的工作氛围。

第八章

执行之序
——优化流程设计，成就卓越执行体系

准则 79. 人员流程

执行力三大核心流程包括人员流程、战略流程和运营流程，人员流程是三大核心流程之中十分重要的一个流程，指的是企业在选人、用人、育人、留人等方面的工作流程。管理者在这一流程中需要做好很多方面的工作，首先要选拔和任用最合适的人才，使人才和岗位完全匹配，然后全方位培养人才，使之完全胜任自己所从事的工作，最后便是留住人才，让其为企业所用。

人员流程包含三项基本目标：一是准确客观地评估每一位员工。二是制定一个鉴别和培育人才的架构，用来配合公司未来发展的需要。三是为企业贮备足够的领导人才。作为领导人在人员流程中扮演的角色又是什么？显然是和识人、用人、贮备人才有关。曾国藩曾说："宁可不识字，不可不识人。"对于管理者而言，当然需要掌握管理方面的丰富知识，不识字是不行的，但是识人比识字更为重要，只有理论知识是不够的，为企业匹配好合适的专业人才才是管理工作的重中之重。对于什么样的人最适合什么样的工作岗位，管理者必须做到心中有数。

全球500强企业沃尔玛全球旗下员工足有220万（2013年），公司之前的用人原则是"获得、留住、成长"，而今已改为"留住、成长、获得"。表面上看，仅仅是顺序做了些调整，然而事实却没有那么简单，它说明沃尔玛在用人方面已经发生了根本性的改变，企业以前非常重视外聘人才，而现在重点却向内部员工倾斜，注重在原有团队里培养和选用优秀人才。

沃尔玛较为重视人才的培养，每一批新人在进入公司的90天内都会受到关注，每隔30天公司就会为他们的表现打分，表现优秀的员工将得到去总公司培训的机会，他们极有可能成为公司未来的经理。这些被选拔出来的新任经理会轮流在各个分公司担任不同的工作，各方面的能力都会得到锻炼。沃尔玛的新任副主席李·斯克特工作经历十分丰富，最初他是运输部的经理，后来又接连在后勤部、商品部、销售部担任重要职务，直到晋升到现在的职位。

企业要想设计出健全的人员流程，绝不能忽视了员工的成长和发展，因为优秀的员工队伍是企业取得长足发展的基础。选对人、用对人、把人才培养好，其最终目的都是为了让人才在公司里贡献最大的价值，所以留住人是万万不能忽视的环节，沃尔玛用人理念的转变恰恰说明了留住人才的重要性。那么作为管理者该怎样留住人才呢？《孙子兵法》说，知己知彼，百战不殆。想要留住人才，必须了解人才，每个人脾气秉性都是不同的，管理者对人才的态度要因人而异，其方法就像孔子提倡的"因材施教"一样，对待不同的人要采取不同的策略。

弟子问："师父，您有时打人、骂人，有时对人彬彬有礼，这里面有什么玄机吗？"师父说："对待上等人直指其心，可打可骂，以真面目待他；对待中等人要讲分寸，最多隐喻他，他受不起打骂；对待下等人，要面带微笑，双手合十，他很脆弱，心里装不下太多指责和训斥，只配得到世俗的礼节。"

师徒的对话有一定的道理，有的人心胸开阔，个性直率，喜欢听真话，乐于接受批评，管理者就应该以诚相待，有什么问题直接提出来，没有必要过分拐弯抹角；有的人较为敏感，管理者指出问题时讲话就不能太过直接，只能委婉含蓄地表达自己的意思，使其认清工作中出现的问题；有的人自尊心特别强烈，心理又较为脆弱，对待这样的人管理者就不能过于指责和训斥，只能用温和的态度和他沟通交流。

管理者如果把握不好分寸就会造成人才的流失，企业在选拔和培养人才方面已经花费了不少成本，如果用育树比作育人的话，企业提供了大量的养料和雨露，好不容易让人才长成了参天大树，结果却因为管理不得法，没能使他们成为企业的栋梁之材，流失的人才反而成为了竞争对手的栋梁之材，这是多么让人遗憾的事。因此对于管理者来说，人员流程的每一个环节都是非常重要的，最后一个环节尤其不能忽视，否则之前为了储备人才所做的一切努力都会化为泡影。

执行锦囊

领导人在选人、用人、管人、留人等各方面要有"方"、"圆"之分，"方"指的是基本性原则，"圆"指的是灵活度。领导者不能对人才没有要求，但是规矩又不能太死板，原则性和灵活性必须完美结合起来，才能符合真正的管理之道。

"方"、"圆"是没有侧重性的，两者同样重要，并且密不可分，领导者就算惜才、爱才也不能把不符合硬性标准的人才吸纳到团队建设中来。比如一个人非常有才干，然而人品存在重大瑕疵，不但不诚实而且缺乏最基本的责任感，这样的人即使再有才能也不要起用，因为他的破坏力要远大于他的建设能力。领导者还要注意的是不能过于墨守成规，回避吸纳有新想法的人才，或者这样的人才并不流于传统，但是只要能为企业所用，就不要因为各种成规把他们拒之门外，要知道创新型人才最为难得，所以一定要邀请他们加入团队，使其发挥自身的价值。

准则 80. 企业在人员流程上的缺失

企业在人员流程方面的缺失表现为三方面：

一、欠缺挑选人才的能力；

二、不能做到"疑人不用，用人不疑"，对人才缺乏最基本的信任；

三、不重视开发人员的价值。

针对第一点，涉及的是领导者如何挑选有执行力的人，具有执行力的优秀人才一般具有以下特点：主动做事、注重细节、为人诚实守信、具有强烈的责任感、分析能力和判断能力较强、能够根据形势变化随机应变、好学不倦、敬业、有创新精神和团队合作精神、具有积极的进取心等。

戴尔计算机能在竞争中胜过康柏计算机，主要原因在于员工具有良好的执行力，能高效地执行戴尔公司的企业模式。任何一家在业界做出惊人成就的企业，其主要管理人员无一不具备挑选人才的能力。作为一名执行型的领导，必须懂得如何挑选和提拔真正有执行力的员工，为团队和企业培养出骨干精英。

对于第二点而言，有些领导确实常犯此类错误，要么不相信下属的能力，要么不相信下属的人品，不是担心下属把工作搞砸了，就是担心下属背着自己搞小动作。在用人方面，管理者必须做到用人不疑，疑人不用。觉得不可信赖的人，坚决不要起用，而一旦重用了某人，就要给予他必要的信任。在对下属委以重任后，如果总是强加干涉，他们根本就没办法开展工作，才干和能力也得不到发挥。还有的领导者嫉贤妒能，总觉得能力在自己之上的人有一天会一飞冲天爬到自己头上，因此处处限制他们表现自己，不肯把过大的权力交给他们，这样做非常不利于整体企业的发展。

关于第三点，企业想要获得发展，主要有赖于员工贡献的劳动和智慧，但是不少管理者并不关注开发员工的价值。如果用冰山来比喻员工的全部价值，那么他们被开发出来的那部分其实不足10%，就像漂浮在水面上的一小部分冰块一样，而他们不曾被开发的价值则沉没在水面以下。员工被开发的价值仅仅是冰山的一角，他们的工作能力和创新能力都没有得到真正的发挥，这其实是对于人力资源的一种极大的浪费。

管理者想要充分开发员工的价值，应从以下几个方面的工作来入手：

一、工作分析。工作分析是领导者在制定工作岗位说明书之前，对工作进行的详细分析，包括工作的性质和难度，以及从事该工作岗位所必须具备的资格，如学识、能力、经验等。人力资源主管应通过面谈和各种分析方法，对员工的工作能力、社交能力、心理素质以及工作状态进行一定的判断，并为全面开发其价值建立制度提供基础。

在职位出现空缺或者设立新职位时，管理人员必须做好工作分析工作,它可以成为企业用才的重要工具,也可以成为考核员工,对其进行价值开发的重要依据。依据工作分析的成果,管理者可以就此找到符合工作性质的专门人才,使其一展所长,为团队和企业带来效益。

二、组织氛围。组织氛围指的是员工直接或者间接地对于企业环境的一种觉察和感受力。同一种环境,员工对它的心理感受是不同的,人的成长背景不同,经历有差异,个性也各不相同,所以对于组织的看法当然不可能完全相同。员工们对于企业的各种制度、企业文化、管理模式在认同感上存在分歧,管理者若想开发人才的价值,就要创造出一种能获得大家认同的积极的组织氛围,那么具体应当怎么做呢?

首先要加强企业文化建设,让公司里的每一个员工都充分了解企业的核心价值观是什么,使员工从心理上认同企业组织氛围,激发起工作积极性。IBM公司从1980年至1983年成立了15个"风险组织",该组织专门研发新产品,并被充分授权,可以成立公司或者董事会,这样的管理方式无疑是一种创新的模式,它是IBM企业文化的一个鲜明的特色。当一个企业以创新精神作为企业文化亮点时,员工自然会发挥其创造性,不可能再按旧模式工作,其个人价值也会在创新工作中得到最大的开发。

其次要为企业创建有激励性和创造性的组织氛围。具体要做到以下几点:1.建立开放式的沟通渠道;2.团队内部紧密配合,具有良好的合作精神;3.工作人员要具有与岗位要求一致的工作能力;4.工作规范不死板,存在一定的弹性,工作计划可作出灵活和合理的调整;5.要让团队成员认识到工作的挑战性,并使其充分享受到完成任务后的成就感。

再次管理者要经常对公司的人员流程方面的工作进行自检,其具体环节如下:

1. 公司在招聘新员工时,通常最注重哪些方面的问题?公司内部的员工每年是在增值还是贬值?公司依据什么标准给员工加薪?

2. 作为管理者,你估量过新员工的价值吗?你是否帮助过他或她提升自身的价值?

3. 你具体采取过哪些行动来提升员工的价值？

通过回答自检问题，管理者可客观认识到自己在人才管理工作中都存在哪些不足，一个成功的管理者不但能为企业挖掘和培养出优秀的人才，还能做到让人才保值和增值。如果人才进了企业之后，不但没有增值反而一再贬值，那么就说明人才管理工作做得很不到位，管理者应当反思自己对于人才管理方面存在的缺失，及时找出弥补的方案，否则就会造成人才的浪费。

准则81. 健全人员流程的途径

人员流程不可能是尽善尽美的，企业在发展，人员流程也需要健全，只有弥补了人员流程的各种缺失，才能保证人才在企业内有更好的发展，并为企业创造更大的价值。健全人员流程要做好四方面的关键工作：

一、将人员流程和策略流程、运营流程连接起来

健全人员流程的第一步就是让其和策略流程的短期、中期和长期目标以及（运营流程）相连接起来，只有做到这点，管理者才能确保公司的人力资源能够完全符合执行策略的需要。

比如一家飞机零件制造商制定了一项新策略，其业务范围由原来的制造产品扩大到了为广大客户提供解决方案以及提供商品售后服务，此外公司还想争取航空公司以外的客户。由于公司的业务性质由单一模式转向多元化发展，人员流程必须作出变更才能配合执行策略所需。为了符合公司发展需要，领导势必要招揽新的销售人才，提升工程师设计解决方案的能力，除此之外还要提升员工的维修能力。将人员流程、策略流程和运营流程互相连接起来，有助于企业更好地适应新变化新形势，顺利完成挑战任务。

二、评估和分析人员流失的风险，设计降低人员流失风险的方案，构

建人才储备计划

如果员工的市场价值提升或者升迁无望抑或出现了其它情况，都有可能导致他们跳槽离开公司。管理者必须做好人员流失的准备工作，如果能留住高潜质人才当然是值得庆贺的，但是如果人才执意选择辞职，管理者就应尽早做好打算，估测好人才流失后公司所要面临的风险。

管理者不能在面临人才流失时才去寻找替代人选，而要在设计人员流程时就做好人才储备工作，为企业储备可以随时接替重要职务的可造之才，以便在核心人才离去后，能及时填补空缺，不至于让正在进行的项目陷入瘫痪。

GE、高露洁、汉威联合等知名企业人员流程是非常健全的，它们成为了众多企业纷纷效仿和学习的典范。早在90年代中期，GE就已被誉为全世界最佳领导人才的培养中心，各事业部总裁几乎都成为了炙手可热的商业明星，世界顶级的猎头公司目光始终集中在这些人才身上。GE为了避免人才流失，在人员流程的设计上下了很多功夫，公司除了给予这些人才优厚的奖励外，还分给他们退休后可以变现的配股。一旦有重要人才离职，公司立即能在24小时内找到合适的继任人选。2001年，设备事业部总裁辞职，GE公司当天就找到了接任的最佳人选。

及早储备可供提拔的高潜质人才可以有效规避人员流失带来的巨大风险，同时又为员工提供了良好的晋升渠道，为其发挥更大的作用提供了平台。

三、处理绩效差的员工

绩效考核不能成为一纸空文，管理者应依据考核结果对员工进行赏罚处理，没有人可以保证团队中的每位成员都绩效优良。每个人在不同阶段表现也是有差异的，有的员工不具备相关的工作技能，无法胜任自己的岗位，经过培训后仍然处于落后的地位，这时管理者就要做出相关的处理。有的员工因为表现出色晋升到新岗位，然而适应能力较差，不能迅速进入新任角色，绩效一直不佳，这类员工管理者也需要酌情处理。

有一家生产精密工业零件的厂商外聘了两位执行官的后备人选。这家企业的产品在全球市场上居于领军地位，已建立了良好的品牌形象。新任执行官之一史坦被委以重任，由其负责北美洲的营运业务，这项业务所创造的利润占据了公司利润总额的80%。其中一位史坦曾经供职于一家全球性跨国电子公司，其工作履历较为符合现任工作的要求。然而他的工作表现却令新公司大失所望，自他上任以来，公司产品市场份额降低，产品的制造成本却增加了，然而他并没有采取任何对公司有利的措施，致使公司股价直线下滑。

公司认为史坦刚到任不久，需要时间适应新环境，于是给了他足够的时间调整自己的工作状态。可是到了第二年，史坦的表现还是不尽如人意，业绩仍未达标，公司股价持续跌落，董事会召开了会议之后不得不辞退史坦，可是一切已经太迟了，公司股价已经缩水一半，陷入了巨大的危机之中，半年之后这家曾经辉煌一时的公司就被其它企业收购了。

这则事例说明如果企业未能及时处理绩效不合格的员工，尤其是这类员工担任重要职务时，就有可能给公司带来巨额损失。

四、将人力资源和公司经营成果相连接

人力资源在执行工作中扮演着至关重要的角色，管理者必须对人力资源工作给予足够的重视。人力资源必须整合到公司流程之中，与企业的经营成果连接起来，毕竟企业的利润是靠员工来创造的，即使有再先进的设备、再完善的管理模式，去除人的因素，一切都成了空架子，人力资源是推动企业不断向前发展的不竭动力，管理者一定要抓好人力资源的相关工作，使这项资源成为增加企业利润的最大砝码。

准则82. 战略流程

如果说健全人员流程是为了让企业用正确的人，那么设计完善的战略流程便是为了让员工做正确的事。人员流程是把合适的人匹配到合适的岗位上,而战略流程指的是一套有效的行动方案,它是企业对于未来的一种规划,包括战略规划、新产品的研发、新流程的开发等。执行力的三大流程——人员流程、战略流程、运营流程是密不可分的,制定战略流程需要考虑人员流程的各项因素以及运营流程中可能会出现的各种情况,企业在选拔人才时也应当考虑与战略和运行计划相适应,同时运营计划必须符合战略目标,还要和人力资源条件相匹配。

每个公司的战略目标都有一个共同的特点,那便是让客户满意,令企业具备持久的竞争力,使公司和各大股东取得更多的收益。战略为企业指明了发展方向,使企业有了明确的奋斗目标。那么什么样的战略才算好的战略呢?战略不仅仅是个美好的愿景,也不是简单的数据分析,更不是什么神秘又有诱惑力的预言,它只有具备可行性,能顺利执行下去,才能产生价值。制定战略的管理者必须了解市场,对于自身的优势和劣势具有清醒的认识,还要关注战略的具体执行问题。如果仅仅有伟大的战略构想,却忽视了重要的执行环节,那么必然会招致失败。

美国电报公司就是因为在执行方面失策而遭受惨败。麦克·阿姆斯特朗担任执行官时,公司主营业务为长途语音和数据业务,无线通信业务只占了很小的比例,但这项业务在当时的市场上具有很好的发展前景。公司没有太大负债,股价维持在44美元左右。由于竞争激烈,长途电话费率持续下跌,华尔街认为网络公司和有线业者发展潜力巨大。

阿姆斯特朗根据市场趋势,制定了符合新兴市场需求的战略,他想抓住这个大好的机遇,全面满足客户对于信息服务的需求,顾客可以通过电话或因特网获得长途和本地语音服务,还可以通过宽带获得多媒体服务。公司想要实现这个战略目标,就必须得到足够的客户资料,并和客户建立直接联系,可是这些重要资料掌握在地区性的电话公司,为此阿姆斯特朗制订了很多种战略方案,其中一项就包括购买有线业者。

阿姆斯特朗制订的战略方案包括四大要素:一、购买有线业者,和客户建立起直接的联系；二、为客户提供一整套信息服务，在业界抢占更高的市场占有率；三、快速实现公司利润的增长，弥补长途电话业务营业额的减少；四、利用电信法利好，防止地区性电话业者参与业务竞争。这项战略方案表面看来似乎无懈可击，连证券分析师都仍不住对其大加称赞，可是结果却和原来的预期不一样，公司蒙受了惨重的损失。

2001年年末，公司转卖了购入价为1000亿美元的有线业者股份，买主仅对股权部分支付了440美元，承担了250亿美元的负债。美国电话公司股价暴跌到18美元，巨额资产瞬间蒸发。

为什么看似完美无缺的战略方案，执行起来却是失败的呢？四大要素看起来面面俱到，但是它们却建立在了错误的估测上。公司购买有线业者耗资巨大，同时长途费率下跌得比预期要快得多，公司股价随之大跌，此时再花巨资收购有线业者，无疑会让公司背上沉重的负债。此外，客户对公司推出的整套信息服务并不是十分感冒，公司执行计划时花费的时间和成本也远远超出预期，政府对电信法的管制规定也没有那么严格，地区性电话公司加入了长途电话业务的竞争，长途业者对客户信息的掌握情况也和预想的有较大差距。

美国电报公司的失败说明战略方案一定要切合实际，这样在执行之后才能取得成功，建立在错误的假设上制定的战略往往经不起市场环境变化的考验，只要出现了一点新情况，整个战略构架就有可能轰然坍塌，按照错误的战略方针执行工作，公司就极有可能蒙受巨额损失。

管理者在制定战略时一定要立足市场，为公司找到准确的定位，对于外界存在的机会和威胁以及自身的优势和劣势做好分析工作，战略计划制订完毕后，管理者还要考虑自己设定的假设是否经得起推敲和考验，并拟好各种替代方案，反复权衡比较各自的优缺点，还要做好短期和中期的规划。最重要的是千万不要让战略方案和现实脱节。

管理者如何有效执行战略：

一、量化愿景。宏大的愿景会给员工带来巨大的压力，如果一家企业向员工宣布自己未来的目标是成为业界的领导者，会给员工带来一种空泛感，尤其是在企业实力不强时提出这样与现实严重不符的目标，更会让人产生虚无缥缈之感。勾勒愿景时，必须考虑它的可行性，只有把它转化成一种可以实现的目标，才能起到振奋人心的作用，否则只会徒增压力。建立愿景，需要将其量化，比如制订五年计划时，可以把目标定为使企业五年内的营业额翻一番，具体的营业收入是多少，企业要推出多少新产品，都需要有具体的量化数字。

二、用简洁有力的口号来传达战略。战略是宏大而复杂的，管理者想要让员工能快速直接地理解其中的精髓，最有效的方法莫过于提炼出简洁有力的口号。这样简简单单、朗朗上口的一句话就能让每一个员工清楚企业的战略目标，比任何翔实的解说都更有效果。

三、规划结果。很多企业惯于使用平衡计分卡衡量重要指标，如果没有达到预期标准，员工们便会陷入恐慌，这种方法并不能解决企业正面临的问题。管理者可以尝试着将战略衡量方法改成商业承诺，清晰地向员工描述在多长时间内，大家要达成怎样的目标，这个目标必须是可衡量的。比如可以把"开拓新市场"改为"开拓欧洲市场"或"开拓亚洲市场"抑或是开拓其它区域市场，列明季度目标，如"第四季度创收五百万美元"，而后任命一名负责人，负责执行这一战略目标。

四、规划不必要去做的事。如果员工执行之前的工作已经不堪重负，根本就没有多余的精力再去执行新的战略。这时管理者不能一味让员工超负荷劳作，这样大家就能同心同力完成原有的工作和新制定的战略目标。优秀的管理者要懂得为员工减负，将不必要的战略内容从计划中去除，让员工只抓重点工作去做，精力有的放矢，而不是在不重要的事情上浪费时间。戴尔电脑从零售市场退出，直接把电脑销售给顾客，省掉了不必要的环节，反而为企业节省了时间和资源。

五、开放战略。以前，战略规划只掌控在高层主管手中，开放战略让员工在执行工作时能更好地使自己的工作符合战略的要求。与此同时，高层主管也可以把战略和绩效评估相挂钩,让员工为了实现共同的战略目标而努力。

六、工作进度实现自动化管理。很多高层主管在掌控工作进度时花费了大量的时间,从职务上来看,高层主管主要工作是为公司制定重要决策,而不是管理工作进度,所以花费在掌控工作进度上的时间必须削减。高层主管可以通过网络工具控制工作进度,监控员工的活动是否依据战略目标进行,有没有偏离轨道,如此一来就可以省下不少时间。

七、构建执行和战略的良性循环。战略管理就是对执行工作进行必要的管理。管理者需要弄清哪些工作是最重要的,公司的哪些活动与制定的新战略有关,以此保证执行工作是在战略的轨道上正确运行的。此外,管理者还要对外部环境有充分的了解,全面掌握产业趋势、竞争对手的各项举措以及大体的经济趋势等重要资讯,并且对环境的变化要保持一定的敏感度。在新情况出现时,要审视企业的战略是否符合新形势的发展需要,应采取哪些措施来纠正战略偏差,只有这样才能建立起执行和战略之间的良性循环。

准则83. 绩效考核的五种应用

绩效考核的五种应用:

一、考核是导引员工行为组织目标的有效办法。

在前几年有这样一则新闻,国内有一家著名的钢铁公司,在工程招标当中,由于某项指标过低没有中标,回来之后集团公司给炼钢分厂下达一道命令,要求他们在一个月之内必须将指标提高上来,但是事情过了半年这项指标仍然没有变化。集团公司没有采取简单的行政办法,将炼钢分厂的厂长解职,而是派了小组进行实际考察,看看为什么事隔半年,这项指标还没有提高上来。小组成员在考察中发现,集团公司对分队的考核是

70%的数量指标，30%的质量指标，这样炼钢分厂就宁愿放弃30%的质量指标，追求70%的数量指标。因此调研小组给集团公司写了一个报告，将分厂的考核指标调一下位置，结果只用了一个星期，这项指标就上来了。

这则例子就说明：你要想改变员工的行为，首先要改变考核的项目。通过这个例子，我们还可以理解：考核是一个指挥棒，有什么样的考核项目，就会有什么样的员工行为。反过来讲，你要想改变员工的行为，就要改变考核的项目。考核是引导员工行为组织目标的有效办法，你要想使员工的行为趋向于组织目标，那就要设计一套有助于引导员工行为朝向组织目标的考核项目。作为一个企业的员工和任何一个管理者，都要时刻明白两个问题：第一，组织的目标是什么；第二，为实现这个目标他应该做什么。

二、帮助主管建立员工之间的绩效伙伴关系

传统的考核是一种单向的，管理者好像高高在上的法官，在指责和挑剔员工的毛病。而现代绩效考核强调的是双向的，也就是强调主管要和员工之间建立绩效伙伴关系，所谓绩效伙伴关系，就是用考核建立一种连带负责关系。

举个例子，有个主管经常训斥自己的部下，今天是A不好，明天又是B不好，后天是C不好，有一天看到D了，对他说："你小子以前是不是在球队踢过球，球队里是不是有这种惯例？如果你们球队绩效不佳，我就可以炒你们的鱿鱼了？"D在底下就嘟囔了一句："一般情况下我们是先炒教练。"也就是说一个球队如果取得了比赛的胜利，那么球员拿奖金，教练也要拿奖金；如果球队失败了，最先写辞职信的人是教练，而不是球员。通过绩效考核要达到的第二个目的或者是应用，就是要建立主管与员工之间的这种绩效伙伴关系。员工的绩效直接与主管相关联，主管就会有助于帮助员工去提高能力，改进工作。

三、提供员工绩效改善的建议。

一个员工的绩效下降时，有两个方面的原因。一是属于能力问题，这种员工我们把他们叫作不能型，不是他不愿意干，而是他干不了。解决这种问题的办法，可以通过改善知识、改善技能和改善员工的经验，来达到改善能力的目的，从而得到他改善绩效这样的一个效果。还有一种原因，并不是员工的能力不够，而是态度不好，不是不能干而是他不想干，那么影响一个员工态度的要素和影响一个员工能力的要素是不同的，影响一个员工的能力主要是他的知识技能，但影响一个员工的态度，是他的价值观，他的认知和他的情感。所以，我们就需要分析，千万不能对态度问题采用解决能力的办法。

四、绩效考核的结果，可以作为招募和甄选有效性的一个依据。

企业会有很多招聘活动，不断有新人来应聘，那么招来的这些人，对企业来说合不合算呢？我们举一个简单的例子：这个部门就只有张三和李四两个人，张三一年的总收入是21万，他一年能为企业创造200万的利润。李四一年的总收入是14万，他一年可以为企业创造150万的利润。这两个人如果只能留一个，你会选择谁呢？从单位工资所创造的利润来看，用李四要比张三更合算，只要用1.33个李四花18.2万就能创造200万的利润。有了这个计算结果，对张三就有两个选择，要不将工资降到18万，要不令其将创造的利润提高到220万。简单来讲，这两个数据在企业中随时可以拿到，一个是已支付他的报酬，一个是他已创造的效益，通过这两个数据一比，你就可以得到结论。如果你要是看绝对值，那张三比李四好，如果你要看相对值，李四就比张三好，有了这样的比较结果，就可以帮你作出选择，到底留张三还是留李四。

五、绩效考核可以作为培训开发有效性的判断依据。

现在的企业越来越重视培训，也越来越在培训上下功夫，很多著名的企业都有这种培训理念。松下幸之助曾说，培训很贵，但不培训更贵。意思就是说，表面上看培训是花了很多钱，但是如果你不培训，所支付的成本可能会更大。企业重视培训，是一个大的趋势，而且这对企业竞争优势的提高具有非常好的战略意义。当然培训也不一定是越多越好，因为它是一把双刃剑，盲目地做很多培训，对员工的能力没有什么效率，对于企业的发展也没什么效率。曾经有这样一个例子，有一个企业制定了一个激励大家学习、积极参加培训的制度，如果员工用业余时间读书获得学位，公司可以给报销一定百分比的学费。但是他们忽视了一个问题，即为什么而学习？学什么东西？车间里的很多工人都去学习，但是学什么呢？有的学美术，有的学摄影，有的学中医推拿，这些东西学完了以后对于提高企业的竞争优势、提高能力没有任何效果。如果员工利用业余时间去读书，公司给报销书费，这也是一个激励政策，但同时还应有一个考核，不是说你买了书就给你报销，你在读书之后，得写一份读书心得，交到人力资源部，人力资源部给你签了字以后，你就可以报销了，但是又出现读什么书，为什么而读书的问题，结果这些车间工人去读了些什么书呢？有《射雕英雄传》、《天龙八部》这样的武侠小说，读后感都特别精彩，但是这些书读完以后，对于改善工作没有什么作用，对于提高企业的竞争优势也没有任何效果，既浪费了钱财，又浪费了时间，可能还会影响工作。所以，考核的第五种应用，它是培训有效性的一个依据。也就是说通过考核，找到员工现有的能力表现和我们所要求的能力表现之间的差距。差什么补什么，知识不足的补知识，能力不足的去提高他的能力，经验不足的去积累经验。而不能是盲目的，认为只要多读书，取得学历就一定会提高企业竞争力。

准则84. 绩效考核模式

实施卓越绩效模式应注意哪些问题？

近年来，"追求卓越"、"卓越绩效"、"卓越绩效评价准则"、"卓越绩效模式"等名词术语正成为日益响亮的热点词汇，"中国质量奖"、"省政府质量奖"、"市长质量奖"等各级政府质量奖正在中华大地如火如荼地开展。但是，我们发现许多从事卓越绩效模式推广的专业人员、企业老总和社会上的专业咨询公司对卓越绩效模式和政府质量奖的认识存在着诸多困惑和误区。如：一些政府职能部门往往把企业规模作为申报政府质量奖的门槛，认为政府质量奖只能授给那些"大块头"企业；一些企业老总认为自身企业的管理水平和企业规模还不到一定的层次，还不能导入卓越绩效模式；一些企业高管认为导入卓越绩效模式会给企业增加更多限制，带来更多的麻烦；一些卓越绩效咨询专家认为企业只要各个方面都做到同行最优就能实现卓越绩效……这些困惑和误区如不尽快解决和澄清，必将影响卓越绩效模式在我国的全面推广实施，必将影响卓越绩效模式的实施效果，最终会使卓越绩效模式、政府质量奖流于形式，花费大量的人力、物力、财力却达不到其应有的效果。因此，笔者认为有必要从理论上对卓越绩效模式进行探讨，以便更好把握卓越绩效模式的核心思想，更好地推动卓越绩效模式在我国的实施。

卓越绩效模式就是通过综合的组织绩效管理方法，使组织和个人得到进步和发展，提高组织的整体绩效和能力，为顾客和其它相关方面创造价值，并使组织持续获得成功。该标准是建立在"远见卓识的领导、战略导向、顾客驱动、社会责任、以人为本、合作共赢、重视过程与关注结果、学习改进与创新、系统管理"等9条相互关联的基本理念的基础之上的一个管理评价标准。这些基本理念都反映了系统科学的基本思想和方法，要求从事卓越绩效模式推广的专业人员、企业全体员工，特别是企业高层经营管理人员必须从系统科学角度理解把握卓越绩效模式的基本理念，才能使企业的经营管理获得卓越绩效。

一、远见卓识的领导

卓越绩效模式要求领导者以"前瞻性的视野、敏锐的洞察力，确立组织的使命、愿景和价值观，带领全体员工实现组织的发展战略和目标"。系统科学认为，系统内部的不同要素之间如果不分伯仲，一样地起作用，系统就不会形成有序结构，就不会有强大的功能。只有形成少数要素去引导、规范、支配大量其它要素，使它们协同动作，才能形成有序结构，形成强大的功能。在企业这个组织系统中，人力资源是最活跃的因素，在整个组织系统中发挥着非常重要的作用。领导又是人力资源这个系统中的核心要素，发挥着主导、支配整个组织的作用，对组织建立应对未来的战略优势，取得长期成功起着"导航"作用，对组织的持续成功起决定性的作用。因此，企业的领导者应该基于理解顾客和市场，有效地发挥领导的作用：建立组织的长久使命、激励员工的美好愿景、共同恪守的价值观，并通过制定方针和目标，明确组织的方向；着眼于未来，创造追求卓越环境，促进组织创新、构筑组织知识和能力，鼓舞全体员工为组织的成功承担责任，为实现组织的使命做出最大的贡献。

二、战略导向

卓越绩效模式强调"以战略统领经营管理活动，获得持续发展和成功"。系统科学认为，任何系统都是处在特定环境之中的系统，系统特别是社会组织系统必须明确自身在这个环境中存在的目的，才能更好地生存发展。这是系统的目的性原则，它要求系统必须首先确定自身存在的目的或者说要达成的目标，然后从所处的环境出发，根据本身的资源和实力选择适合自身的战略，运用各种调节手段，达到系统整体最优的目的，形成自己的核心竞争力，把系统导向预定的目标。否则，系统就会被这个环境所淘汰。因此，企业的关键过程、各项活动的目标，必须实现校准和整合，指向卓越的绩效结果。战略正是一个组织在竞争环境中为了全面实现使命和目标而对其主攻方向以及资源进行布置的总纲。它是组织对未来的筹划，是行动的蓝图和指南，也是协调、整合各项活动和资源的工具。战略本身就是行动的向导，不言自明。行动计划的制订，测量指标设计，资源的选择必须与战略所确定的方向、规定的路线和指定的时间进行系统的布置和展开。

三、顾客驱动

卓越绩效模式强调，"将顾客当前和未来的需求、期望和偏好作为改进产品和服务质量、提高管理水平及不断创新的动力,以提高顾客的满意度和忠诚程度"。系统科学认为,任何系统的存在都有其价值。一个系统要想在它的环境中生存发展,就必须为它所在的环境提供尽可能多的正价值,并尽可能减少负价值。企业系统的正价值就是为顾客提供合格的产品和服务,负价值就是消耗环境资源、污染环境。顾客是组织价值、绩效和产品质量的最终判定者。在当代经营环境下,组织依赖于顾客,绩效卓越与否取决于最终为顾客创造的价值,顾客的价值取向驱动着组织的经营活动。组织必须关注顾客的需求和期望,重视为顾客带来产品和服务的特性,以及所有接触顾客的方式,这样做才会得到顾客的满意、偏好和推荐,赢得顾客的驻留和忠诚,拥有更多顾客,实现事业的扩大。组织还要倾听顾客的心声,预计市场的变化,把握技术的发展,把握竞争者的发展,并对顾客和市场变化做出迅速灵活的反应。

四、社会责任

卓越绩效模式强调,"为组织的决策和经营活动对社会的影响承担责任,促进社会的全面协调可持续发展"。系统科学认为,系统与环境互塑共生,一方面环境向系统提供资源,另一方面系统向环境提供产品或服务,同时可能污染并危害环境。环境资源的基本特征是有限性、多样性、可变性。不合理的资源消耗将导致环境资源匮乏和环境恶化,减少环境组分的多样性,最终危及系统的生存发展。因此,组织的领导层应该重视公众责任、伦理行为并强调履行公民义务的必要性。在恪守商业伦理和保护公众健康、安全、环境方面,领导者应当成为组织的榜样。组织应在资源许可的条件下,对于重要的公众利益予以重视和支持。企业经营的直接目的在于获得更多的利润,履行对股东的责任,除此之外,还应对员工、顾客、合作伙伴和社会负有责任。"利润之于企业就像血液之于人一样,人活着不能没有血液,但人活着不是为了血液"。企业的最终目的不在于利润,而在于在社会上扮演一个角色,一个良好的社会组织,与利益相关方建立一种良性的、和谐的关系,在整个价值链上共同创造更大的价值,为促进社会进步和协调可持续发展做出贡献。

五、以人为本

卓越绩效模式强调:"员工是组织之本,一切管理活动应以激发和调动员工的主动性、积极性为中心,促进员工的发展,保障员工的权益,提高员工的满意程度。"系统科学认为,系统以不同的形态存在,但无论是人造系统,还是自然系统,都与人有紧密的联系。人类为实现自身的目的,设计和建造了人造系统;同时人们运用科学力量,认识和改造着自然系统。企业系统是由人主导的,其所处的环境即社会系统也是由人主导的。在系统中,人不仅是系统的活动主体,同时又是系统的服务对象。正是各种不同的人对系统的不同的交互作用,使系统永不停息地变化着。企业组织的成功日益依赖于其全体成员及合作伙伴(也是人)的知识、技能、创造力和动机。人是组织成功的根本,是取得成果的根源。"以人为本"意味着组织必须致力于保障人员的权益,促进人员的发展,致力于全体人员的满意、发展和福祉。组织必须通过建立共同愿景和价值观,营造信任与和谐的文化,鼓励全员参与,调动人员的积极性和创造性,释放所有组织成员的全部潜力。组织还必须建立起内部的和外部的合作伙伴关系,形成战略联盟,共同创造价值。

六、合作共赢

卓越绩效模式强调:"与顾客、关键的供方及其它相关方建立长期伙伴关系,互相为对方创造价值,实现共同发展。"系统科学认为,在同一环境中产生发展起来的不同系统,总体上是互补共生的,或者因相互直接提供功能服务而共生,或者因同处于环境大循环过程、通过中间环节而共生。因此,组织与各个利益相关方应建立相互信任、共享知识的互利合作关系,整合价值创造过程,才能更高效地开展工作,在整个社会价值链上创造和分享更大的价值,实现共同发展。成功的长期合作关系以互惠互利为前提,以诚信为基础,通过公开、充分的双向沟通,明确双方的需要、期望和全部责任,在业务上形成相互依赖,相互帮助的关系。这种关系包括共同解决问题,共享知识、创意和资源,不断深化,直到作为一个整体而行动,实现共同发展,达到合作共赢。

七、重视过程与关注结果

卓越绩效模式强调:"组织的绩效源于过程,体现于结果。因此,既要重视过程,更要关注结果;要通过有效的过程管理,实现卓越的结果。"系统科学认为,任何系统的正常运转,不仅受着系统内各个因素的制约,同时还受到外部环境的约束,随着时间、环境及人们主观能动性的变化而发生变化。系统管理要求应随着对象系统的发展而不时修正控制方案,把握关键过程,追求全面结果。在知识经济社会里,社会系统之间的信息、能量、物质方面的交换和联系日益密切,技术的飞速发展,市场的瞬息万变,需求的多样化,使经济环境处于一个动态的环境之中。动态性要求企业在管理过程中必须时刻关注内外环境要素的变化,时刻关注把握关键过程,并及时调整相关的管理参量,以保证管理系统的运行适应外界的变化要求,追求全面结果,实现最佳效益。

八、学习、改进与创新

卓越绩效模式强调:"培育学习型组织和个人是组织追求卓越的基础,传承、改进和创新是组织持续发展的关键。"系统科学认为,系统只有充分开放、与环境密切联系,与环境有充分的物质、能量和信息的交换,才会充满生机和活力,才会持久发展。开放不够,系统的生存发展将受影响,严重时将导致解体。对一个企业而言,"开放"是至关重要的,它需要与外界永不间断地进行人、财、物、知识、信息及文化的交流。企业需要从外界采购原料、购进先进的技术设备、拓展融资渠道、招入优秀人才;企业必须与外部环境进行信息交流,以增强对市场需求和市场竞争状况的了解;企业还需要与外部进行广泛的知识交流,汲取先进地区的最新科研成果、聘请专家进行讲演、派遣员工到优秀的企业学习培训等,以汲取和引进当代人类文明的优秀成果来完善自己;同时企业文化也需要交流与借鉴,才能使企业系统不断引入负熵流,令系统总熵不变,使系统保持有序，增强企业竞争力。强调学习、改进和创新，就是在组织经营管理过程中，将学习、改进和创新作为创造卓越绩效，实现组织持续发展的途径和阶梯。

九、系统管理

卓越绩效模式强调："将组织视为一个整体，以科学、有效的方法实现组织经营管理的统筹规划、协调一致，提高组织管理的有效性和效率。"系统科学认为，系统的整体性主要表现为系统的整体功能，系统的整体功能不是各组成要素功能的简单叠加，而是呈现出各组成要素所没有的新功能。通俗地表述为"系统整体大于部分之和"。它要求管理者要依据确定的管理目标，从管理的整体出发把管理要素组成为一个有机的系统，协调并统一管理诸要素的功能，使系统功能产生放大效应，发挥出管理系统的整体优化功能。现代企业是一个由人力资源、财务资源、技术资源、基础设施、信息和知识资源等要素组成的复杂大系统，是一个完整的价值创造系统。卓越绩效模式最核心的思想就是将企业经营管理视为一个系统整体，要求高层领导者明确系统发展方向，关注系统环境，把握关键成功因素，确定发展战略，不仅要注重发挥各个组成要素的功能，更重要的是要调整要素的组织形式，建立合理有序的结构，促使管理系统整体功能优化，实现系统整体绩效最大化。

准则85. 运营流程

运营流程指的是执行战略的实施步骤，它为实施人员指明了工作路径，领导者完成战略目标必须通过设计运营流程来实现。举个简单的例子来说，比如一支部队想要过河，目标是非常明确的，达成目标的关键在于采用什么方式到达河的对岸去，是造船渡河还是架桥过河呢？无论采用哪种方式都需要做很多具体工作，而这些具体的操作步骤就是运营流程。

运营流程体现在运营计划中，运营计划包括公司在未来一年内需要实施的各项方案，确保各项重要指标能达到预定水平，这些方案囊括了新产品上市计划、具体的营销计划及生产计划和物流配送计划等。运营计划必须符合现实，需要财务人员、执行负责人参与讨论后制定，必须考虑到GDP成长率、利率高低、通货膨胀等因素，并了解这些因素会对运营计划中的业务产生的影响。还要考虑一些意外情况的发生，比如有大客户会调整计划，会对公司产生什么影响。只有各方面因素考虑周全，才能收获满意的执行结果。

三星是一家全球化的跨国企业，手机是其主打产品，涉及的领域还包括家电业和半导体业务。有趣的是，三星起步比竞争对手要晚很多年，然而却常常能够后来居上，比如它从事家电业务比松下迟了半个世纪，从事半导体业务比英特尔足足晚了10年，从事手机通讯业务比诺基亚晚了122年，三星能在每个领域做得风生水起，其主要原因是每款新产品上市之前企业都制定了一套优秀的运营方案和运营规划，以保证自己能够迅速抢占市场，发挥自身的竞争优势，从而立于不败之地。

三星的运营理念可简单概括为"生鱼片理论"，其基本含义就是要把新产品当作新鲜的生鱼片对待，在第一时间以最快的速度销售出去，不能等它变成了不受欢迎的"干鱼片"，再想法设法地处理。三星对每一款新产品都制定了详实可行的运营规划，确保将公司最先进最有潜力的产品迅速推向市场，这样就能快速打响知名度，扩大市场份额，为企业赢得更广阔的市场空间和更丰厚的利润。

三星公司的成功离不开完美的运营规划以及一套完善的运营流程。对于新产品而言，只要契合消费者需求，谁能优先进入市场谁就能抢占较大的市场份额。管理者在制定运营计划时一定要有抢占先机的竞争意识，同时不能忽略了市场对于产品的要求，企业只有能为消费者提供优质的产品和服务，才能受到广泛认可，进而获取超额利润。新型产品刚刚进入市场时，几乎没有竞争对手，因为具有相同特征的同类产品并没有被其他商家研发出来,所以新推出的产品在市场上可谓是一枝独秀,优势十分明显,即使后来出现了同样的产品,在其参与竞争之前,企业已经积累了一定的利润,并占领了相当大的市场份额。对于创新型产品,最先研发的公司优先享有制定行业标准的权利,这对企业而言又是一大优势。

准则 86. 运营流程的关键指标

运营流程的关键指标包括营收、营业利润、现金流量、生产力、市占率等,包含的项目依据企业实际情况而定。这些关键指标对于改善企业经营成果具有重要意义,其项目的选定是由外而内、由上而下的。由外而内指的是数据必须使外部经济环境和竞争态势的客观反映,同时也为投资人投资本公司提供依据,使他们明白为何企业的股票比竞争对手更值得投资。由上而下指的是企业目标的设定是由整体到局部进行的,也就是说先为公司设定一个整体目标,而后分解成若干个子目标。有不少公司做法恰恰与此相悖,他们先用预算程序做出各个部门的计划,之后集合成一个整体计划,这类做法会浪费很多时间和精力,因为需要各部门员工反复沟通,重要数据还要做出多次修改。

设计完运营流程,执行以及执行的结果能否达到预期呢,其成败的关键因素在于执行者,一个优秀的执行者是实现预期结果的有力保证,那么管理者如何选择执行者呢?具体应该从哪几个方面对其进行能力评估呢?

一、知识评估

执行者必须充分了解有关运行流程的相关知识,所谓的相关知识并不是指专业技能知识,而是有关运营流程的管理知识。根据执行者对于相关知识的掌握情况,可以将其划分为四个等级。

等级一:执行者熟悉运营流程的名称,也知道关键绩效指标,但是对于其它知识则知之甚少。这类执行者只是关注自身的工作,缺乏全局观念，忽略了运营流程执行的整体性。

等级二：既了解自己负责的运营流程工作，又明白自身的运营流程对于整个公司的运营流程所起的作用，以及与其他环节的员工所从事的工作存在的联系。这类执行者能很好地处理自身工作和公司整体绩效的关系，保证运营流程执行的力度和质量。

等级三：执行者具备等级二的全部能力，而且能够高屋建瓴地审视全局，促进执行工作的协调和改进。

等级四：执行者对所属行业颇为了解，能预测行业发展趋势，对于企业未来的发展情况能有一定的估计，并可以将自己掌握的行情运用到执行工作之中，切实提升公司的整体绩效。

二、技能评估

执行者需要具备与运行流程相关的技能，所谓的相关技能指的并不是工作技术层面的技能，而是有关运营流程管理层面的技能，根据执行者的技能水平，可以将其划分为四个等级。

等级一：具备一定的改进和优化运营流程的能力，可以提出切实可行的优化方案，及时解决一些实际问题。

等级二：拥有自我管理能力，富有团队合作精神，能积极地以团队各成员进行紧密协作。由于此类执行者没有得到充分的授权，其提出的优化建议需要历经很长的时间才能得到批准实施。

等级三：执行者具备决策能力，能够对运营流程中出现的问题进行决策，在得到授权的情况下，可有效促进运营流程的全面优化。

等级四：拥有创新思维和变革精神，不但能优化运营流程，还具备再造流程的能力，可以大幅度地提升流程的效率。

三、行为评估

行为评估指标指的是执行者执行流程的意愿和在落实行动的过程中是否能达到流程预期的效果以及推进流程持续改进优化的能力。根据执行者在行为层面的表现，同样可以将其划分为四个等级。

等级一：能完成自己的本职工作，但是无法理解自身行为与企业整体运营流程的关系，在执行过程中不能将企业的运营流程作为指导自身工作的重要参考依据，进而影响流程执行的流畅程度。

等级二：能以企业整体运营流程作为工作核心，积极参与到整个执行计划之中，促进运营流程效率的提升。

等级三：在工作中，能时刻把自己负责的流程与企业整体流程挂钩，把局部绩效和整体绩效相结合，保证团队成员为了实现企业的整体目标而努力工作。

等级四：具有敏锐的洞察力，并富有创新精神，能优化和变革运营流程，推进项目的高效执行。

准则 87. 运营流程要蕴含管理思想

不少管理者喜欢到知名企业参观学习，还利用参观的机会偷偷地摘录有关企业运营流程的文件，殊不知运营流程的文字并不能揭示一个企业高效运作的秘密，真正有价值的东西并不在于那些有形的文字，而在于蕴含在运营流程中无形的管理思想。运营流程提供的只是工作流程的一个框架，它是可以复制的，但是复制了流程设计，未必能取得预期的理想效果。因为管理思想是其丰满的血肉和灵魂，脱离了它，得到的流程不过是一副干瘪的骨架，想要凭借这副骨架来复制完美的执行力几乎是不可能的。

管理思想并不是一种僵化的统一模式，它是管理者在日常管理活动中体悟出来的，每一个知名企业的管理思想都有独到之处，它是一种独特的管理之道，尽管可以通过文字形式的方式来传达，却和文字游戏大相径庭，更不是摘抄其它企业的管理学文字。有的人事主管自认为自己十分精通为公司设计各种管理制度流程，但文件夹中几乎所有的文件内容都是复制别人的管理文字。在信息时代,收集资料并拼凑各种管理文字是一件非常容易的事,但这些看似高明的文字却不具备任何实用性和可操作性,没有从实践提炼出来的管理思想,管理文字根本就不能在实际运营中起到任何指导作用。很多管理者常常责怪员工执行不力,却不懂得从自己身上寻找原因,有时并不是员工不想准确无误地执行工作,而是管理者无法正确地运用管理思想来指导运营流程,总发表一些套话和空话,搞得员工一头雾水,根本就不知道该怎样执行工作。

公司的运营流程应该是以管理思想为基础的,运营流程当中应当体现管理思想,管理者需根据企业自身的情况灵活运用管理思想。没有实际管理经验,只会生搬硬套管理学文字的人根本不可能胜任设计运营流程的工作,因为他们不懂得何为真正的管理思想。只有管理经验丰富的人才能把流程设计、管理方法和企业文化完美地熔于一炉,让运营流程汲取管理思想和企业文化的精髓,使企业文化真正服务于团队,使管理思想成为企业不断向前发展的不竭动力,从而提升公司的核心竞争力。

管理思想必须要活学活用,否则就会把企业管死,管理者在设计运营流程时需要保证经营理念与运行基础相匹配,一套明确的始终如一的经营理念对于一个企业而言是非常重要的,如果它能在贯彻中实施到位,将能在执行工作中发挥极大的效能。

美国波音飞机制造公司为研制777型喷气客机耗资40多亿美元,在研发新型飞机的过程中,公司使用庞大的计算机网络来支持并行设计工作,三年零两个月后飞机研制成功,试飞之后即投入运营。这款新式飞机63.7m,从机舱前端到后端的长度为50m,经激光测量最大偏差仅为0.9mm。

AT&T公司以前出产的产品合格率仅为5%,以前的流程设计从来未考虑生产工艺性问题,导致产品质量不过关。后来采用并行设计之后,采用计算机虚拟检测,从中发现设计中存在的缺陷,使产品合格率提升为90%。

美国波音制造公司和AT&T公司都是依靠并行设计生产出优质产品的，所谓的并行设计指的是将先进的计算机技术、通信技术和现代管理技术结合起来，辅助产品的开发与设计。它打破了传统的部门分割和封闭执行的工作模式，强调多功能团队协同合作，注重新产品开发的重组和优化。并行设计的理念体现的无疑是一种全局优化、团队合作、精益生产等现代管理思想，这些管理思想都是极为先进的，蕴含在并行设计流程的每一个环节之中，然而任何管理思想都不是一个抽象的统一概念，在具体工作中需要管理者灵活掌控。

第九章

执行之道
——建立激励奖罚机制,激活员工潜能

准则88. 为员工搭建晋升的阶梯

员工在被有效激励时更容易快速成长起来，合理的激励方式可以促使员工更加积极地投入工作，使其产生超越自我的强烈欲望，自主自愿地为团队目标贡献更多的力量和热情。在众多的激励措施当中，为员工搭建晋升的阶梯，助其步步高升，效果是非常显著的。员工得到晋升可以达成一个双赢的效果，从员工的角度来讲，升职意味着能力受到肯定和认可，被委以更重要的职务，薪资水涨船高，事业顺风顺水，前途无量；从企业的角度来讲，把员工晋升到更高的职位，可以激发出员工潜在的巨大潜能，为企业的发展做出更大的贡献。从某种意义上说，员工的晋升可以满足双方的需要。

哈佛大学的戴维·麦克莱伦认为，满足人类的三种基本需要，就能起到良好的激励作用，这三种需要分别是权力的需要、归属的需要和成就的需要。这些需求是引发人类积极工作的重要动机，它们在执行工作中支配着人的行动，而健全的员工职业晋升体系就可以满足这三种需要。

《杜拉拉升职记》曾被认为是职场人士的升职宝典，她进入外企后凭借着自己的努力从基层做起，由一名普通的人事行政秘书一步步晋升，升为行政秘书后，又高升为销售总监秘书，后转入HR从事人力资源管理工作，最后荣升为HR经理级别的职务。

从杜拉拉的华丽蜕变和成长经历中，我们不难看出晋升激励措施对她的工作热情起到了多大的促进作用。由于不断地得到公司的信任和肯定，又有无限的上升空间，她在工作中不断地完善和提升自己，工作能力越来越强，不仅才干得到了锻炼，也为企业创造了更大的价值。

晋升可以满足员工对于权力的需要，有人提出权力可以成为有效的激励因素，是源于对人性的深刻解读和剖析，玛基雅维里认为人在追求控制和摆脱被控制之间活动着，而权力则能成为满足和平衡两者的有力工具。当员工晋升到更高级别的职位，便意味着权力范围的扩大，这使得他在工作中能得到更多的自由和掌控，其创造性和积极性随之被激发出来，从而为团队组织贡献更高的绩效。

晋升体系能增强员工的归属感，管理者若想让员工对企业产生投桃报李的想法，就必须满足员工的基本需求，使其对企业产生归属感。如果企业能为员工提供一个持续晋升的发展空间，员工便不会因为升迁无望而选择跳槽，任何一个组织想要留住优秀人才，都必须为其搭建广阔的舞台，使其充分发挥自己的能力。出色的管理者必然懂得如何完善员工的职业晋升体系，使员工把企业当成实现个人理想的归属地，在自我实现的过程中为企业创造效益。

成就感是激励手段的重要因素，它的作用强大而持久。员工通过一步步晋升，在实现自己职业生涯目标时，个人潜能也会得到最大限度的激发。我们知道满足员工对权力的需求以及成就感相对而言是较为容易的，而让员工从内心深处对企业产生归属感则不是那么容易的。管理者虽然未必能把一个团队环境打造得像一个家那样温暖和舒适，但是至少要为员工提供一个稳定的工作环境和一套公平、公正的职业晋升体系，只有这样才能保证员工在获得安全感的同时，得到为团队目标奋进的动力。

管理者如何建立健全的员工晋升体系：

一、晋升机制一定要公平，为团队中的每一位员工提供同等的晋升机会。管理者必须秉承以人为本的原则，对团队中的每一位员工给予平等的重视，为其提供公平的晋升机会，不能因为个人好恶或者与私人关系的亲疏来提拔自己喜欢的员工，而应该根据员工的工作表现来决定提拔的人选。

真正有能力的人获得赏识和提拔，并不会引起其他成员的不满，一般而言，不公平的晋升机制才是引起团队成员普遍不满的真正原因。作为团队的管理者，必须摒弃一些情感的因素，在提拔员工的过程中，要依据员工的绩效和工作能力为准绳，只有这样才能引发团队成员的工作积极性。倘若只提拔亲近自己的人，而对真正能力突出的人视而不见，就会给广大员工造成这样一种不良印象：工作再出色也没有用，领导不会去提拔有能力的人，而只会重用自己喜欢的人。如此一来，几乎没有人愿意在工作中表现得更突出、更卖力了，因为人们普遍认为这样做是没有任何意义的。因此管理者一定要为员工打造一个公平、公正的晋升机制。

　　二、打造一个人才梯队建设体系。员工得到晋升后，新岗位要富有层次的变化，让其自觉接受挑战并不断提升自身素质以适应新工作的需要。人才的晋升应该是阶梯式的，被提拔的人才只有意识到自己已经迈上了一个崭新的台阶，才会在精神上得到极大的满足，自觉提升工作效率以表现出自己最出色的一面。

　　三、为升职的员工提供更多的学习和发展机会。管理者应当把新岗位的需求和人才的发展完美结合起来，为新晋升的员工提供更多的培训和发展机会。虽然员工在实际工作中能积累不少有价值的经验，但是对于某些非常重要的岗位而言，给予员工一定的培训和学习机会还是非常必要的。有的企业会为提升员工的工作水平，而为员工提供组织出国培训或者到总部培训的机会，这样做既能勉励员工完善自己的业务水平，又能使他们觉得自己得到了足够的重视，从而激发出更大的工作热情，不失为一种有效的激励手段。

准则89. 物质激励是员工的第一生产力

　　物质是人生存立命的根本，没有坚实的物质基础一切的精神追求都是空壳。清高的人常认为金钱是俗气的，但是不可否认的是它是满足人们吃、穿、住、用、行等一切日常所需的基本保障。人的需求分为很多种，根据马斯洛的需求层次论，物质需求是员工最低层次的需求，但是只有最低层次的需求得到满足后，人们才会考虑更高层次的需求。物质激励并不是唯一的激励方式，也未必是最好的激励方式，然而它却是普遍适用的最有效的激励手段。对于绝大多数而言，高薪才是硬道理，薪水非常低的公司即使有再多的精神激励方案，也很难留住人才，因为千里马食不饱力不足的情况下通常才美不外现，为了能获得纵横千里的机会它只能另觅主人了。

蔡文芳是一家私企的中层主管，她入职时从一名基层员工做起，每天兢兢业业地工作，能力颇得老板认可，因此两年之后就升到了主管的职位，然而工资涨幅却不大。老板经常在各大场合表扬她的敬业精神和业务水平，还常常号召大家以她为楷模，私下里也对她赞不绝口，经常说她是公司里最有价值和最具发展潜力的员工，以及有些工作只有交给她来做才放心。但是对加薪的事却绝口不提，后来好不容易打算给她涨工资，但是最终却只给了她口头承诺的一半。

蔡文芳感到心灰意冷，老板只是口头上肯定她的工作，给了她不少华而不实的头衔以及各种精神奖励，而在工资待遇上却一直颇为吝啬。看到自己的同学职位比自己低薪水却高过自己，她的心理就感到分外不平衡，最后只有辞去工作，跳槽到一家相对慷慨的公司发展。

物质激励是员工的第一生产力，几乎没有人在主观上愿意拿着微薄的薪水从事高强度的工作，虽然高薪未必等同于高效能，但是低效能却在很大程度上是由于低薪引起的。所谓"一分耕耘一分收获"，劳而无获或者收获甚少当然会打击员工的积极性，一个再有魅力的团队领导人恐怕也难以动员一个低薪团队自主自愿地为企业创造出最大的价值。从劳动者的角度考虑，付出和收获只有成正比时他们的内心才能得到真正的平衡，否则任何安慰的话语都无法安抚他们内心深处的不平。

有些管理者在制定薪资标准时只考虑企业的利益，把员工当成一种成本，尽可能地压缩支付给他们的薪水面值，以其为企业积累更多的利润。殊不知这样做实属一种短视行为，因为企业的利润是由广大员工来创造的，每位员工的工作积极性都不高，企业利润自然也不会太高。管理者为企业节约的资金远比不上企业的长远损失，因此单靠压缩人力成本来谋求最大利润的做法实属是薪资管理的下下之策。

低薪的企业留不住骨干人员，也留不住普通的工作人员，勉强留下来的人要么消极怠工，要么是找不到其它工作只能留守在现有企业，其工作能力一般较为低下，由这样的工作成员组成的团队其凝聚力和战斗力可想而知。薪资不合理，一个再有领袖风范的领导者恐怕也难以挽回人心。薪酬是员工工作的主要动机源，它是促使员工出色表现的一个重要前提，也是吸引人才、留住人才和激励人才必不可少的重要手段，管理者一定要学会平衡企业利益和员工利益之间的关系，使双方都能得到满意的结果，否则过于厚此薄彼，必然失去人心，团队的绩效几乎没有提高的可能性。

管理者如何制定薪酬标准：

一、为员工提供一般性的工资和福利，并根据需要制定弹性标准。基本工资、固定津贴、五险一金、奖金等属于一般性的工资和福利。这些都是正规企业所必须包含的重要内容，通常被员工视为应得的待遇，除非基本工资优厚或者奖金数额非常高，否则难以起到明显的激励作用，但是如果企业连最基本的工资和福利都不能满足员工，那么对于员工工作的积极性就会造成很大的挫伤。

管理者在为员工提供了基础工资和福利的情况下，还要根据实际需要制定一些弹性标准，通常情况下弹性工资比固定工资更具诱惑力。对于工作热情不高的团队，应该加大工资中的弹性比例，比如浮动工资、奖金、佣金等，缩小刚性比例，这样就能让一些有上进心的员工得到更高的工资，而懒散的员工受到刺激后也会加倍努力工作，毕竟在薪水方面没有人自甘落后。对于一个规模较小的公司或者刚刚成立不久的公司，则不适合采用这样的薪酬策略，这两种企业如果想要公司内部人员稳定，必须增加薪酬中的固定部分，给予员工足够的安全感，然后再制定小额的弹性部分，否则就会造成人员的流失。

二、丰富福利项目，根据员工需求制定菜单式福利。有的企业会为员工提供午餐补助、免费工作餐、健康检查、俱乐部会费、交通补助、电话补助、特殊津贴、带薪假期等福利项目，员工常常会把这些福利项目折算成收入的一部分，这些福利的激励效果未必和预期完全一致，为了让福利更贴合员工需求，管理者最好根据员工的特点和需要列出若干福利项目，以供员工选择，这种灵活的福利方式通常更能受到员工的欢迎。

三、为家属提供福利。公司为员工的家属提供福利，常常会收到意想不到的激励效果。有的公司出资让优秀的员工和家属一起旅游，有的公司经常在节日之际为员工的家属赠送礼品，都会让员工感到十分亲切、体贴。海底捞在这方面的激励制度较为健全，公司规定凡是在公司工作满一年的员工，累计三次被评为先进个人，父母探亲的往返车票由公司全程报销，员工还可享受3天假期，父母可享受在店就餐的福利。海底捞还把先进员工的奖金直接寄到父母家里，让其父母感到荣耀。公司尽量安排有亲属关系或者夫妻关系的员工在一起工作和生活，并为他们发放津贴，帮助其联系子女入学，代交入学赞助费。海底捞的激励政策值得国内很多企业去借鉴和学习。

四、灵活选用有激励性的计酬方式。一般而言，按时计酬是最不具激励效果的计酬方式。因为员工无论工作效率和工作质量如何，所得的薪酬几乎没有太大区别，因此谁也不愿意提高工作效率，提升工作质量，但是这种计酬方式能给员工提供安全感，便于招聘到对劳工技能要求不高的员工。按件计酬激励作用较为明显，这种多劳多得的支付薪酬的方式有助于提高员工的工作积极性，但它仅适用于产量易于计算，质量标准明晰的工作。有些工作很难用量来衡量，这时企业通常采用按绩效来计酬的方式，这种计酬方法比较合理和公平，易于受到员工支持。

五、建立团队奖励计划。管理者应当重视对团队的奖励，因为这样做可以增强团队的荣誉感，促进团队成员之间的合作。对于团队要制定可实施的考核标准和奖励标准，让团队之间进行定期PK，获胜的团队可以得到奖金，这笔奖金可以分配给团队中的每一位成员，让团队成员深切地感受到团队的胜利就是个人的胜利，个人是集体中的一员，团队的兴旺和强大是个人发展的有力平台，从而激发其为团队目标奋斗的潜能。

准则 90. 满足下属的成就感

著名管理顾问尼尔森认为，未来企业的经营趋势之一便是管理者不再聚焦于如何树立自己的权威，而是想方设法引爆员工的潜能，让他们为企业创造最大的经济效益。想要最大限度地激发员工潜能，必须要用全新的理念来代替以往的旧观念。

从心理学角度来讲，引发人们工作热情的因素之中成就动机是必不可少的，迫切需要得到成就感的员工会自发地把工作做得更圆满，并不断取得进步，逐步完善自己，以期获得更多的肯定和更大的成功。很多管理者在强调高效的执行力时，从不考虑满足下属的成就感，认为下属能准确无误地执行自己的指令，完成自己的本职工作就可以了，却很少注意到他们有很大的潜能尚未被开发出来。每个人都是一座金矿，即使是一名平凡的员工如果能把自己的潜能开发出来，其工作水准也会迈上一个前所未有的高度。而员工内在的潜能是否能被激发出来，其重要因素之一便是其成就感是否得到了满足。

曾有一位心理学家做过一项非常著名的实验：他花双倍的价钱雇用一名伐木工人砍伐树木，要求这名伐木工人要用斧子背来砍原木，工作时长不变。伐木工人虽然不理解心理学家的用意，但是听到自己能得到双倍的报酬，他立即不假思索地答应了。可是工作不到半天，伐木工人就决定罢工了。

心理学家问："你为什么不想干了？你不想拿到双倍工资了？"

伐木工人颓丧地说："用这种方式工作，我看不到木屑飞出来。"

伐木工人拒绝了高薪的工作，是因为无论他付出多少劳动，都看不到自己的工作成果，因为没有成就感，他找不到任何工作乐趣，即使拥有双倍工资的待遇，他仍坚持认为自己的工作不具任何意义。这则故事告诉我们，没有人会喜欢去做看不到成果的工作。很多管理者把给员工加薪当成唯一的激励手段，却不知道只有单纯的物质刺激是远远不够的，让员工看到自己的工作成果才能更好地激发起他们对工作最大的热情。

美国得克萨斯州的一家电子元器件工厂，负责安装零件的流水线工人通常看不到自己的工作成果，老板为了满足他们的成就感，特地在产品组装好后让所有参与安装和制造零件的员工把名字写在纸上，然后把名单放入包装盒里。流水线的工人认为他们的工作得到了工厂的肯定，心中升起一种自豪感和成就感，工作起来更加富有激情了。

对于高级人才，管理者当然要让他们对自己的工作产生成就感，但是对于基层员工，管理者也不应该忽视他们对成就感的需求。许多管理者认为对于企业贡献大的高级人才对成就感的追求更为热切，其实这只是一种主观的看法，下属和基层员工同样需要精神激励和肯定，他们需要看到自己的劳动成果，并从自己付出的劳动中找到价值和意义。

调查显示，很多员工并不只是追求物质利益，而对于自我实现的追求却越来越强烈，工作对很多人来说虽然仍是一种必须的谋生工具，但是它不仅仅是谋生工具，还是实现自我价值的一种重要手段，因此满足他们的成就欲已然成为了一种非常有效的激励手段。

管理者如何让员工获得成就感：

一、通过各种方式让员工看到自己的劳动成果。员工需要对自己的劳动成果有一个最为直观的印象，就像伐木工人一定要看到飞出的木屑一样，管理者要为他们提供亲眼看见或者通过其它形式感受自己劳动价值的机会。比如让流水线工人参观完工产品，感受到自己所从事的劳动的价值，让分工协作的团队充分了解自己负责环节的重要性，如有实物产品可供全体参与人员参观，如果无实物产品，团队共同创造的是无形的产品和服务，那么管理者可以通过和全体人员分享无形产品和服务拥有的市场前景，而让每位员工感受到自己付出的劳务的价值。

二、让员工在企业的舞台上感受到自身所扮演的角色的价值。如果把企业比作一个生命体的话，那么员工就是这个生命体内的微小细胞，虽然每位员工的力量都十分有限，但是他们所扮演的角色却是必不可少的。管理者在日常的管理工作中，要充分肯定每位员工的工作价值，并与所有员工分享企业的愿景，让员工感受到自己与企业的联系，并为了共同的目标而努力奋斗。

三、认可员工的成长，让员工体会进步的喜悦。当员工在工作中取得显著进步时，一种成就感就会油然而生，然而如果得不到上级的认可，他们便有可能变得消沉，因为成就感并不只是自己对自身能力的肯定，还包括别人对自己的肯定，上级不认可他们的进步，会让他们产生困惑感和迷失感。有的员工会认为也许自己的巨大进步只是一种错觉罢了，否则不可能不引起上司的关注。有的员工则会认为自己怀才不遇或者上司对自己有意见，无论他们怎么想，管理者如果不能认可员工的进步，都会降低他们的成就感，并影响到他们工作的积极性。

准则 91. 颁发荣誉勋章

荣誉对于个人和团队而言都是非常重要的，至高荣誉是对个人和组织的一种崇高的评价，它能使人的自尊心得到充分满足，并激发起人们奋力进取的斗志。从动机上看，人人都想获得肯定和荣耀，荣誉是贡献的象征，一个员工如果能获得某种荣誉，便意味着他的工作表现更为突出，这种肯定不但能增强他的自尊心，还能使其产生强烈的荣耀感，从而令他在日后的工作中迸发出更强大的能量。

对于团队进行荣誉激励，可以增强团队间的竞争意识，使团队成员摆脱对于现状的满足感，赶超自己的竞争对手，更为高效地完成既定的团队目标。对于员工个人进行荣誉激励，可以使员工产生强烈的竞争意识，帮助他们从平庸的人群中脱颖而出，绽放出属于自己的光芒，从平凡走向卓越。

竞争精神是一把双刃剑，荣誉激励也是如此。如果企业内部过于强调竞争，员工都为了追逐个人利益而把所有同事看成竞争对手，便会由于私心而拒绝与他人密切合作，那么团队和企业就会分崩离析，凝聚力和向心力便会完全消失。对于一个企业而言，如果团队之间只是协作关系，不存在任何形式的竞争，那么无疑彼此都能和平共处，不会出现争斗和分裂。但是长此以往，企业就会失去活力，因为没有威胁、没有竞争对手的团队是不可能取得任何进步的，如此一来，所有人都甘于原地踏步，企业的发展就会停滞，早晚会被竞争对手淘汰出局。

同理，如果在一个团队内部，所有人都一团和气，团队成员之间不存在任何利益的摩擦，大家只需要保持同等的工作水平就可以相安无事，那么这样的团队就好比温顺的羊群，没有任何激情和爆发力，也没有战斗力，想要取得辉煌的业绩几乎是不可能的。在这种情况下如果管理者能将荣誉激励注入整个团队，就能让团队的精神状态焕然一新。管理者需要准确把握荣誉激励的分寸，把副作用降到最低，把正面的积极作用施扎起团队建设上。

美国 IBM 公司通过创建"百分之百俱乐部"来增强员工的荣誉感，公司规定完成年度任务的员工便可称为该俱乐部的会员，其本人和家人都将被邀请参加隆重的集会，公司中的每位工作人员都以能加入"百分之白俱乐部"为荣，纷纷加倍努力工作，这一激励措施取得了非常好的激励效果。

荣誉激励不仅能激发团队成员产生超越他人的竞争欲望，还能最大限度地激发其内在的潜能，使他们做到超出自身能力的事情。正所谓"世上无难事，只怕有心人"。虽然每个人的能力都是有限的，但是在潜力得到最大开发的情况下，能力的限定就会被打破，以一种崭新的高度来刷新以往的纪录。

美国有一个叫作布鲁金斯学会的组织，它是全球最具影响力的推销员组织，该学会自1927年创建以来培养出了无数名杰出的推销员。它一直保留着一个传统，在每期学员毕业之际，都会设计出一道最能体现学员销售实力的习题让他们去完成。能出色完成任务的学员将获得印有"最伟大的推销员"字样的金靴子，获取这样的殊荣并不容易，因为题目的难度绝对会令绝大多数学员望而却步。

有一年，学会出的题目为将一把斧子推销给小布什总统。许多学员得知题目之后即放弃了尝试，因为他们认为这几乎是一项不可能完成的任务，一国总统什么生活物品都不缺，即使真缺什么也会自行购买，根本不会理会推销员推销的一把斧子。然而乔治·赫伯特却不这么想，他认为把一把斧子推销给小布什总统完全是有可能的，因为他知道小布什在得克萨斯州有一座农场，农场里栽种了很多树，于是就挥笔给小布什写了一封信，信中写道："总统阁下，我有幸参观了您的农场，发现农场里许多矢菊树已经枯死了，木质已变得非常松软，因此我想您现在一定非常需要一把小斧子来砍伐枯树，但是小斧子对于您这样体质的人来说显然太轻了，一把不甚锋利的老斧子更适合您，现在我这儿正好有一把符合您需求的斧子，是我祖父留给我的。如果您对这把斧子感兴趣的话，请按照这封信所留的信箱给予回复……"

没过多久乔治·赫伯特就收到了小布什15美元的汇款，他成功地把斧子推销给了总统，并得到了那双印有"最伟大的推销员"字样的金靴子，就这样，一名平凡无奇的销售员一跃摘得了最伟大推销员的桂冠。

布鲁金斯学会在表彰乔治·赫伯特时强调学会之所以把金靴子奖项授予他，是因为他不会因为别人都说目标不能实现而选择放弃，也没有因为某件事情看起来不可能做到而丧失自信，而是把不可能转化成了可能，这种品质是极其难得的。

其实促使乔治·赫伯特成功的并不是因为他具有超凡的勇气和自信，而是源于他对于荣誉和成功的渴望。荣誉激励的力量是非常巨大的，管理者如果善于运用这种激励手段，就会使平凡的员工做出不平凡的业绩来。虽然我们不能保证团队中的每位成员都出类拔萃，但是如果团队中的所有成员都十分平庸，连一个优秀的员工都没有，那么这样的团队几乎是没有希望的。当所有人都只满足于平庸的状态，不可能产生超越自我、超越他人的愿望，那么就不会自发地成长和进步，工作水平更不可能得到任何提升，如果每个团队成员都庸庸碌碌地工作，团队的整体绩效就会非常差。荣誉感是激起员工产生上进心的催化剂，员工一旦对荣誉感产生了渴望，就会自觉地让自己变得更出色、更优秀，从而在工作中发挥出自己的最高水平。

管理者如何使用荣誉激励手段：

一、授予工作出色的员工以荣誉头衔和名号。作为管理者，不要吝啬把头衔和名号授予给那些对公司做出过突出贡献的员工，因为那些光荣称号可以满足员工对荣誉感的需求，激发他们的工作干劲。日本电器公司在职务中取消了一般性的称呼，如"代部长、代理"和"准"等辅助头衔，取而代之的是"自由职衔制"，比如"项目专人部长"、"产品经理"等与工作内容相关的可自由加予的职衔，激励效果非常明显。荣誉激励不需要耗用企业任何成本，却能让员工在精神上获得极大的满足，作为管理者又何必吝惜那些荣誉名号和头衔呢？

二、开展评比活动，授予优胜者以荣誉奖项。很多企业都开展过优秀评比活动，大多数的奖项无外乎是优秀员工、优秀管理者、先进员工、先进团队等。然而这些活动奖项并不多、内容过于笼统，还常给人以华而不实之感，并未对员工产生太大的激励作用。

奥斯卡也设有很多奖项，比如最佳导演奖、最佳男女主角奖、最佳男女配角奖、最佳舞台灯光效果奖、最佳服装设计奖等，奖项内容设置得非常丰富，而且给人以名副其实之感。企业设置奖项也要像奥斯卡一样一定要丰富、实用、具有针对性。不要总是用优秀员工、优秀经理、优秀销售员之类的笼统词语,而要用最佳质量奖、最佳销售奖、成本降低最佳奖、最佳裁剪标本等词语。

三、颁发内部荣誉证书。荣誉证书对于员工而言是一种无上的荣誉,它代表着企业对于他们工作的认可,颁发荣誉证书是激励员工的一种非常有效的方法。证书的种类和名称针对性要强,最好每种证书都是唯一的,名称不可滥用,要让员工充分感受到这份难得的荣耀。

四、借助荣誉墙和企业年鉴来激励员工的荣誉感。借助企业的荣誉墙和企业年鉴来记载和宣传优秀员工的事迹,会使员工认为自己的工作表现得到了认可与和宣传,员工由此会受到很大的激励,日后的表现将无愧于自己获得的荣耀。

准则92. 不要吝惜赞美的话语,它是最好的精神褒奖

每位员工都希望自己的工作得到领导的认同,而表扬和赞美就是认同最重要的形式之一。从天性上来讲,每个人都不喜欢听到批评的声音,而对赞美之音几乎会全盘接受,赞美甚至堪比一种精神奖励。如果员工在自己的岗位上做出了一些成绩,立即得到了领导的表扬,他就会感到自己是被关注的,其所从事的工作是重要的,责任感和敬业感也会随之增强。

领导者如果能关注员工的点滴进步,并加以表扬,其激励作用就会得到强化,他们的工作表现也会越来越良好。反之,如果领导者对员工要求过高,一味地苛责和批评员工,对于员工取得的任何进步都不予以认可,那么员工就会变得越来越消沉,工作也会越来越不积极。有的领导追求绝对的完美主义,在这类人眼中,员工的工作永远达不到他们要求的标准,所以他们从不表扬员工,而是不断地指责员工工作中有待完善的问题,这样疾言厉色的领导只会令人畏惧,而不会令任何人产生好感,其手下的员

工永远都充满了挫败感，因为无论他们如何努力工作，所能得到的只有尖锐的批评和刺耳的评价，想要得到一点肯定的话语简直是难于上青天，想要获得表扬更是不可能。

领导者对自己要求严格本是无可厚非，但是不能把过于苛刻的标准强加在员工身上，尤其不能对员工只使用批评轰炸，而表扬的话却从不出口。赞美员工不但可以润滑上下级的情感关系，还能消除心与心之间的隔阂，加强双方的理解和信任，更重要的是激发起员工的积极性，增进彼此的合作。

美国著名女企业家玛丽·凯曾经说过："世界上有两件东西比金钱更为人们所需——认可与赞美。"物质奖励固然能够调动员工的积极性，但是它并不是万能的，通常情况下，管理者需要把物质奖励和精神奖励结合起来运用才能收到良好的激励效果，赞美就是精神奖励中最为实用的一项。

松下幸之助在80岁高龄时有一次到一家餐馆就餐，一行六人都点了牛排，大家都吃完主餐后，松下幸之助让助理把烹制牛排的主厨叫来。他的牛排只吃完了一半，助理以为他嫌牛排不好吃，以为主厨会因此受到批评。

主厨面对这位知名的贵客，不由得感到慌张，马上问："是不是牛排有什么问题？"松下幸之助回答说："牛排没有任何问题，你的厨艺非常不错，牛排做得很好吃，但是我已经步入80高龄了，胃口已大不如从前，所以只能吃完一半了。"

主厨和其他用餐者起初都不明白松下幸之助是什么意思，松下幸之助接着说："我只是想当面跟你说牛排很好吃，是因为我个人的原因而剩下了一半，免得你看到只吃了一半的牛排被送回厨房，心里会感到难过。"

如果你是那位主厨，听到松下幸之助的这样一席话会有什么感受？会不会因为他能设身处地地为别人着想而分外感动。松下幸之助由衷赞美了主厨的厨艺，肯定了他工作的价值，并为了避免让主厨看到吃剩一半的牛排产生失落感而特地与他面谈。在当代社会，有多少企业家和管理者能做到这点呢？领导者表扬员工，不仅代表对员工工作能力的肯定和赏识，还代表对员工的重视和关心，员工受到赞扬后当然会认为自己一直受到上级的关注，由此工作起来更加顺心，日后更愿意用实际行动证明自己从未辜负过领导的期望。

领导者对员工的评价比同事的评价产生的影响更大，如果领导者认为员工有更大的发展潜力，员工并不会因为得到赞美而骄傲自满，反而会尽最大努力开发自己的潜能，把工作做得更好。懂得赏识和赞美员工是一种非常有效的激励手段，也是一种领导艺术，它能促进员工工作效率的提升，还可以提升领导者的领导效能。

领导者如何赞美员工：

一、表扬要具体，不要只说些老套的空话。不少领导者在表扬员工时，频繁使用"干得好"、"干得不错"、"你是最棒的"等句式，虽然这些评价都是正面的，但是通常情况下都达不到明显的激励效果，因为这样的赞美太过空泛了，并不会让人感到受用。心理学家卡萝尔·德维克认为领导者对于员工的表扬只有更为具体才能起到真正的激励作用。老套的表扬方式虽然也在一定程度上肯定了员工的工作，但是却没有告诉员工他们的哪些特殊才能被认可或者所做的工作具体在哪些方面值得赞赏。

当一个领导对下属说："你非常诚实，也很可靠。"表明是对其为人品质的认可，这比说一句"我很欣赏你"的套话更加具体。而当领导对下属说："你的策划案做得很细致，数据非常翔实。"这样的表扬也非常具体，远好过说："你的策划案做得棒极了，你是一名非常出色的策划师。"不少领导者在表扬员工时总是不假思索地说出一些套话和空话，这样的表扬根本起不到任何效果。领导者若想让自己赞美的话语转化成催促员工上进的助推力，就必须给予他们中肯的具体的表扬，而不是套用一些用烂了的句式。

二、公开肯定和表扬下属。在表彰会、庆功会和月末年终召开的总结会上公开表扬员工，产生的激励效果更佳，因为在正式场合中的表扬比随意赞美的几句话更能激起人内心深处的自豪感。在会场上表彰优秀员工为企业做出的突出贡献要具体表扬某人某事，切忌说一些空泛的套话，一定要有时效性和针对性，要引起受表扬的员工内心深处的共鸣。

三、表扬要直接明了，不要明贬暗赞、以讽代赞等表扬形式。有的领导者为了凸显自己幽默的说话风格，表扬员工时常常使用半开玩笑的方式，其奇妙的句式表面听来是讥讽，细品起来却是赞美。要知道并不是所有人都能接受这种奇特的表扬方式，肯定员工的工作成绩本来是件严肃的事，是不适合开玩笑的，这种看似高明的表扬方式在大多数情况下都不能博得受表扬人的会心一笑，反而会引起别人的反感。

领导者在赞美员工时无须过于发扬个人风格，也没有必要加入幽默的元素，只要表扬的话语足够真诚、直接、具体就可以了，要知道朴素而诚心的赞美比任何花哨的表扬都更具说服力，也更能深入人心。

四、随时表扬员工的点滴进步。每当员工工作有一点进步时，及时给予他们鼓励表扬，这样做往往比等他们取得了巨大进步再表扬更能激励员工。任何事情都不可能一蹴而就，员工的工作能力也不可能在一夜之间就突飞猛进，但是这并不意味着他们永远都在原地踏步。其实他们一直都在缓慢地进步，随时肯定他们、激励他们，量变就会达到质变，终有一天他们的工作能力会得到巨大的提升。

准则 93. 带领你的团队走向未来

如何激励一个团队迈向光辉美好的未来呢？这是每一位领导者都在思考的问题。未来是不确定的，拥有多种可能性，它可能是光明美妙的，也可能是凶险异常的，然而对于未来的渴望却是激发人不断前进的正能量。领导人必须具有前瞻眼光，不能只立足于现在，满足于给每位员工发面包的阶段，而要把自己变成一个神奇的造梦大师，为团队播种梦想的火种，使不灭的信念之火在每一个人的心中传递，激励员工在风雨中前行，成就自己的美梦以及整个团队的梦想。

有三名在同一家工厂做工的木匠，每个人的工作目标都不一样。第一个木匠胸无大志，把工作当成了谋生的工具，觉得只要每个月有工资拿能养活自己就可以了，没有必要太卖力工作，于是每天上班都故意磨洋工，没过多久就被老板辞退了。后来他又找到了第二份工作，工作态度仍然很不端正，整天浑浑噩噩地混日子，结果又被炒了鱿鱼，之后他一直在换工作和找工作，一生都在奔波。

第二个木匠工作勤勤恳恳，富有敬业精神，每天按时上下班，做事非常积极，然而他是个非常务实的人，工作的目的仅仅是为了养家糊口，他从来不相信梦想，心中也没有梦想，多年来辛辛苦苦地工作就是为了加薪，为了让家人过得更舒适一些。他一直忍受着巨大的工作压力，常无视沉重工作对自己体能的损耗，每天下班他都感到疲惫不堪，然而为了承担起对家庭的责任他甘愿默默忍受着，他毕生最大的愿望就是早点熬到退休，这样他就可以彻底脱离繁重的劳动了。

第三个木匠的想法完全不同于前两个木匠，他致力于成为一名伟大的工艺师，梦想自己有一天能雕刻出一尊精美绝伦的艺术作品。因此每天他都全身心地投入木工工作，每一处细节都试图做到尽善尽美，他还利用业余时间去专门学习设计课程，以加深自己对艺术的理解。后来他终于有机会参与设计和制作精美的明清家具，从此声名鹊起，制作的每一件作品都价值不菲。

三个木匠的故事告诉我们：为薪资而工作的人一生都会碌碌无为，为生计而工作的人终生都像是在服苦役，唯有为梦想而工作的人才有可能建功立业，做出非凡的成就。如果团队中的所有成员全部都只是为了薪资而工作，那么这个团队注定是平庸的；如果团队中的所有人全都为生计而奔忙，每个人工作都感到很苦很累，那么整个团队就会抱怨连连，是一点工作激情都不会有的；如果团队中的每位员工都能为了一个共同的梦想而奋斗，累但是却快乐着，众志成城地形成一种巨大的合力，直至促成目标的实现，那么这样的团队无疑是完美的高绩效团队。每位领导者都梦想着有这样一个团队，问题在于完美的团队不是自发形成的，而是靠领导者一手精心打造出来的。领导者想要拥有一支梦想中的队伍，就必须为队伍中的每一位成员勾画好一幅振奋人心的梦想蓝图。

梦想是团队的精气神，脱离了梦想，团队只剩下了被动执行命令的躯壳，这样的躯壳和行尸走肉没有什么两样。团队成员沦为了奉命行事的机器，没有思考能力，没有主观意愿，每天都是为了自己的面包和家人的面包而疲于奔命，牢骚满腹地陈述着理想很丰满、现实很骨感的感想，工作业绩不上不下，没有人关心团队目标是否能够实现。作为领导者，一定不能让自己的团队演变成这样的模式，一个优秀的领导者一定要让团队中的每一位员工都感受到企业就是他们实现梦想的平台，他们可以把个人的梦想和团队的梦想整合到一起，在促进团队目标实现的过程中他们个人的目标也会慢慢得以实现。

领导者既要担当实干家的角色，也要胜任造梦者的角色，如果你不能为员工勾勒出企业未来的愿景，不能为大家缔造一个共同的梦想，那么整个团队就不会产生凝聚力，如果每个人只为了自己的面包而工作，团队的整体绩效不可能有任何提升。作为一个个体，许多人都深感自己的渺小和平凡，不敢奢望自己能做出伟大的事情，也不敢想象自己有一天能参与到宏大的事业中来，但是一旦融入了集体，你就不再是孤军奋战了，而是成为了浩大队伍中的一分子，只要大家齐心协力，完全可以创造奇迹。领导者应当做到的便是使每位员工完全融入团队，为整个团队缔造梦想，并把梦想转化为强大的驱动力，使其成为美好的现实。

领导者如何为团队缔造梦想：

一、寻找共同的利益和愿景。领导者在为团队缔造梦想时，需要给大家确立一个明确的共同目标，也就是为所有人指明共同奋斗的方向，只有这样，员工才能同心协力地为了同一个理想而努力工作。团队的整体利益并不是时时刻刻都能和员工的利益保持一致，如果团队的共同目标和个人目标毫无瓜葛，那么员工根本就不会产生为之奋斗的意愿，因此领导者在为团队确立目标时一定要考虑到员工的期望，必须使团队的整体利益和团队成员的利益达成一个微妙的平衡，只有这样才能形成团队的凝聚力，使每位成员在协作的过程中为了共同的期望而拼搏。

二、领导者要以身作则，并发扬奉献精神。一个团队是否团结，是否能步伐一致地为了一个共同的愿景而奋斗，很大程度上取决于领导者的领导力。领导者是一个团队的核心人物，也是所有员工的榜样。如果一个领导者言行不一致，或者只是号召员工为实现团队目标而拼命工作，而自己却时常懈怠，或者心不在焉，那么他说的任何一句话都不可能产生号召力，更不可能引起员工的共鸣。作为领导者，如想号召团队为了同一个梦想而奋斗，必须以身作则，将自己投身于工作之中，发扬奉献精神，带领大家为了团队的整体利益而奋力工作。

三、团队的共同梦想最好是可实现的。梦想虽然和现实有着巨大的差距，但是梦想绝不等于空想和幻想，尽管它很迷人且具有梦幻色彩，但是再绚烂的梦想如果永远都不能转化成现实，它的存在也是毫无意义的。领导者为团队打造梦想时，一定要考虑它转化为现实的可能性，要知道即使再感性的人也具有一定的理性思维，绝大多数人都不会为了一个虚无的东西而投入热血和激情，想要把梦想转化成生产力，就必须为员工打造一个真实可触的梦想。所以领导者千万不要把团队的梦想设在云端，而要使梦想驻进每个人的心底，让大家时时刻刻都感受到它的存在，并愿意将其转化成美好的现实倾尽自己所有的努力。

准则94. 多管齐下，奏响激励多重奏

很多企业在制定激励方案时，喜欢"一刀切"，对所有员工都采用同

一个模式的激励手段，完全无视员工的个体差异，结果根本达不到激励的效果。管理者需要明白，团队成员即使每天按照同样的标准和整齐的步伐来执行任务，也不意味着他们就演变成了一模一样的人，内心的需求也会变得完全相同。事实上，无论采用什么手段，个体的差异都是抹杀不了的，个人虽然是集体中的一部分，但是作为有血有肉的鲜活生命，每个人都有自己的思想和情感，需求自然也会不同。正确的激励措施应该是因人而异的，因为同一种激励手段不可能满足所有人的需要。

格兰仕是微波炉界的领先企业，它仅用了三年时间就成了业界的翘楚，又用了两年时间创造了全球销冠的业绩，成功跻身于世界家电行业500强中国入选企业第一名。格兰仕成功的秘诀是什么呢？答案是格兰仕多管齐下的激励方式，正是这种独特的激励体系唤起了员工工作的热情和积极性，从而为企业带来了强大的竞争力。

格兰仕对于不同的员工，采用不同的激励方式和策略。对于基层员工，公司多采用物质激励的方法，基层工人的工资与其所在班组的绩效考核相挂钩，把个人利益和团队利益紧密结合起来，在激励个人的同时又增强了他们为团队做贡献的决心。基层员工的考核过程和结果完全是公开和透明的，考核体系也是公平和公正的，数以万计的工人在这种有效的激励体制的管理下，积极努力地工作着。

对于中高层管理人员，公司加大了感情投入。为这些核心人员提供了广阔的发展空间，使其尽情发挥自己的聪明才智，哪位管理者能出色地完成自己的工作任务，就能获得赏识和信赖，从而得到更好的发展。这种激励方式有效激励了那些事业心很强、抱负远大的管理者们。公司还将管理者的薪酬和公司整体的盈利状况有机结合起来，采用年终奖、配送干股、参与资本股的方式激励他们。格兰仕通过多种激励方式，培养出了忠诚度高、战斗力强的精英团队，推动企业不断向前发展。

每个企业都有属于自己的特点，经营理念也各有特色，激励体系一定要符合自身的实际情况，格兰仕的激励体系无疑可以给众多管理者带来很多有益的启发。不同员工的需求是多种多样的,有的喜欢刚性激励手段,较为看重物质;有的薪酬已经较高了,希望获得精神上的奖励,如果企业只给予员工同样的福利待遇,那么必定会有很大一部分员工的需求没有得到满足。

管理者在采用激励措施时一定不要过于单一,最好做到多样化和多元化,满足不同人的不同需求,激励手段既要有刚性也要有柔性,既要有物质激励又要有精神激励,同时要具备一定的弹性,不要过于机械和刻板,让员工有选择的空间和权利。

管理者如何全方位激励员工:

一、注重员工的需求,保证福利的质量。管理者需要把员工的个人需求和公司福利紧密结合起来,对不同的员工采取不同的福利制度,同时征求员工的意见,这样做既能满足员工的需求,又能体现公司的人文关怀,激励具有针对性,效果较为明显。

二、对核心员工采用现代激励手段。对于公司的核心员工,股权激励往往比高薪激励更奏效。美国500强企业之中,90%的企业都采用了股权激励的激励手段,因此生产率提高了1/3,利润提高了50%,可见这种激励方法的效果是多么立竿见影。股权激励是一种新兴的激励手段,它可有效弥补传统激励手段的不足,把核心员工的利益和企业利益紧密联系在一起,充分调动起公司核心成员的工作积极性。

三、合理授权,给予员工参与重要管理工作的机会。很多员工都不想只担任执行者的角色,他们当中有不少人希望自己有朝一日能参与企业管理,满足员工的这类需求,可以起到长效激励的作用。合理授权是一项十分重要的管理技巧,也是一种非常奏效的激励手段。通过授权,员工可以进一步锻炼自己的工作能力,并激发出主人翁责任感,对工作投入更大的热情,做出更优异的成绩,还可以帮助管理者分担一部分工作,可谓是一举两得。

授权过程中要注意的是,授权范围一定要和员工的业务范围以及他的工作能力相适应，如果授权范围过窄，员工就会难以正常开展工作；授权过于宽泛，超出员工驾驭的能力，管理就会陷入混乱，所以授权一定要恰当，唯有如此，才能让员工在出色完成工作任务时感受到一种充分的满足感。

企业可以根据自身的情况采用多种激励方法，仅用几种常用的传统方法往往是不奏效的，多种激励手段并举比单一的僵化激励模式更有效。有些管理者在对激励手段的认识和运用上存在诸多误区，往往付出了高昂的成本却无法起到激励作用。

管理者在制订激励方案时，不妨把激励手段看成一种产品，把员工看成客户，产品只有契合客户的需求，才能让客户感到满意，任何无视他人需求闭门造车生产的产品，都不可能受到欢迎，其付出的所有成本都成了一种无用的损耗，那无疑是一种浪费。有些管理者无心调查和了解员工的需求，这种做法显然是错误的，因为只有了解员工内心的渴望，你才能制订出有效的激励方案，激发其内在的潜能。优秀的管理者必定能洞察员工深层次的需求，制订出多元化、个性化、针对性强的激励方案，为企业打造出一支坚不可摧、蓬勃上进的队伍。

准则 95. 建立合理的奖罚制度

关于如何保证各项规章制度的执行，可能是一个仁者见仁、智者见智的问题，但是大多数的管理者其实已然达成了某种共识，认为罚款是保证制度顺利实施的万能良方。我们不可否认，奖罚制度是企业管理制度当中不可或缺的一环，如果没有奖罚制度，管理制度恐怕会沦为一副空架子，执行力当然也得不到保障。

奖罚制度明确表明了企业的立场，企业提倡某些行为，反对某些行为，从一些规章制度上足以见分晓。比如很多企业都设立了满勤奖，这是对工作态度端正、出勤率高的员工的奖赏，不少企业对于迟到、旷工、工作不力等情况明确规定了处罚的额度，这在一定程度上确实可以纠正员工的工作态度以及减少他们的出错率。

奖励制度的作用主要是弘扬企业所鼓励的某种行为和精神，而惩罚制度则重在威慑，抑制员工做出企业所不认可的行为。奖励制度是一种正向激励，运用得当，可以使企业和团队形成良好的工作风气。惩罚制度是一种负向的激励，合理的惩罚制度，可以让员工自觉地纠正自己的错误，可是在"罚"字泛滥的情况下，就会对员工积极性造成巨大的打击，重罚员工固然加大了惩戒力度，树立了管理者的威信，然而却加深了员工对管理者以及企业的不满，使员工和企业之间产生裂痕，工作热情泯灭，直接影响执行力。有的员工为了逃避惩罚，还有可能编造各种借口，或者采用其他隐瞒的手段，致使管理者被假象蒙蔽，为各种执行工作埋下了隐患。

有一家生产线路板的工厂，罚款条例规定得非常翔实具体。比如工人损坏一枚芯片罚款多少、遗漏一个焊点罚款多少、划伤一个外观件罚款多少等都交代得清清楚楚。管理者本以为，工人们会因为这些罚款条例工作时变得更加谨慎，却没有想到其制定的罚款制度实行起来遇到了很多现实的困难。

工人在不慎损坏了零部件以后，为了逃避处罚，经常偷偷地把它们扔进垃圾桶和下水道里，工厂根本就没有办法统计他们弄坏的零部件数量。不但不能起到很好的惩罚效果，反而连工厂的损失也无法统计，管理者为此感到分外头痛。

而在一家制造复印机的工厂里，管理者制定的惩罚措施却是和前者截然相反的。在这家工厂里，工人的作业失误被当作是无心之失，这样的差错是不受追究的，能及时发现问题的员工是受到鼓励的。工人在操作失误后如能按规定登记不会受到任何责罚，但是如果有意隐瞒拒不登记被发现后就要受到处罚。如此一来，工人完全没有必要去隐瞒自己的作业失误，管理者也能及时了解工厂的损失，并和主管们商定改善作业的解决方案。

两家企业制定的惩罚制度孰优孰劣，一目了然。奖与罚都不是目的，它们只是为了保证工作顺利执行的手段，奖罚需合理，还要有规范，不要期望"以罚代管"。惩罚措施不能过于严苛，否则员工就会为了掩饰过失而采取某些极端手段，否则企业存在的很多问题都没办法充分暴露出来，这对于一个企业的发展是非常不利的。

管理者一定要建立起完善合理的奖罚制度，把激励制度和奖励相挂钩，但是要杜绝员工产生为了得到奖励而工作的错误心理，而要向其灌输"工作是为了创造价值"的正确意识。在推行惩罚制度时也要讲究技巧，免得引起员工强烈不满，甚至招来法律纠纷。在实施奖罚制度时，应当以奖励为主，惩罚为辅，绝不能重惩罚轻奖励，因为那样做无疑会引起公愤，造成人员大量流失，没有人会喜欢在处处被罚的企业里工作。过度强调惩罚就会使员工从内心深处产生抵触情绪，极大地影响劳动积极性，所以管理者绝不能把罚款当作纠正员工错误的万能药，因为使用不当，它就会演变成侵害企业健康的毒药。在惩处员工之后，管理者要注意加强和员工的沟通，使员工从内心深处意识到错误，并产生提升工作水平和改正错误的决心，如此才能达到惩罚的目的。

管理者如何建立奖罚制度：

一、制定合理的奖罚标准。奖罚一定要适度，奖励可以适当多些，如此才能起到激励作用，如果奖励太少，员工就会觉得奖金是可有可无的，这样的奖励制度形同虚设，根本起不到任何作用。奖励要让员工产生向往才能奏效，否则所有的奖励制定都将成为一纸空文。惩罚金额一定不要过大，但也不要让员工感到无关痛痒，如果员工把大部分工资都交了罚款心情一定感到分外压抑，工作起来也会越来越不尽心，所以管理者在制定惩罚额度时一定不能过分伤害员工，同时也要注意不能降低惩罚制度的严肃性，如果罚款金额仅仅为一元、两元，则不可能起到惩戒的效果，因此管理者制定惩罚标准既要在员工的心理承受范围之内，又要体现出一定的力度。

二、奖励要及时兑现，罚款要分清责任额度。如果管理者不能兑现规章制度中的奖励，就会失去员工的信任，以后再怎么号召和鼓舞员工卖力工作都会失去效力。诚信是无价的，管理者失信，日后的损失可能是无限量的，作为管理者一定要做到言必行、行必果，绝不能让员工的希望落空。在团队中，工作出现差错有时并不是一人造成的，一项工作往往包含多个环节，由多名员工共同参与完成，工作中出现重大失误时一定要把责任划分清楚。一般企业责任包括主要责任、次要责任和管理责任三种，主要责任是指引发工作失误的最直接的责任，责任人要承担的罚款份额一般占总额度的50%～60%，次要责任指的是协助责任，即提醒和及时制止同事犯错的责任，责任人承担的罚款份额占总额度的20%～30%，管理责任指的是一种监管责任，责任人承担的罚款份额占总额度的10%～20%。绝不能让一名员工承担大额的罚款，因为那样做显然是既不公平也不公正的，工作环节本是环环相扣的，不同环节的人承担不同的责任，分摊责任在一定程度上体现出了公平性。

三、奖罚要完全按照标准程序执行，不能过于主观和随意。管理者不能因为喜欢某个员工，就对其大加奖励，也不能因为讨厌某个员工就在他工作出错时加大惩罚力度。奖罚制度并不是个人施恩或者报复的工具，它是一项严肃的制度，不应该因为各种目的而被随意扭曲。管理者一定要做到惩罚分明，还要保证赏罚完全依照制度进行，否则就难以服众。

四、要有选择地原谅员工的某些失误。在通常情况下，员工无意犯了很小的错误，且是初犯，完全是可以原谅的。对所有的错误采取零容忍的管理方式会让人觉得不近人情，毕竟人非圣贤，孰能无过，适度的宽容是十分必要的。管理者要惩处的是那些故意犯错、屡教不改的员工，而不是不慎失误又认错态度良好的员工，原谅员工的小失误其实也是一种管理智慧，它既能体现出管理者的胸襟和气度，又能让员工感受到企业的人文关怀，管理者善用这种智慧，就能赢得员工的心，使其自主自愿地修正错误，提升自己的劳动技能。

准则 96. 理性惩处犯错误的员工

绝大多数管理者认为，员工犯错主要责任在于本人，是因为他们素质太差、责任心不强、工作态度不端正、能力低下或者理解力有问题等原因造成的，因此员工一旦犯错，他们绝不姑息，立即狠狠地批评员工，然后做出严肃的处理。但是奇怪的是，在领先企业工作的员工比一般企业的员工犯的错误要少得多，这是为什么呢？难道仅仅是因为在优秀企业工作的员工素质更高？显然不是这样的。其主要原因是优秀企业和一般企业的管理者在认知上存在明显的差异。

优秀企业的管理者认为，员工犯错责任主要在管理者和企业，是因为企业的运行模式不完美和培训工作没有做到位或者是管理者管理不力造成的，因此他们更乐于去做许多积极性的改进工作，帮助员工搭建完善自我的平台，促使他们快速成长。这和一般企业的管理者把责任推得一干二净，动辄惩处员工的做法是大相径庭的。

员工对于自己所犯下的错误也有不同的理解，有的人认为自己经验不够、能力不足，有的人则认为领导没有为其提供相关的培训，管理模式存在各种漏洞。纵观国内各大行业的一线员工，优秀企业的员工在工作技能和服务质量方面明显要强于一般企业，这绝不是因为他们本身的素质和能力天生就有天壤之别，而是因为企业把他们塑造成了不同的样子。优秀企业在塑造员工方面显然是成功的，而一般性企业由于各项制度不健全，管理模式过于传统守旧，管理人员认知存在偏差等各方面的原因，无法培养出自己所需要的出色员工，还总是为员工频繁犯错而大伤脑筋，大棒政策长期施行还是不见效，员工幸福感和满意度普遍偏低，工作积极性不高。

管理者要想让员工尽量少犯错，就要提前想到一些防止他们犯错的方案。可口可乐公司在预防员工犯错方面做得就非常周到。公司将团队中的每位员工的工作目标进行分解，并发给每人一套工作指导手册和管理手册，内容包括工作目标、执行步骤、工作中可能出现的问题以及相关的改进措施等。员工可能犯错的地方手册里几乎已经面面俱到，公司提前提醒他们，并提出了一些解决方法，公司领导还经常亲临现场帮助员工解决问题，在这样的公司工作，想要犯错误都难。

在雪花啤酒公司总部，公司经常召集未来可能参与项目的员工、团队共同商讨解决方案，为后面的执行扫清了道路，将员工犯错误的概率降到了最低，因为参与人员完全了解了决策内容，日后也不可能找借口说不明白领导的意思来推诿，团队成员之间在执行工作的前期已经有过磨合和沟通，在分工协作的过程中出错的可能性也会大为减少。雪花啤酒公司历经十多年的发展，把业务拓展到了全国，基本没有犯过错误，还曾创造了单品全球销量第一的业绩，这当然与公司提前错误预防的管理模式有很大关系。

公司如果能在员工执行工作前期提供一些帮助性措施，就能很好地预防工作中可能犯下的错误，管理者和员工共同找到解决的途径，促进工作的顺利执行，比任何惩处措施都更有效。当然，员工犯错误可能是很多原因造成的，我们并不否认他们犯错误有可能是因为专业知识储备不足、经验不丰富、技巧不娴熟、工作懈怠、投机取巧造成的，如果是能力和经验方面的问题，管理者可通过培训等方式进一步提升他们的工作水平，如果是工作态度方面的问题，理应作出严肃的处理。总之，管理者在分析问题时，一定要运用理性思维，切忌感情用事，用简单粗暴的方式对待所有犯错的员工。

管理者如何理性对待犯错的员工：

一、要找出员工犯错的原因，分析究竟是他们自身的问题还是制度本身有问题。如果是管理制度存在疏漏，那么管理者就不应该把责任推到员工身上，而想想是不是应该改善制度。要知道把员工当作替罪羔羊并不能从根本上解决问题，想要阻止员工犯错，就必须把管理上所有的漏洞弥补好，否则纠错根本无从谈起。

如果确认管理方面确实不存在问题，错误是员工自身问题引起的，那么就要进一步了解他犯错的动机，是无心之失还是工作态度不端正造成的。倘若是无意疏忽造成的，可以考虑适度宽容，若是员工故意钻空子投机取巧造成的，一定不能容忍这种行为，需给予其必要的惩罚。

二、管理者需建立正确的认知，纠错比惩罚更为重要。从心理学角度讲，正向激励的效果永远强于反向激励。惩罚无疑会让员工心存畏惧，在迫于压力的情况下工作更加谨慎，但是过重的惩罚并不会让他们变得更具责任感和敬业精神，反而会引起他们激烈的对抗。

美国有一家生产炸薯条的工厂，对待犯错误的员工非常苛刻，总是采用严厉的惩罚手段，致使员工和管理层势同水火。工人对管理者恨之入骨，为了报复，他们悄悄地把炸薯条从传送带上取下来，在包装上写下不堪入目的粗话，然后偷偷放回原处。买到炸薯条的顾客看到那些不入流的脏话都感到无比愤怒，纷纷投诉工厂，工厂因此惹上了无数的麻烦。由此可见，严苛的惩罚并不利于员工改正错误，反而会使员工和管理层走向对立，矛盾尖锐化，给日后的工作带来更多的困扰。

三、要给予犯错的员工将功补过的机会。员工犯错是避免不了的，有时他们犯下的错误会给公司带来直接的经济损失，员工承担相应责任受到了一定惩处以后，管理者要给予其将功补过的机会。不能因为员工犯过一次错误，就对他们进行全盘否定，而要让他们充分从过往的错误中总结经验和教训，避免下次再出现类似的错误，日后需平等地对待犯错的员工，不能因为以往的过错而对他们产生偏见，机会的大门仍应该向他们敞开。

四、把"处罚单"变成"改进单"，将反向激励改为正向激励。不妨重新设计一种处罚单，并把处罚单改成改进单，每份改进单上都印上一句话——纠错是为了更好地执行工作，让员工意识到改进工作的必要性。人性化的改进单要比严肃刻板的处罚单更能唤起员工改正错误的决心，至少它不会引起任何人的反感，善意的提醒总是比刺耳的呵斥更能深入人心，改进单可以使原来的惩处措施从反面教育的传统模式中解脱出来，从而演变成一种正面教育的有效激励手段。

五、鼓励员工记录自己在工作中犯下的错误，激励他们从错误和挫败中成长。法国有一家汽车制造公司的老板，在面试环节总会抛出同一个问题：你在以往的工作中犯过多少次错误。很多应聘者都没有如实回答这个问题，因此他们没有被录用，公司最终聘用的是犯过很多次错误的面试者，老板的理由很简单："我不要 20 年没有犯过错误的人。我需要的人才，是他犯过无数次错误，但每次都能及时汲取教训、立即改正。"

错误未必百分之百都是负面的，错误中也潜藏着机会，因为改正错误就意味着能把工作做得更好。美国企业非常看重员工在工作中的犯错经历，公司愿意录用有过犯错经历但懂得反思的新人。有些企业还把犯错误当成成长的机会，甚至还有企业规定经营管理人员如果在一年之内都没有犯过"合理的错误"，那么就是不称职，不敢犯错误的管理者或者犯了错误不敢承认错误的管理者都会被公司辞退。

员工犯错误并不是多么可怕的事情，管理者要引导他们正确认识过往的错误，鼓励他们详细记录自己犯下的错误，分析错误产生的原因以及纠正错误的措施或者弥补方案，帮助他们从错误中汲取有价值的营养，迅速成长起来。

准则 97. 及时处理团队中的"烂苹果"

团队中常出现的破坏者和捣乱者，中国人称为"害群之马"，西方人把他们叫作"烂苹果"。烂苹果内部已经发生了腐烂，即使只是坏掉了很小的一部分，其余部分看似完好，也已然不能食用了，因为距离腐烂部分 1 厘米的果肉中可检测出毒素。苹果只要发生霉变腐烂，无论烂掉的面积是多少，各种微生物尤其是真菌就会在腐烂的果肉里不断繁殖，毒素滋生，有毒物质通过果汁不断向未腐烂部分渗透和扩散。因此一个苹果如果烂掉一块，整个苹果都会成为微生物的代谢物，如果任由它继续留在原地，更多的苹果都会跟着腐烂，一个烂苹果会毁掉一筐好苹果，其危害是不容小觑的。

团队中如果出现了烂苹果，就会危及到整个团队的健康。据有关实验表明，团队中只要出现一个负面成员，团队的整体绩效就会下降30%～40%。有的管理者认为一个员工不称职并不会对整个团队造成多大的影响，因为如果其他成员的个人绩效都很高，就算有一个人绩效不达标，整体绩效也不可能出现太大下滑。这种想法是错误的。人生来就有比较心理，如果管理者纵容某个人消极怠工或者故意在执行工作中添乱，其他人就会感到愤愤不平，凭什么有人就可以不努力工作或者不配合领导工作，而自己却要顺从卖力地工作呢？如果每个成员都这样想，团队中愿意配合上级工作的人就会越来越少，团队的整体绩效自然会遭遇滑铁卢。

管理者要处理团队中的"烂苹果"，首先要具备一定的识别能力，很多职场"烂苹果"都具有一定的隐蔽性，并不会让人一眼识破。有的人好逸恶劳，工作喜欢偷懒，领导在时表现得非常敬业，领导一离开，马上开始磨洋工，平时付出的劳动最少，薪水却和其他员工一样多；有的人具有一定的专长，但是自以为是、品行不端，喜欢搬弄是非，常在私下里散播各种谣言，搞得人心大乱，破坏团队团结；有的人则常在背地里钩心斗角，心思完全不在工作上，自己能力不佳，也不让别人有出头之日，费尽心机地破坏别人的正常工作。这些"苹果"腐烂是从内部开始的，外表依然光鲜，如果管理者洞察力不强或者平时和基层接触较少，就有可能被各种假象所蒙蔽，任由这些"烂苹果"毁掉自己的团队。

尼古拉就职于乌克兰一家汽车配件公司，他的职务为副总经理兼运营总监。董事会非常认可尼古拉的工作能力，但是不欣赏他的工作方式，认为他太过专制和守旧，不能给团队带来新思维和活力，于是重用安妮·劳拉担任总经理管理重任，尼古拉负责辅佐安妮·劳拉工作。

尼古拉表面上服从公司安排，还祝贺安妮·劳拉出任重要职务，心里却一直谋划着怎样把安妮·劳拉拉下马。尼古拉在辅佐安妮·劳拉工作的两年里，表面上表现得十分配合，私下里常在背后对她的工作能力提出质疑，不停地对下属强调自己劳苦功高，不少下属非常同情他的遭遇，还为他没有受到公司重用鸣不平。在公开场合中，尼古拉经常谈论自己是如何尽心尽力地辅佐安妮·劳拉，然而在实际工作中他却故意不让安妮·劳拉插手他所管辖的运营业务。

由于尼古拉长期散播谣言，董事会和许多员工开始怀疑安妮·劳拉的工作能力，慢慢地董事会不再信任安妮·劳拉，尼古拉又趁机夺取了团队的领导权。团队在尼古拉的带领下没有取得任何进步，反而运行僵化，绩效低下。等到董事会了解事情真相时，局面已经无法挽回了，就算把尼古拉清理出团队，整个团队想要回到正常的轨道上来也需要经历漫长的调整期，如果不能找到合适的领导者，团队的状态就会越来越差。

尼古拉无疑就是团队中的"烂苹果"，他具有一定的资历，非常熟悉公司业务，但是人品存在重大瑕疵，经常钩心斗角、阳奉阴违。逼走了实力强于自己的安妮·劳拉，使得团队痛失人才，还到处散播谣言，导致员工对安妮·劳拉和董事会不满，破坏团队的安定团结。在自己执掌大权以后，工作能力又不足，把团队带入了困境。

团队是一个整体，只有团结一致时才能形成巨大的合力，任何热衷于斗争的破坏分子都是团队中的"烂苹果"，如果不能及时处理，就会给执行工作带来巨大的阻力。这些捣乱分子不仅自己释放不出正能量，还影响其他人正常工作，他们处心积虑地为自己谋利，把个人利益凌驾于团队利益之上，将个人恩怨和负面影响扩散到整个团队当中，使得团队分崩离析。管理者必须警惕职场中的"烂苹果"，在其给团队带来损害之前及时制止他们的行为，绝不能等整个团队都出现严重问题时才考虑应对之策，因为那时团队恐怕已经病入膏肓，没有挽救的余地了。

管理者如何处理团队中的"烂苹果"：

一、封闭隔离。把团队中的"烂苹果"及时和其他员工隔开，可以有效阻止他们把毒素扩散到团队组织中去。发现"烂苹果"之后第一个步骤就是将其封闭隔离,这是快速消除其带来消极影响的有力措施。有的"烂苹果"虽然对组织有危害,但是他对维持公司的运营很重要,只要处理得当,仍能为公司所用,公司暂时不打算解雇他,这时便可采用隔离政策。

二、采取训导、警告等措施来限制"烂苹果"的不当行为。对"烂苹果"要耐心、慎重地处理,在初期阶段,可采用训导、警告的方式责令其改正,尽量纠正其错误的行为,使他们认识到自己的错误,反省自身的行为,终止对团队的侵害。管理者如果有医治"烂苹果"的能力,把"烂苹果"变成"好苹果",不但能使团队避免损失,还能把"毒瘤"变成能为团队所用的养料,这种局面当然是最有利的。

三、果断抛弃。对于团队中已经烂透了的没办法挽救的苹果,除了果断抛弃别无他选,管理者必须及时把这部分人从团队中清除出去,以免他们对整个团队造成深远影响。有的管理者认为某些破坏力极强的明星员工对公司的绩效太过重要,因此无论如何也不能解雇他们,却没有考虑到他们给公司带来的损失可能远远大过其给公司创造的价值。斯坦福大学研究员查尔斯·奥赖利和杰弗瑞·菲佛认为及时清理团队中的"烂苹果"未必会造成团队整体业绩的下滑,有时反而能促成团队业绩的上升,他们列举了一家服装零售店的例子来证明自己的观点:服装零售店曾辞退了一名业绩出色的"烂苹果"销售员,当时他是全店最优秀的员工,没有人有能力超越他的个人销售业绩,但是在他被解雇后,全店的总销售额不但没有下滑,反而增长了近30%。两名研究员由此得出结论:团队中如果有人拖累了所有人,在他离开后,其他人就能做得更好。可见果断抛弃一些"烂苹果",对团队而言是利大于弊的。